신비주의자들과 그 사상

엄두섭 著

은성

신비주의자들과 그 사상

초판 발행 : 1992년 6월 7일
2쇄 발행 : 1993년 8월 20일
저자 : 엄두섭
발행처 : 도서출판 은성
등록 : 1974년 12월 9일 제9-66호
ⓒ1992년 도서출판 은성
주소 : 서울시 동작구 상도5동 126-60
전화 : (02) 813-1353 팩스 : (02) 821-9071

출판 및 판매에 관한 모든 권한은 본 출판사가 소유하고 있습니다.
출판사의 사전 서면 허락없이 상업적인 목적으로 번역, 재제작, 인용,
촬영 녹음 등을 할 수 없음을 알려 드립니다.

ISBN 89-7236-006-6 33230
Printed in Korea

머리말

신비주의를 그대로 종교라 할 수는 없지만 그렇다고 철학이라고 할 수 없다. 종교라면 의례히 거기에는 신비적인 요소가 끼어 있기 마련이다. 신비미(神秘味)가 없는 종교는 마치 시적인 음율(音律)이 없는 산문 같이 무미건조하다. 그러므로 많은 유사 종교는 거짓 신비주의라도 만들어서 선전한다. 잘못된 신비주의는 인간의 영육을 망친다.

모든 사람은 신비적 체험의 소질을 가지고 있다고 한다. 페넬론은 말하기를 "하나님의 바람은 늘 불고 있다. 우리가 돛을 올리기만 하면 된다."고 했다. 신비적 소질을 건실하게 지도하고 길러주면 인간 생활, 특히 종교 신앙 생활에 큰 유익이 있을 것이다.

자기의 내면 깊이를 파고 들어가면 거기가 하나님의 깊이와 만나는 장소라 한다. 우리가 하나님을 보는 눈은 하나님이 우리를 보는 눈이다.

기독교사에 최대의 감화와 영향력을 끼친 인물은 교회 정치가나 종교개혁자가 아니라 성인들이다. 그리고 성인은 모조리 신비가요 시인들이다. 그들은 끊임없는 영감에서 살았다. 성 안토니, 성 마카리우스, 성 베네딕트, 성 버나드, 성 프란치스코, 아빌라의 성 테레사, 썬다싱 등의 감화력은 세월이 지나가도 사라지지 않는다.

신비가들은 자기 형상 대로 지으셨다는 하나님 형상에로 되돌아가는 것을 생애의 궁극적인 목적으로 삼는다.

신비(mystery)라는 말은, 하나님이 계시한 진리는 본질상 인간의 지성으로는 완전히 이해할 수 없다는 데서 하는 말이다. 신비주의의 체험 내용을 인간의 언어로 완전히 표현해 낸다는 일은 어렵다. 언어 도단(言語道斷)이란 표현이 적당하다. 不立文字 直指人心. 자기가 직접 체험을 해야지 그 내용을 남에게 분여(分與)하는 일은 불가능하다. 더구나 신비적 상태는 지력(智力) 상태라기보다 감정적 상태를 닮은 것이라 본다.

종교적으로 신비주의는 정신 속에와 자연 속에 살아계신 하나님의 현존(現存)을 실감하려는 시도요, 사상과 감정에 있어서 영원적인 것 속에서 영원적인 것의 내재(內在)를 실감하려는 시도이다.

신비주의에서 내세우는 신조는 다음과 같다.
1) 심령은 육체와 비슷해서 보고 느낄 수 있다.
2) 신(神)을 알기 위해서 인간은 신성(神性)에 참례하는 자가 되지 않으면 안된다.

베드로는 "신의 성품에 참예하는 자가 되게 하려 하신다"고 했고(베드로후서 1:4), 예수께서는 하나님은 영이시므로 예수를 믿는 자도 역시 영이 되어 동질(同質)이 되지 않으면 안된다"고 말씀하셨다(요한복음 4:24).

인류는 신비 시대에서 나와 다시 신비 시대로 돌아갈 것이다. 오늘날의 인류 문명이 물질 문명, 과학 만능에만 치우치는 것은 인간 본성에 대한 외도(外道)이다.

조그만 원자 하나 속에 대 우주의 비밀과 이치가 그대로 담겨 있듯이 우리 인간 속에는 소우주(小宇宙)가 있다. 그보다 더 감격스러운 것은 우리가 바로 신의 형상이요, 우리 속에는 신이 임재하시는 지성소(至聖所)가 있다는 사실이다. 예루살렘에 신의 지성소가 있는 것이 아니라 바로 우리 안에 있다.

우리는 신의 성품을 받은 실존(實存)이요, 우리 마음에는 신을 보고 신의 소리를 듣고 신을 만나는 신비스러운 심연(深淵)이 있다. 신비주의자들은 그것을 깨닫고 파고 들어가는 사람들이다. 결국 인간은, 신에게서 나와 다시 신에게 돌아가는 존재이다.

예수 그리스도께서 우리를 위하여 십자가 위에서 대인 속죄(代人贖罪)사업을 완성하셨다는 교리의 형이상학적 진리를 우리는 긍정한다. 그러나 예수는 대속 사업을 이루시고는 "이제는 다 되었다, 끝났다." 하시며 어디론가 가버리신 행방 불명이 된 분이 아니다. 그는 철저한 사랑이시어서 우리 속에 오셔서 임재하며 내주(內住)해 계시는 분이다. 매일 매 순간 우리와 동거 동행하신다.

"내가 너희를 고아와 같이 버려두지 아니하고…너희가 내 안에 내가 너희 안에 있으리라…거처를 함께 하리라" (요한복음 14)

"그리스도 너희 속에 계신 줄을 알지 못하겠느냐 그렇지 아니하면 너희가 버리운 자니라" (고린도후서 13:5)

"그리스도의 영이 없는 자는 그리스도의 사람이 아니라"
(로마서 8:9)

"이제는 내가 산 것이 아니요, 오직 내 안에 그리스도께서 사신 것이라" (갈라디아서 2:20)

오늘날 한국 교회는 기독교의 넓이를 확장시키려는 노력보다 깊이를 파고 들어가야 할 시대에 왔다. 내적인 것, 영적인 것, 거룩한 것, 신비한 것, 내적 빛을 갈망하고 파고드는 노력을 해야 한다.

신비주의는 경계해야 할 것인 동시에 사모해야 하는 것이다. 좋은 것에는 언제나 위험이 따른다. 한국 교회는 심령들이 너무도 메마르고, 죽어 있다. 한편으로는, 잘못된 은사 운동 때문에 혼란에 빠져 있기도 하다. 그렇기 때문에 건전한 신비주의를 연구해야 하는 것이다. 우리나라에도 건실한 신비주의 연구가들이 많이 생겨 나면 좋겠다.

1992년 3월
운악산에서
엄두섭

차 례

머리말   3
차례   7
제1부 신비주의 개관   9
  1. 신비주의   11
  2. 이성주의   40
  3. 신비가들의 정신 집중   48
  4. 기독교적인 정신 집중 방법   65
제2부 기독교의 신비주의   75
  1. 성 안토니와 성 파코미우스   77
  2. 베네딕트   82
  3. 버나드   88
  4. 도미니크   96
  5. 성 프란치스코   101
  6. 마이스터 엑하르트   126
  7. 루이스브렉의 요한   136
  8. 헨리 수소   139
  9. 요한 타울러   145
  10. 시에나의 성 카타리나   151
  11. 토마스 아 켐피스   156
  12. 이냐시오 로욜라   157
  13. 예수의 데레사   169
  14. 십자가의 요한   171
  15. 성 프랑소와 드 살   181

16. 얀세니즘	183
17. 블레이즈 파스칼	185
18. 리마의 로오사	191
19. 야곱 뵈메	198
20. 죠지 폭스	206
21. 콰이어티즘	211
22. 엠마누엘 스웨덴보리	218
23. 로렌조	222
24. 분도 라브르	229
25. 썬다싱	236
26. 곤솔라따	242
27. 실루안	251
28. 기독교 신비주의 단체	255
29. 근대 기독교 신비가	261

제3부 타 종교의 신비주의 275

1. 유대교의 신비주의	277
2. 회교의 신비주의	289
3. 힌두교의 신비주의	295
4. 코트와 부인	317
5. R.M. 벋지	325
6. 심층 심리학자 인궁무부(仁宮武夫)	327

제 1 부
신비주의 개관

1. 신비주의(神秘主義)

1) 신비주의 정의

　신비주의, 신비설(mysticism)이라 부르는 것은 희랍어로 비밀($\mu\upsilon\sigma\tau\eta\iota o\gamma$)을 의미하는 말로서 밀의(密儀) 의식에 쓰는 말이다. 성서에는 비밀, 즉 오의(奧義)로 번역되어 있다. 미스테리온이란 말은 비밀 교의(秘密敎義)와 춤, 노래, 제례(祭禮) 등으로 하는 비밀 제례 의식을 의미하는 말로 밀의(密議) 종교에 관해 사용하는 말이다. 희랍어 "무예인($\mu\upsilon\varepsilon\omega$)"은 명목(冥目)이란 뜻이고 "무에오"는 오의(奧義)에 통한다는 말이다.
　빌립보서 4장 12절에 '일체의 비결을 배웠노라'의 비결은 전수 받은 사람($\mu\zeta\sigma\tau\eta\nu$)으로 되어 있다. 밀법(密法)은 전수를 받고 함부로 말해서는 안된다. 반드시 입을 다물고 있어야 한다. 이런 신성한 지식을 획득한 사람을 전수받은 사람($\mu\zeta\sigma\tau\eta\nu$)이라 불렀다. 어떤 종교의 비전(秘傳)을 전수받은 사람이 있으면 그를 신비가라 부르고, 그 신비가는 자기가 전수받은 비전(秘傳)을 후진들에게 전할 직능을 가진다.
　신비주의란 말은 이런 희랍어에서 파생한 말이다. 초대 기독교에서는 성례도 이런 뜻으로 불렀다.

신비주의는 자기와 절대자, 혹은 세계혼(世界魂)과의 결합이 이루어지는 내면적 상태이다. 인간 정신과 실재(實在)의 근원이신 신(神), 그리스도와의 내밀한 직접적 결합이요, 직접적인 파악이다.

신비주의는 하나님, 절대자, 무한자 등으로 불리우는 최고의 실재(實在)를 인간 정신의 최고 기능에 의해 직접 인식하고, 그리하여 이 최고 경지는 인간의 이성 주관(理性主觀)을 절(絶)하는 것이라 주장하는 것이다.

하나님은 인간의 사색 능력에 의해서는 올바르게 인식해 낼 수 없는 것으로 알고, 지식을 초월하여 직접적 직각(直接的 直覺), 즉 견신(見神), 신인 감합(神人感合)에 의해서만 바른 인식에 이를 수 있는 것이라 보고, 도덕상의 정진(精進)이나 지력(智力)의 활동 같은 것도 모조리 묶어 다만 하나의 직관(直觀), 망아(妄我), 접신(接神)이라는 황홀경에 도달하는 한 방편에 불과하다고 보고, 전적으로 느끼고 깨닫는 직관을 강조한다.

모세, 예언자, 예수, 모든 성인, 신비가들이 이같은 직접적인 직각이나 신인 감합(神人感合)에서 받은 종교적 계시를 오늘의 종교인들은 지식으로 이론화시켜 이성으로 이해하려고 한다.

슈바이처는 신비주의를 정의하기를 "인간이 지상적(Irdisch)인 것과 초지상적(Uberidisch), 시간적인 것과 영원한 것과의 사이의 조격(阻隔)이 극복되었다고 보고, 스스로는 아직 지상적, 시간적인 것 속에 있으면서도 초지상적인 영원한 것 속에 잠입해 있다고 체험하는 경우, 이것이 곧 신비주의이다."고 말했다.

사도 바울의 신비적 체험은 전적으로 자기를 초월한 것이었다. 이성도 감성도 초월했다. 고린도후서 12장 2-4절에 "…그가 셋째 하늘에 이끌려간 자라 그가 몸 안에 있었는지 몸 밖에 있는지 나는 모르거니와 하나님은 아시느니라…그가 낙원으로 이끌려가서 말할 수 없는 말을 들었으니 사람이 가히 이르지 못할 말이로다"라고 그의 경험을 기록하였다.

사도 바울의 신비적 상태의 특이함은 육체대로 셋째 하늘까지 휴거되었는지, 아니면 탈혼 상태로 된 것인지 자기 자신도 모르겠다는 것이다. 신비 체험은 예외적이고 불가해(不可解)하고 순간적이고 일상생활과 직접 관계가 없다. 참 구원의 복음일 수 없다.

많은 종교나 철학, 선(禪)은 그 극치를 신비적 체험에 두며, 그것을 최상의 자랑으로 삼는다. 그러나 바울은 신비적이고 절묘한 체험을 얻었으나 자랑하지 않고, 삼자(三者)에 관한 이야기처럼 했다. 기독교는 신비 체험을 경관(輕觀)하지는 않지만, 신앙의 기초를 이런 체험에 두지 않고 그리스도에게만 둔다.

레이만은 다음과 같이 말했다.

"신적인 것과 인간의 마음이 일치하는 점에 신비주의의 특질이 있다. 신비가에게 있어서 신은 규정 짓기 어려운 대상이다. 그러므로, 확연한 한계를 긋기가 어렵다. 그러나 양자(兩者)의 한계는 초월할 수 있다. 인간은 신과 일치, 합일, 합합할 수 있다. 신은 인격이시고 인간은 신을 닮게 지은 피조물이기 때문이다. 인격적 신에 관해서 자세하게 말할 수는 없다. 인격은 한정된 것이요, "너와 나"의 대립이다. 그러나 참 신비가는 "너"와 "나"라는 식으로 신과 대립하지 않고 "나"와 "너"보다 높은 "나"로 대립한다.

인게(Inge)도 신비주의에 대해 언급하였다.

"신비주의란 살아 계신 하나님의 현존을 영혼, 또는 자연 속에 실현하려는 시도이다. 현실이 영원 속에 있고, 영원이 현실 속에 있는 것을 사상과 감정으로 규명하려는 것이다."

신비주의 특징은 어떤 상태를 체험함으로서만 비로소 의미를 갖는다는 것이다. 신비주의는 신을 증명하려는 것이 아니고 신을 체감(體感)하는 것이다. 실재(實在)를 증거하려는 일이 아니고 신 안에서 실재를 감득(感得)하는 일이다.

미국의 유명한 심리학자 윌리엄 제임스는 신비주의의 심리적 특질을 네 가지로 말했다. 첫째는 표현하기 곤란하다는 것(ineffability)이다. 스스로 체험해보는 것 외에는 알 수 없다. 신비가 당사자는 말로는 표현할 수 없는 어떤 의식 상태를 체험한다. 썬다싱은 언제나 자기의 영적 체험을 인간의 용어로 설명하기 어렵다고 말했다. 그리고 "신인 합일(神人合一)의 경지에서 신을 아는 자이다. 대성자라 할지라도 깊이 들어간 자는 극히 적다"고 했다.

스웨덴보리의 "천국과 지옥"에 대한 기록은 이해하기 어렵다고 한다. 신비적 체험은 지적인 상태라기보다는 감정적인 상태이기 때문이다. 사고(思考)보다는 도리어 감각상의 체험을 갖는다. 따라서 무엇이라고 표현하거나 전달할 수 없는 것으로 보고, 다만 그런 체험을 얻으려면 자신이 신비가가 되지 않으면 안된다.

신비 체험 상태는 부정적(negative)인 것이다. 따라서 무엇이라고 표현하거나 전달할 수 없는 것이라 보고, 그런 체험을 얻으려면 자신이 신비가가 되지 않으면 안된다. 그것은 마치 교향곡을 평가하려면 자신이 음악가가 되어야 하고, 연애 심리를 이해하려면 자신이 연애하고 있어야 하는 것과 같다.

둘째로는 신비주의란 직관(直觀)과 직각적 성질(noetic quality)인 것이다. 신비체험 상태는 빛이요, 계시(啓示)요, 비록 불명확해도 그 의미와 중요성이 충만한 것이다. 신비가 자신은 자기가 체험하는 신비적인 체험에 대해 깊은 통찰력을 갖는다. 그에게 있어서 신비스런 상태는 감각상의 것이지만 동시에 인식의 한 형태로 나타난다. 그것은 인간 이성으로는 도저히 파악할 수 없는 진리의 심오(深奧)를 영출(映出)하고 있다. 이상의 두 가지 특질을 신비주의라 불러도 좋다.

세째는 변동(變動)의 순간성(瞬間性; transiency)이다. 신비 상태는 영속(永續)하지 않는다. 신비가들이 신비 체험을 겪는 상태는 불과 삼십 분, 또는 길어도 한 두 시간 정도 지속되다가 끝난다. 그리고 그 체험은 정상적 의식의 빛에 꺼져간다. 한번 꺼지고 나면 다시 일으킬 수 없다.

네째, 신비주의는 수동성(passivity)이다. 신비가 자신의 의지는 중절한 듯 느껴진다. 어떤 초자연적 우월한 힘에 사로잡힌 듯 느낀다. 제2 인격, 또는 교체 인격 현상을 동반한다.

신비주의란 말은 두 가지 의미로 사용된다. 넓은 의미로는 인간의 이성을 초절(超絕)한 듯이 여겨지는 어떤 숭고한 것을 막연하게 암시한다. 이것은 "직접적", 혹은 "직관적"인 접촉의 감각이다.

또 하나는, 자기와 자기보다 훨씬 위대한 세계혼(世界魂)이라 불리우는 것, 즉 "절대자"와의 결합이 나타내는 내면적 상태가 신비주의이다. 인간 정신과 실재(實在)의 근원과의 내밀(內密)한 직접적 결합, 즉 신성의 직접적 파악이 그것이다.

신비주의에서 자주 쓰이는 용어—이성 초절(理性超絕), 직관(直觀), 직각(直覺), 내밀(內密), 내오(內奧), 엑스타시 등—의 의미를 잘 이해해야 한다.

신비적 직관에는 두 가지 요소가 포함된다. 첫째 요소는 인식이다. 이 인식은 지성적인 것이 아니고 사랑의 끈이나 거룩한 의지에 대립된 욕구의 소멸에서 나오는 내오(內奧)의 감각인 인식이다.

둘째로는 신과 합일의 요소가 있다. 신은 조물주시요 초월적 절대자이시기 때문에 전세계 밖에 존재하시고, 감각계 이상에 계시고, 이성적 세계 이상이시요, 모든 인식으로도 도달할 수 없는 절대자이시다. 자연적 인간이 갖고 있는 기능 그 무엇으로도 신을 체험할 수 없으므로, 인간이 신에 도달할 수 있는 유일한 길은 엑스타시(ecstasy)이다. 신을 발견하기 위해서는 육체적 오관을 통한 감각을 버릴 뿐만 아니라 자기의 이성도, 즉 정신적인 자기마저도 떠나야 한다. 신앙의 최고 상태는 엑스타시요, 영감(inspiration)이다. 그런데 엑스타시도 영감도 인간 자체의 기능이 아니다.

윌리암 제임스는 회심의 구경(究竟)에서 자기 포기(self surrender)의 필요성에 대해 말한다. 우리가 새로운 빛을 보고 천래(天來)의 소리를 듣는 것은 자기 포기의 결과이다. 외면적 현상의 유무(有無)가 문제가 아니라 이 현상을 계기로 완기된 내면적 마음의 혁명이다.

십자가의 요한은 신앙의 길은 어두운 밤길과 같은 지식의 밤이요 감성의 밤이라고 말했다.

신비 상태가 생기기 위해서는 그 방법으로 주의력을 한 점에 집중하든가, 율동적인 동작을 행하든가, 약간의 의지적 행위로 말미암은 신비한 상태가 일어나야 한다. 이것이 매직(magic)이다. 의식 상태가 특수한 형태를 취하게 될 때, 당사자는 자기 자신의 의지력이 마비되어감을 느낀다. 소위 "신비한 상태"가 나를 점령하더라도, 그때 나의 사고의 흐름을 전적으로 중단해 버리는 일은 없다. 정신이 그것을 받아들이려는 상태에 있을 때는 방언, 예언, 빛의 효과나 냄새, 소리 등 그 어떤 방법으로도 신비의 발작이 가능하다.

신비주의는 어느 종교에서나 볼 수 있다. 미개 문화 세계에 있어서는 지상적인 것과 초지상적인 것, 시간적인 것과 영원한 것에 관한 직관이 소박하다. 따라서 초자연적이고 영원한 것에로 잠입하는 경우에는 주술적 행동(呪術的 行動; magische ake)에 의했다.

그보다 좀 더 발달된 것은 바울의 이전 시대나 같은 시대의 그리스·로마 세계에서 행해졌을 밀의 종교(密議宗敎)의 신비주의, 즉 앗티스, 오시리스, 미트라 등 여러 신의 신비주의이다. 이런 것을 주술적 신비주의(Die Magische Mystik)라 부른다.

문화 정도가 발달해 가면서는 초지상적인 것, 영원한 것에 대한 사색이 깊어진다. 그것에 잠입하는 방법도 과거의 주술적 방법에 의하지 않고 사색적 방법에 의했다. 인도의 철학이나 우파니샤드에 그런 경향이 많고, 회교에서는 수피즘이 신비주의이다. 그들은 감각적 수단에 의하지 않고 소위 제육감에 의해서 초지상적인 것 영원한 것을 획득하고자 했다. 희랍의 플라톤학파나 스토아의 신비주의도 그런 것이다. 이런 것을 사색적 신비주의라 부른다. 플라톤의 신비 사상은 동양과 이집트의 밀의 종교(密議宗敎)의 영향을 받은 자취가 있다.

신비주의이란 말을 최초로 사용한 사람은 신플라톤학파의 철학자들이었다. 그 중에 특히 아프로티누스인 듯 싶다.

신학상 주리설(主理說, Rationalism), 즉 이성론(理性論), 합리주의(合理主義)에서는 인생에서 지고(至高)의 것을 이성이라 보고, 종교에 관해서도 온갖 사상(事象)의 중추적인 판단자를 이성이라 보아왔다. 이에 반하여 신비주의의 영적 진리는 논리적인 이해를 통해 터득되는 것이 아니며, 오성(悟性)의 말로는 완전히 표현할 수 없는 것이라 보았다. 직접적, 내면적 경험에 입각해서만 종교적 진리가 체험되는 것으로 보고 오성(悟性)을 초월하여 직시(直視), 직관(直觀)으로 진리를 체험하고 영적 신령 세계를 찾아내려는 것이 신비주의이다.

신학적 주리설(主理說)이나 종교상의 형식주의를 물리치고 실재를 직접 신인 일체(神人一體)가 되어 스스로를 잊고 황홀경이 되어 사는 사람들이 신비가이다.

다이스만은 자기가 노력하는 신비주의는 자기 중심적이요 능동적인 데 비하여, 신의 편에서 오는 계시에 대해서 반동(反動)하는 신비주의는 신 중심적(神中心的)이요 반동적(reacting)이라 했다. 사도 바울의 신비 체험은 그런 것이다. 다른 신비주의자들은 자기가 신을 발견하고자 노력한 것에 비하여, 사도 바울의 경우는 하나님 편에서 그에게 내리시는 계시를 기다린 점이 다르다.

기독교는 언제나 신비주의 운동에 대해 협조자로 풍요한 터전을 제공해 왔다. 사도 요한의 계시록이나 복음서, 또는 사도 바울의 서신에는 신비적 요소가 많다. 4세기에 이르러서는 하나의 운동으로 발전했다. 사도 바울의 신비 체험의 출발은 다메섹 도상에서 자기의 본의가 아닌 초자연적, 돌연적인 회개의 체험에서 비롯된다.

"홀연히 하늘로서 빛이 저를 둘러 비추는지라…
소리 있어 가라사대…"(사도행전 9:3)

바울과 함께 가던 이들은 소리만 들었다(사도행전 9:7). 빛만 보고 소리는 못들었다고도 했다(사도행전 22:9). 물리적 빛과 소리로도 들렸지만 바울에게는 내적이고 신비적인 체험이었다. 사도 바울의 신비주의의 대표적 표현이라 할 수 있는 성경 귀절은 갈라디아서 2장 20절의 "내가 그리스도와 함께 십자가에 못 박혔나니 그런즉 이제는 내가 산 것이 아니요 오직 내 안에 그리스도께서 사신 것이라"이다.

"내가 그리스도와 함께 십자가에 못박혔나니…"라는 귀절은 바울 신앙의 극치요, 소위 바울의 신비주의이다. 바울의 가장 위대한 신비적 발언 중의 하나이다. 그리스도와 함께 죽었고 그리스도와 함께 장사되었다는 철저한 사상이다. 바울과 그리스도와의 일치는 완전하였으므로 바울의 독립적인 인격은 그리스도의 인격에 합치된 것이다.

기독교도는 스스로 살지 않는다. 이것이 요한복음 15:1-6에 기록된 포도나무와 가지가 하나됨의 신비적 관계이다.

"내 안에 그리스도께서 사신다"는 표현은 타 종교에 있어서의 신비적 경험에서 하는 말이라기보다 바울의 절대 신앙이다. 바울에게 신비 체험이 있으나 신앙은 신비주의와는 하등 관계가 없다. 바울의 서신 중에는 그리스도에 대한 신앙을 "그리스도 안에서($ε τ γ α τ ε γ\ X ρ τ σ τ ω$)", "그리스도에 있어($ε γ\ X ρ τ σ τ ω$)" 혹은 "주 안에서($ε γ\ κ υ ρ τ ω$)"라는 표현이 164회나 사용되었다. 이것은 기독교도와 영(靈)이신 그리스도와의 신비적 결합 관계를 보여준다고 보이나 신비주의적 표현은 아니라고 본다.

우리가 호흡하는 공기처럼 그리스도가 우리 안에 있고 우리를 채우시고, 동시에 그리스도 안에 우리가 있으면서 이것을 호흡한다.

그리스도는 과거 역사(歷史) 속의 인물이 아니요, 실재하는 힘, 매일 역사(役事)하는 생명력이시다. 그것은 비인격적 생명력이 아니라 인격적 영이다. 그리스도는 지금도 살아 현존하시는 영적인 분이다.

바울 사상의 중심은 그 신앙관의 절대성에 있고, 그 신앙관의 중심은 영적 그리스도와의 영적 결합에 있었다.

기독교 신비주의는 무당이나 신접(神接)한 자나 신 들린 사람 같이 되는 것이 아니다. 신 들려서 나의 인격은 신에게 흡수되고, 빼앗겨버리고, 딴 짓을 하는 것이 아니다. 기독교 신비주의에 있어서 신은 영원히 신이시요, 인간은 영원히 인간이다. 신이 인간이 되는 경우는 있어도 인간이 신이 되는 경우는 없다. 그러면서도 양자 사이에는 직접적인 교섭이 성립될 수 있다. "나"와 "너"는 여전히 대립 관계에 있으면서도 양자 사이가 조격(阻隔)되지 않고 양자 사이에 직접 교섭이 성립될 수 있다.

바울은 빛을 본다든지 소리를 듣는다든지, 곁에 천사나 그리스도의 나타나심을 본다든지, 셋째 하늘에 올라간다든지 여러 가지 신비 체험이 있었다. 육체적 감각으로 듣고 본 것도 있고 심령적 체험만으로 겪은 것도 있었다. 육체적 감각이 아닌 체험이라 할지라도 육체적 감각 이상의 확실성, 선명함에서 보고 듣게 되는 것이다.

W. 제임스의 "보이지 않는 것의 실재(The reality of the Unseen)"라는 표현 대로이다. 여기서 우리가 깨달을 수 있는 것은 우리의 육체가 죽은 뒤에도 영혼은 자유로운 의식적 활동을 할 수 있다는 사실을 알 수 있다. 유물론자(唯物論者)들은 인간의 의식(意識), 사상, 영혼 따위는 뇌의 분비물에 지나지 않는다고 한다. 인간이 죽어 뇌의 활동이 정지되면 의식 활동도 정지되고, 영혼이란 것이 따로 있는 것이 아니라고 주장한다. 인간

의 육체가 죽은 후에도 의식 활동이 여전히 계속된다는 주장은 오늘의 심령적 연구 결과와 일치한다.

참 신비가는 비판적 이성이 활동하고 합리적 정신도 갖고 있다. 하늘로부터 오는 계시를 받을 때도 잠자는 상태나 제 정신이 아니거나 마취가 되거나 실신 상태에서 받는 것이 아니다. 정신이 똑똑하고 자주 의식을 가지고 윤리적 판단력 상태에서 받는다.

참 신비가와 거짓 신비가를 잘 식별해 내야 한다. 기독교 신비주의는 교령술, 또는 강령술과는 다르다. 관계가 전혀 없다. 이것은 절대자의 실재를 체험하는 일이다.

토마스 머튼은 "기독교의 용솟음치는 피인 신비적 사랑의 원천이란, 아무것도 보이지 않고 이해되지 않는 어두움 속에서 하나님과 일치하는 것이다. 영혼이 하나님과 일치되는 것은 신앙의 어두움 속에서이며, 이 어두움 속에서 생명의 물이 무진장 솟는 샘이신 성신께서는 감각물에 애착함으로 고갈된 영혼의 메마르고 황폐한 곳에 생명의 물을 부어 넣는다."고 했다.

2) 신비주의의 역사(歷史)

1세기 알렉산드리아에 피론이 신비설을 주장했다. 철학적으로는 3세기 신플라톤학파가 신비주의의 효시이다. 그들은 인심(人心)은 직각에 의해 신과 일치할 수 있다고 주장하며 엑스타시스(無我; 歡喜의 심적 상태)의 방법을 말했다.

플라톤(Plato: B.C. 427-347)은 주지적(主知的) 논의를 막는 방패로 추상적, 보편적 실재관의 초절성(超絶性)이나 절대성,

신성을 기뻐하며 이용했다. 이런 점에서 플라톤은 신비가들과 공통점이 있다.

플로티누스(Plotinus: A.D 204-270)는 플라톤학파의 대철학자였는데 분출론(分出論)을 주장했다. 만 가지의 법은 신(神)으로부터의 분출이라고 했다.

성 어거스틴(St. Augustinus: A.D 354-450)은 성자로서 몸소 실천 궁행하며 플라톤으로부터 플로티누스를 거쳐서 전해온 희랍풍의 신비설에 새로운 히브리적 기독교의 신비설을 혼합했다.

신비주의가 기독교 정통파와 굳게 유대해 발달한 것은 12세기 이후부터이다. 기독교 신비주의의 전통은 프랑스에서 클레르보 수도원의 초대 원장이었던 성 버나드에게서 찾는다. 그는 신학적 신비설의 제일인자로서 아베랄과 대립했었다. 버나드의 뒤를 이은 사람은 파리의 성 빅톨 수도원의 휴고이다.

중세 신비주의의 대표자는 보나벤투라(St. Bonaventura:1221-1274)이다. 그는 디오니시우스적 사색을 했다. 1250-1500년에 이르는 중세기는 독특한 기독교 신비주의의 황금시대였다. 그 무렵에 『디오니시우스의 복음서』라는 위서(僞書)가 나타나 기독교가 신플라톤파의 소박 단순한 신비주의로 휩쓸려가는 기세를 보였다.

신플라톤파 신비주의자들은 자기네 설(說)을 성서의 사도행전 17장 34절에 있는 "몇 사람이 그를 친하여 믿으니 그 중 아레오바고 관원 디오누시오와 다마리라는 여자와 또 다른 사람들도 있더라"를 인용하며 정당화 하려고 했다.

디오니시우스(Dionysius Areopagiea)는 사도 바울이 아테네에 있을 때 아레오바고의 재판관이었는데 바울의 전도로 회개하여 후에 목사가 되었으며, 복음서를 저술했다고 한다. 이단적인 신비가(神秘家)가 중세기 신비주의의 선조로 꼽혔다.

신비가 중에는 교회 교리적 전통이나 제한을 떠나 그 관계를 끊고 자신의 새로운 깨달음에 의거하려는 신비가들이 있었고, 또 한편으로는 교회적 신앙에 얽매이지 않을 정도로 거절하지 않는 신비가들도 있었다. 교회적 관계를 끊고 나선 계통에 속한 신비가로는 게르만 민족 중에서 일어난 마이스터 엑하르트(Meister Eckhart: 1260-1328), 하인리히 수소(Heinrich Suso: 1300-1365), 요한 타울러(Johann Tauler: 1290-1391), 요한 루이스브렉(Johann Ruysbroeck: 1293-1381) 등이 있다.

마이스터 엑하르트는 독일 신비주의자들 중에서도 가장 유명한 인물이요, 독일 신비주의자의 원조(元祖)이다. 그의 초기 신비주의에는 범신론적 경향이 많은 것을 발견할 수 있다. "하나님은 최고의 존재가 아니다. 왜냐 하면 유일한 존재자이므로 그 밖에는 공허요, 환각 외에 다른 것은 없기 때문이다."에서 이를 발견할 수 있다.

1250-1500년은 중세기의 독특한 기독교 신비주의 황금시대였다. 이 시기에 "자유 정신의 형제단(The Brethren of the Free Spirit)"이 있었다. 이 운동은 다소 범신론적인 공산사회로 시작했는데 그들의 표어로는 "모든 것은 하나님이다."이었다. 사람과 하나님은 항상 함께 있는 것으로 말했다.

엑하르트는 처음에 여기에 머물러 있다가 이 단체를 떠났다. 그는 후에 요한 루이스브렉의 감화로 차츰 범신론을 떠나 바른 입장에 서게 되었다. 엑하르트는 사변적, 독창적 신비설을 주장하며 스콜라 철학을 떠나고 당시의 정통 신학에서도 이탈하였고, 이로서 독일과 신비주의가 생겼다. 후에 종교 개혁자들이 그 영향을 받았다.

엑하르트를 조상으로 하여 독일 신비파가 확립되었다. 종교개혁자 루터는 이 신비가의 감화 속에서 길러진 인물이다. 엑하르트도 처음에는 신플라톤파로부터 출발했으나 그는 특히 독일 철학의 이성주의에 새로운 싹을 나타내어 신플라톤적인 신비 감정을 이성화하여 근대적인 신비감을 창시했다.

엑하르트를 따르는 신우회(Gemende der Gottesfreunde)가 엑하르트의 종교 사상을 실제적인 운동의 방향으로 구체화하였고, 수소, 타울러, 루이스브렉 등과 함께 점점 종교개혁의 단서가 열리게 되었던 것이다.

요한 타울러(1290-1361)는 신비가들 중에서도 가장 큰 감화를 끼친 인물이다. 재래의 신비주의는 명상적이고 고답적(高踏的)이며 현실 생활을 돌보지 않았으나 타울러는 신비주의를 범신론으로부터 명확하게 분리시켜 정통 기독교 안으로 끌어 넣었다. 타울러는 신비주의가 인간의 품성과 생활을 성화(聖化)하지 않는다면 무가치한 것이라고 했다.

그의 신비주의를 일반화하기 위해 독일 안에 두 가지 단체가 생겼다. 하나는 "하나님의 벗(The Brethren of God)"이고, 또 하나는 "공동생활 형제단"(The Brethren of Common Lot)이었다. 이 두 단체는 모두 종교개혁의 기초가 되었다.

가톨릭교도나 프로테스탄트나 한결같이 사랑하는 유명한 책 『그리스도를 본받아(Imitatio Christi)』를 쓴 토마스 아 켐피스는 "공동생활 형제단"에 속한 수도사였다. 그의 저서는 엄격한 의미에서 신비주의라 할 수 없으나 신비주의적 감화 밑에서 쓰여진 것만은 사실이다.

독일 경건주의의 또 하나의 유명한 책이 있는데 『독일신학(The Theologia Germanica)』이다. 토마스 아 켐피스와 같은 파에 속한 사람이 쓴 책이지만 저자는 누구인지 확실히 알지 못한다. 『독일 신학』이라 했지만 신학 서적이 아니라 경건생활에 관한 책이다. 이 책이 독일의 종교 부흥에 끼친 영향은 컸다. 익명의 저자가 1486년에 출판했는데 놀라운 영향을 끼쳤다. 반 신비적 책이라 불리기도 하는데 독일의 사색적 신비가의 경전이라고도 불리는 책이다. 이 책의 감화를 크게 받은 종교개혁자 마틴 루터는 1516년 이 책을 출판했다.

스콜라 철학과 근세 철학 중간에서 신비주의를 주장한 야곱 뵈메(Jacb Boehme: 1575-1624)는 신비주의 역사상 이채로운 존재이다. 종교적 철학에 부가해서 자연계의 비밀도 탐구하는 것이 그의 신비주의의 특색이다. 야곱 뵈메의 신비주의는 주로 엑하르트에 근거하여 신비설의 본도(本道)와는 맞지 않는 현비학(玄秘學) 성질이 있었다.

윌리암 로우의 신비주의는 뵈메에게서 감화를 받은 것이다. 그의 책을 읽고 처음으로 영국의 신비주의를 수입했다. 캠브리지의 플라톤주의자 사이에 다소 감추어져 칸트의 철학에도 신비사상의 기본 관념이 요약되어 있다.

16세기에는 로마 가톨릭교 안에서도 유명한 신비주의의 부흥이 일어났다. 특히, 스페인에서 맹렬했는데 그 중 주요 지도자는 성 판, 성 데레사, 몰리노스 등이 있었다.

스페인에서는 사색적 신비가는 적었다. 성녀 데레사는 정적파의 시조이다. 미겔 데 몰리노스는 시에나의 성 카타리나 전집을 편집한 사람이다. 성 카타리나는 폰 퓨겔 남작이 쓴 신비주의에 관한 저서의 중심 인물이다.

프랑스에서는 펜론, 부세, 기욘 부인, 얀센주의 등에서 볼 수 있다.

3) 신비주의에 대한 비평

신비주의는 신에 대하여 감관적으로 실감한다고 역설하고 신인(神人) 연합을 주장한다고 비평한다.

(1) 자율 사색의 충족성을 인정한다. 인간은 신을 알 수 있는 신성이 있는데 이것을 혹은 "마음의 정점" "신적 불티"라고 불러 이것으로서 신과 교통할 수 있다고 주장한다.
(2) 성자주의를 가르치고 있다. 성자가 되어야 비로소 신을 볼 수 있고 구원을 얻을 수 있다고 말하는 파도 있다.
(3) 의지, 지력, 감정을 신께 집주(集注)해야 신과 교통할 수 있다 하여, 정신통일의 기술로 신과 교통해 보려고 하며, 사랑을 종교생활의 가장 귀한 선봉 요소로 여긴다.

독일의 개신교 신학자 릿츨은 모든 신비주의를 거부하면서 "인간과 신 사이의 어떤 직접적인 영적 일치도 그대로 들을 수 없다."고 했다. 그에게 있어서 경건주의는 증오스러운 것이었다. 또한 그는 "인간 영혼과 신 사이에 유일하게 가능한 일치는 예수 그리스도의 인격 속에서 역사적인 표명으로 제시된 것 뿐이다"라고 하면서 성령의 직접적 작용이란 것은 환각이라고 말했다.

17세기 프랑스 최대의 가톨릭 신학자인 보수에는 프랑스 신비녀 기욘 부인의 신비주의를 배격했다. 유대교 탈무드파는 근대적 하시딤파를 비난했다.

초자연적 신비주의 체험이 끼치는 폐해에 대해 다음의 다섯 가지를 들 수 있다.

(1) 참 성령인지 사령인지 혼동되어 속기 쉽다.

(2) 자부심, 허영심에 빠지기 쉽다.
(3) 이런 지각 때문에 악마는 우리를 속일 좋은 기회를 얻는다.
(4) 신자가 소망의 덕으로 하나님과 일치되는 데 방해가 된다.
(5) 그 대부분에 있어서 하나님을 비천하게 판단한다.

 건전한 종교가 되려면 "바른 교리", "도덕적 선행", "신비적 신령면"이 겸전해야 한다. 기독교 신비주의를 무속적 신앙과 동일시하는 것은 잘못이다. 물론, 요사이 소위 은혜파 운동이 쓰고 있는 선동적 열광, 박수, 춤, 북, 고함, 방언, 신유, 예언 등의 현상에는 무속적인 요소가 다분히 이용되고 있는 것이 사실이다. 그러나 잘못 나가는 운동을 공격만 하지 말고, 건실한 바른 지도를 해야 한다. 선율이 없는 음악이 있을 수 없듯이 신비적 요소가 없는 종교는 우상 숭배이거나 세속적 종교이다.
 마틴 루터나 종교개혁자들의 말대로 "믿기만" 하면 되는 기독교가 있고 성자들의 체험처럼 신비주의적인 기독교도 있다. 어느 쪽도 잘못은 아니다.
 성자나 신비가도 구원의 그리스도를 믿으므로 말미암아 얻는 것 뿐이다. 오히려 성자나 신비가들이 일반 기독교인들보다 더욱 그리스도의 십자가 보혈에 감격하고 절대적 위탁으로 산다. 신비주의는 깊은 기독교이다. 건실한 기독교 신비가는 어떤 방법을 사용하여 신비의 체험을 얻은 것이 아니다.
 성자는 누구보다 깊이 진실되고 경건하게 믿는 중에 그런 신비 체험을 얻은 것뿐이다. 그런 신비 체험을 그들은 자랑하지도 않고 그런 것으로 자기가 구원을 얻는 것이라 믿지도 않았다. 그리고 신자의 생활에 있어서 "사랑"이 제일이라는 주장은 신비가보다 성경 자체의 가르침이다. 사랑은 믿음을 저버리지 않는다.

 구약의 모세, 엘리야, 이사야, 예레미야는 모두 신비가들이다. 기독교 성서는 전부가 신비적인 체험이요, 신비에 바탕을 두고 있다. 그리스도의 계시, 바울의 일생, 요한의 글 등은 모두 신비의 기록이다. 신비주의를 배격하면서 기독교 성서를 어떻게 신임해 낼 수 있는가? 건전한 신비 체험은 개인이나 교회 신앙에 활기를 준다.

 신비적 경험은 어느 정도 모든 사람들에게 공개되어 있는 인간 생활의 한 면이다. 신비가 페넬론(Fenelon)은 "하나님의 바람은 항상 불고 있다. 그러나 돛은 우리가 달아야 한다."고 말했다.

 언더힐은 "위대한 신비가를 자유롭게 하고 그의 세계를 지배하도록 한 놀랄만한 힘의 원천이 우리들 속에도 잠재해 있으니 이는 인간의 중요한 면이다."고 했다.

 썬다싱은 "하나님은 현재에도 살아 계신 실재이시며 현대인의 마음 속에 계속하여 계신다. 신비가들의 이런 주장은 인간의 종교적 열망에 대하여 무한한 용기를 북돋아 준다."고 했다.

 존 거슨(John Gerson)은 15세기 프랑스의 학자요 성직자이다. 그는 말하기를 "신비주의는 '사랑의 예술' 또는 '체험을 통한 하나님의 직감'이다."고 했다.

 힐튼(Walter Hilton) 목사는 "신을 아는 데는 두 가지 방법이 있다. 하나는 주로 상상에 의해 알려 하는 방법이고, 다른 하나는 이해에 의해 아는 방법이다. 그런데 이해는 주부(主婦)요, 상상은 여종(下婢)이다."라고 했다. 또한 그는 "성령이란 사랑의 선물 외에는 아무 것도 신께 구하지 말라. 이 사랑의 선물 외에는 신이 내리신 어떤 선물이라도 그 속에 증여자이신 동시에 증여물 자체인 것은 없기 때문이다."고 했다.

4) 신비 체험의 준비 과정

　신비 체험의 준비 과정은 신비의 능동적 작용과 수동적 작용의 어느 쪽을 문제로 삼는가에 따라 달라진다. 인간의 영혼은 사랑의 감성이나 지성의 활동이 영혼을 제한하는 데서 해방되지 않으면 안된다.
　나의 영혼과 신이 합일하고 신과 내밀히 접촉하기 위해서는 내 영혼은 완전히 무가 되지 않으면 안된다. 이와 같은 허탈 상태를 이루기 위해서는 현실을 초극(超克)하고 고독과 침묵, 그리고 과거 일체의 추억을 버리는 일과 엄격한 고행 준비를 해야 한다.
　신비 체험은 즉석에서 현실과 동화하지는 못한다. 직관(直觀)과 개념(槪念)과 일반적으로 모든 인식이 도달할 수 없는 것을 직접적으로 감득(感得)하게 하는 것이라면 그것은 모두 신비이다. 이것은 감성적인 직관에 속한다.
　신비한 상태에 도달하려고 정신을 일상적인 삶보다 높이 들어올려 이상적 신비 상태에 이르려고 쓰는 방법 중에는 몰핀, 에테르, 알콜, 아편 등을 사용하는 수도 있는데 이는 올바른 방법이 아니다.
　수행 방법에 의해 신비의 경지를 체득하려는 노력 중에는 인도의 요가(yoga)도 있다. 지극한 정성을 다하여 부단히 수련하되, 섭생, 자세, 호흡 방법 등으로 정신을 긴장시키고 도덕적 규율을 엄수하는 등 여러 가지 조건이 쉬지 않는 수행 속에서 하나의 정신 상태를 다른 정신 상태로 변하게 할 수 있다고 한다.

실재(實在)와 결합해 낸다고 생각하는 허무의 방법(虛脫狀態))은 거의 모든 신비가들이 원칙으로 실천하고 있는 금욕 재계(祭戒)의 고행의 작법(作法)이 있으나, 그러나 지능적 오의(奧義)를 통달한 자들, 특히 중세기 독일의 유명한 신비가 마이스터 엑하르트는 이같은 방법에 대해 이의(異議)를 제기했다. 그러나 초심자에게는 그런 금욕과 고행 방법이 효과가 있다.

오랜 기간의 정성어린 기도 생활과, 고행 수련, 집중적으로 깊은 명상에 잠기는 일, 신에 대한 강하고 세찬 사랑의 마음, 또는 초자연적 행복에 대한 갈망에 내 영혼이 완전히 몰두하는 일로 영혼의 능동적 상태에서 신과의 합일이라는 수동적 상태에로 나아갈 수 있다.

기도와 명상을 중심으로한 이런 수련 방법이 인간의 의욕을 제어하고 욕망을 정화시켜 종교적 의식을 앙양(昂揚)케 한다. 기도의 깊이로 주지주의(主知主義)를 제거하는 역할을 할 수 있고 묵상 상태에 깊이 들어가면, 성무관심(聖無關心), 자유, 영혼의 평온, 현실을 초월한 앙양과 행복의 상태에 이를 수 있다. 이같은 기도자 자신은 일상적인 평범한 자아와는 전혀 딴 자아가 되어 버린다. 즉 순수 자아(純粹自我)가 된다. 현세 의식이 소멸된 이러한 상태에 있어서 신비가는 신과 직접 관계하고 더욱 신성에 참여한다는 의식을 갖게 된다.

이같이 신비한 생명을 낳으려면 초자연적 특별한 노력과 정성이 없이는 도달할 수 없다. 우리 영혼이 물질과 육체에서 해방되려면, 유한과 무한의 싸움에서 정신적인 격심한 고뇌가 따르고 육체에도 고통이 따른다. 신비가가 현세에의 애착을 끊으려

할수록 이같은 싸움은 더욱 괴로운 것이 된다.

　신비가들의 준비 단계에는 정화(淨化), 해명(解明), 명상(瞑想)의 세 가지가 있다. 정화란 자기의 영혼을 분산시키고 주의력 집중을 방해하는 모든 일에서 떠나는 것을 의미하고, 해명은 자기가 지금 주의를 집중시키려는 것에 대하여 그 성질과 형편을 미리 밝히는 일이며, 명상은 이 방법으로 인간의 실재(實在)를 이해하는 마지막 단계이다.

　중세의 신비주의에는 다음 세 가지 중요한 모형이 있었다. 클레르보의 성 버나드의 "신랑 신부의 신비주의"와 성 빅톨 휴고의 "신플라토 신비주의", 아씨시의 성 프란치스코의 그리스도적 고난과 사랑을 갈망하는 "사랑의 신비주의"가 있다.

　이 세 가지 중에서 가장 큰 감화를 끼친 것은 성 프란치스코의 "사랑의 신비주의"였다. 프란치스코와 그의 수도사들은 이집트의 교부들처럼 세상을 버리고 은둔하여 사막으로 들어가려 하지 않고, 오히려 세상 속으로 들어가 복음을 전하고 가난한 이를 돕고 선행하기를 장려했다. 그리스도와 같이 되며 그리스도께서 사시던 그대로 일반 백성들과 함께 어울려 살며 그들의 애환을 함께 했다. 이것이 프란치스코의 신비주의의 이상(理想)이었다.

　필로(Philo)는 "신께 도달할 수 있는 유일한 길은 엑스타시뿐이요, 신을 발견하고 체험하려면 자기의 감각을 버릴 뿐만 아니라 자기의 이성도 버려야 하고 신앙의 최고 상태는 엑스타시와 영감(inspiration)이다."고 했다.

　존 거슨(John Gerson)은 신비주의는 "사랑의 예술"이라고 말했는데 모든 신비가는 "우리는 사랑으로써 하나님께 나아가는 것이지 항해술로써 가는 것이 아니다."고 했다.

기독교계의 신비주의자와 성인, 수도자들이 영적 목적을 위해 사용한 방법은 다음과 같다.

명상(瞑想)

명상은 구도자의 최선의 방법이다. 토마스 머튼은 "명상은 인간의 고유한 요소이다. 우리는 이것으로 말미암아 주님을 계신 그대로 알고 사랑하게 된다. 문이 열리고, 그리로 해서 광막한 심연 속으로 빠져 들어가는 듯하다. 나를 자아에서 아주 끌어내어 자유와 기쁨의 광장으로 데려다 준다. 이제 그대는 껍질에서 나와 그대의 요소를 찾아 들었다. 이제야 그대는 존재하기 시작한 것이다."고 했다.

무설설(無說說) 불문문(不聞聞)이란 말 같이 명상은 마음으로 들으려는 태도이다.

> "볼 수 있는 것이 신(神)일 수 없고 우리에게 신(神)을 보여 줄 수도 없을진대, 신을 발견하기 위하여 볼 수 있는 것을 다 뚫고 넘어서 어두움으로 들어가야 하리. 들을 수 있는 것이 신(神)일 수 없을진대 신(神)을 발견하기 위하여 침묵으로 들어가야 하리."

이것이 신비적 잠심(潛心)이요 명상(瞑想)이다.

예수님의 기도생활에 대하여 "새벽, 오히려 미명에 예수께서 일어나 나가 한적한 곳으로 가사 거기서 기도하시더니…"(마가복음 1:35) 라고 기록되어 있다. 그것이 명상기도이다.

엘리야는 40주 40야를 걸어서 하나님의 산 호렙에 이르러 굴 속에서 "세미한 소리(여린 소리)"의 영음을 듣고 겉옷으로 얼굴을 가리우고 굴 어귀에 섰다고 했다(열왕기상 19:8, 12). 그것은 귀로 듣기보다 마음으로 듣는 소리이다. 소리 없는 소리가 여린 소리이다. 명상은 침묵, 고독, 정적 속에서 마음에 들리는 신의 소리를 듣는 태도이다.

"저 소리는 꽃들이 눈을 감는 소리다. 저 소리는 눈을 감은 꽃들이 나를 부르는 소리다. 저 소리는 나를 그리다가 눈 감은 님이 저승 강을 건너며 외이는 기도 소리이다."

아득한 소리, 은은한 영의 소리, 맑은 마음만이 들을 수 있는 소리, 명상가만이 들어 내는 소리이다. 열광해야만 성령이 충만하다고 생각하는 일은 잘못된 것이라고 본다. 명상의 부수적인 조건은 침묵과 정적(靜寂)이다.

관상기도(觀想祈禱)

기도에는 구도(口禱), 염도(念禱), 잠심(潛心)기도, 화살기도, 예수기도, 묵상기도 등이 있는데 이런 모든 기도는 기도의 절정이라 말할 수 있는 가장 깊은 관상기도를 위한 준비라고 할 수 있다.

명상에 이르기까지는 추리(推理)를 하지만 추리가 멎을 때가 명상에서 관상으로 넘어가는 문턱이라 할 수 있다. 명상기도는 영적 추리(靈的 推理)나 논리적 생각을 한다. 묵상도 할 수 없고 청원도 오득(悟得)도 모조리 중지해야 관상기도에 들어갈 수 있다.

관상기도를 "조용하고 단순한 내적 기도"라고도 부른다. "주부적 관상(注賦的 觀想)"이라고도 한다. 그때는 내가 하는 기도가 아니라 성령께서 하시는 기도이다. 내가 기도를 받는 것이다. 지금 대 우주의 아버지의 자비로운 가슴에 안겨 있다는 느낌 뿐이다. 영적 애인의 품에 안겼다는 고요한 느낌이다.

말이 없다. 사랑, 평화, 신뢰, 황홀, 기쁨뿐이다. 때때로 사랑의 고백과 속삭임이 있을 뿐이다. 아무 것도 하려 하지 않는다. 사랑하는 주님을 내가 소유하려 하기보다 나를 주님께 전적으로 내어주기만 한다. 도공의 손에 쥐어진 진흙덩이 같이 지금 무엇인가 무슨 일이 일어나고 있다는 느낌뿐이다.

고행(苦行)

고행은 구도자에게 필요한 방법이다. 모든 성인과 신비가는 끊임없는 금욕, 고행, 단식, 철야를 해가면서 영성을 길러 갔다. 육체의 본능을 억제하지 못하고는 영적 각성도, 거룩한 생활도 해내지 못한다. 바울이나 베드로는 예수 그리스도의 고난과 사귐(참예)을 가지려 했다.

> "그는 육체에 계실 때에 자기를 죽음에서 능히 구원하실 이에게 심한 통곡과 눈물로 간구와 소원을 올렸고 그의 경외하심을 인하여 들으심을 얻었느니라 그가 아들이시라도 받으신 고난으로 순종함을 배워서 온전하게 되었은즉…" (히브리서 5:7-9)

> "내가 그리스도와 그 부활의 권능과 그 고난에 참예함을 알려 하여…" (빌립보서 3:10)

> "…불시험을 이상한 일 당하는 것 같이 이상히 여기지 말고 오직 너희가 그리스도의 고난에 참예하는 것으로 즐거워하라…"
> (베드로전서 4:12-13)

성 프란치스코가 라 베르나 산에서 40일 금식을 하며 드린 기도는 예수님이 받으신 고난을 자기 영혼과 육체로 체험하게 해 달라는 갈망이었다. 신비가들의 본질적인 대상은 고난의 그리스도이다. 신비가가 우리를 감동시키는 점은 그들이 갖는 고뇌이며 영원한 고통이다. 기독교 신비주의는 예수 그리스도의 고통, 괴로움에 가득찬 주님을 계속 주목하며 그 고난을 자기도 받아들이려는 갈망이다.

정결(淨潔)

모든 신비가가 노력한 것은 세속과 소유에서 이탈하려고 몸부림 치며 노력한 점과 식욕과 성욕 등 본능적 욕정을 억제하여 마음으로도 몸으로도 정결한 생활을 하려고 육신을 친 점이다.

"땅에 있는 지체를 죽이라 곧 음란과 부정과 사욕과 악한 정욕과 탐심이니…"(골로새서 3:5)

"사랑하는 자들아 이 약속을 가진 우리가 하나님을 두려워하는 가운데서 거룩함을 온전히 이루어 육과 영의 온갖 더러운 것에서 자신을 깨끗케 하자"(고린도후서 7:1)

신과 내밀(內密)한 깊은 사귐을 가지려는 신비가는 탐욕과 애욕과 속정을 끊는다.

신비적 사랑

성 버나드의 신비주의를 "그리스도 신비주의(Christus Mystik)"라고 부른다. 그의 신인(神人) 연합의 대상은 예수 그리스도이다. 아버지 되신 하나님과 본성을 같이한 성자 예수 그리스도와 인간의 의지와 사랑에 있어 완전히 일치하여 하나를 이루어 그리스도가 인간 안에 살아 있다고 할 때 비로소 사람은 하나님과 그의 지혜를 배우게 된다. 신부의 뜨거운 사랑으로 그리스도를 섬기고 그와 사귀는 합체(合體)를 "영적 결혼(Spiritual Martimonium)"이라는 말로 표현한다. 살아 있는 인격이신 그리스도와의 결혼적 일치라는 강렬한 사랑의 신비주의가 그의 "그리스도 신비주의(Christus Mystik)"이다.

신비적 에로티즘이라고도 부르는 신비적 사랑의 감정은 성적(性的) 분야에 있어서의 형이하적(形而下的) 애욕, 연애 감정을 승화시키고 고양(高揚)시켜 신을 향해 그리스도를 향한 사랑으로 분출하게 한다. 정신 분석학자들은 이런 신비 체험은 인간의 성적 애욕이 고양되어 정점에 도달하는 하나의 앙양(昂揚)이라 말한다.

에로티즘은 남녀 관계에선 성적 행동으로 변하지만 그것이 충일(充溢)하고 고양될 때 모든 아름다움, 모든 헌신, 인간 정신의 가장 고귀한 것의 실현 원천으로 나타난다. 그 감정이 신을 향할 때 일종의 시적(詩的) 연애 감정과 비슷하게 신을 사모하고 사랑하는 신비적 사랑의 감정이 된다.

구약의 아가서의 감정 같은 사랑을 버나드, 오리겐, 어거스틴 등은 그리스도를 향해 품고 있었다.

이탈리아의 신비가이며 성녀인 도미니크회의 수녀 시에나의 카타리나가 다음과 같이 부르짖었다.

> "나의 가장 사랑하는 그리스도여, 어느 곳에 숨어계십니까? 나는 당신께 버림받고 탄식의 부르짖음을 하고 있습니다. 오, 무성한 숲이여 언제나 푸르고 청청한 목장이여, 나의 사랑하는 연인이 너희 들판으로 지나가신 것이라면 그렇게 일러 주소서."

황홀감

신비 체험 중에 겪는 황홀감은 기독교 신비가들만이 아니라 다른 종교에 그들 나름대로의 황홀감이 있다. 황홀감의 주요한 특징은 망아 자실(忘我自失)의 상태이다. 영혼은 수동적이 되어 육체에서 떠나 현세 사정에 대해서 무감각한 상태가 된다. 오감의 활동은 일시적으로 정지되고 무의식 상태이며 전신 경직증적(硬直症的)인 부동성, 죽음 같은 싸늘함, 혹은 열광의 불길이 동시에 발생하여 모든 기능을 중단시키려고 한다. 눈은 뜨고 있으나 아무것도 못보고, 정신은 허탈하고, 심장의 고동은 높아지고, 호흡이 중지하는 듯하고, 모든 기능 활동이 소멸하는 등의 특징이 있다. 그와 동시에 놀라운 영적 활동이 그런 속에서 진행된다.

밀라노의 주교 암브로시우스는 강한 황홀감에 사로잡혀 설교하다가 죽었다.

신비가가 신성에 합체(合體)되어 가는 때에 나타나는 계시라는 것은 말로 표현할 수 없을 정도의 기쁨을 동반한다. 망아(忘我)의 상태에서 인간의 사고력은 중단되는데 그때 초자연적 지성으로 바뀌어진다. 그렇게 함으로써 그들에게 계시를 받게 하는 일이 가능하다.

아빌라의 데레사는 설명하기를 "그때 마음의 모든 기능이 잃어지는 것이 아니다. 잠자고 있는 것도 아니다. 다만 의욕만이 신에 의해 점유되어 있는 것이다."고 했다.

이와 같은 망아(忘我) 상태인데도 그때 신비가는 높은 데로부터 임하는 적극적 계시가 주어진다고 확신하고 있다.

5) 기독교의 신비 체험

힌두교, 이슬람교, 불교에도 각각 그들 나름대로의 신비주의가 있는데 기독교의 신비주의는 어떤 의미에서는 유대교의 신비주의를 보완하는 것과 같은 면도 있다.

유대교 사상에서는 메시아는 아직 오시지 않았다. 기다리는 메시아를 믿는 가운데 유대교의 신비주의의 본질이 있다. 그러나 기독교에 있어서는 중보자시요, 화신(化身)하신 하나님의 아들의 존재를 확실히 인정하고 있다.

기독교에 있어서 예수는 오신 메시아시다. 그는 우리들 가운데 사신다. 우리가 가장 사랑하는 그는 우리들과 같은 비천한 몸을 입으시고 우리가 하나님을 뜨겁게 사랑할 수 있게 해주신 우리 친구이다. 예수의 신분(身分)이 우리 경건의 중심이 되었다.

이와 같은 교의가 바울과 요한 신학의 중심을 이룬다. 예수의 "미스테리(秘蹟)" 속에 기독교 전체가 요약되어 있다. 예수는 길이요, 진리요, 생명이시다. 그는 영원한 생명이 넘쳐 흐르는 원천(源泉)이시다.

바울은 "내가 그리스도와 함께 십자가에 못박혔나니 그런즉 이제는 내가 산 것이 아니요 오직 내 안에 그리스도께서 사신 것이라"고 했다(갈라디아서 2:20). 이것이 바울 신비주의의 내용을 요약하는 대표적 말이다. 그는 또한 "내가 그리스도와 그 부활의 권능과 그 고난에 참예(교제)함을 알려 하여 그의 죽으심을 본받아 어찌하든지 죽은 자 가운데서 부활에 이르려 하노니"고 했다(빌립보서 3:10-11).

기독교인은 그리스도와 영적 신비체를 이룬다. 기독교인의 소원은 주와 함께 살기 위해 주와 함께 죽는 것이다. 영원히 그리스도의 것이 되기 위해서 자기의 육체가 죽는 것을 소원한다. 이 "죽음"의 개념이야말로 기독교인들을 신비스런 생명의 꽃으로 피어남을 가능하게 한다.

수도자들은 세상을 버리고 수도원에 은둔하여 육신의 몸을 금욕 고행으로 친다. 그리스도 안에서 보다 충실한 영적 생명으로 살기 위해서이다. 우리는 세례를 통해 그리스도의 죽음에 참예한다. 복음서에 말씀하신 예수님의 걸어가신 길을 따라 감으로써 우리는 보이지 않는 하나님께 도달한다. 예수님의 신비스러운 피를 마시고 그 신성에 참예한다.

성령은 보혜사가 되어 신자 안에 역사하시며 그리스도가 이루신 구속 사업을 완성하신다. 그리스도인은 신의 현존과 그리스도의 임재를 현실적으로 믿고 느끼기 위해 모든 부정(不淨)한 것에서 자기를 청정(淸淨)하게 하고 마음의 정성을 하나님께 집중해야 한다. 그리스도인은 세상과 모든 소유를 분토(糞土) 같이 버리고 신적 사랑 속에서 완전히 신께 속한 사람이 되어야 한다.

그리스도인의 신비주의는 타 종교처럼 인위적 방법을 이용한다거나 이교도들처럼 마취약이나 인공적인 것을 쓰지 않는다. 하나님의 사랑의 강권을 받은 자연 발생적이고 감정적인 것이다.

2. 이성주의(理性主義)

기독교는 이성만능주의를 배격한다. 인간의 이성으로는 종교적 진리의 심오함을 도저히 이해할 수 없다.

"십자가의 도가 멸망하는 자들에게는 미련한 것이요 구원을 얻는 우리에게는 하나님의 능력이라…지혜 있는 자가 어디 있느뇨 선비가 어디 있느뇨 이 세대에 변사가 어디 있느뇨 하나님께서 이 세상의 지혜를 미련케 하신 것이 아니뇨 하나님의 지혜에 있어서는 이 세상이 자기 지혜로 하나님을 알지 못하는고로 하나님께서 전도의 미련한 것으로 믿는 자들을 구원하시기를 기뻐하셨도다…"
(고린도전서 1:18-25)

본문에서 사도 바울은 복음의 근본에 입각해서 십자가의 복음은 인간의 지혜에 기초를 두는 것, 즉 철학적인 것이 아니라 실험적인 것이라고 주장했다.

그리스도가 십자가에 달려 우리 죄를 대속하시고 우리는 자기 행위로 말고, 믿음으로만 구원을 얻는다는 진리를 이성으로 설명하려면 무리가 되고 많은 곤란을 겪는다. 인간의 이성으로는 매우 미련한 것으로 보인다. 기독교의 진리를 억지로 이지적(理智的)인 것으로 만들려면 도리어 십자가가 헛되게 된다. 십자가의 도는 비철학적이다. 인간들이 지혜와 이성에 의해 신을 알게 되는 것은 신의 뜻이 아니다. 신은 인간의 지혜(이성)에 국한하여 그것으로는 신을, 종교적 진리를 알 수 없게 하셨다. "세상이 자기 지혜(이성)로 하나님을 알지 못하는 것"(고린도전서 1:21)이 하나님의 지혜로운 경륜이다. 또, 사도 바울은 "이 세상 지혜는 하나님께 미련한 것이다"고 했다(고린도전서 3:19). 따라서 "지혜"는 인간이 진리를 탐구할 때 움직이는 마음의 최고 활동이다. 그러나 인간의 이성은 계시가 없으면 암흑과 실망으로 끝맺게 된다.

"육체의 지혜로 하지 아니하고 하나님의 은혜로 행한다"
(고린도후서 1:12)
"깊도다 하나님의 지혜와 지식의 부요함이여 그의 판단은 측량치 못할 것이며 그의 길은 찾지 못할 것이로다"(로마서 11:33)

기독교사에는 계속되는 두 줄기의 흐름이 있다. 그 하나는 인간의 이성으로 종교의 진리를 해명하려는 주리주의(主理主義)요, 다른 하나는 이성을 초월한 신비적 체험을 통해 종교를 이해하려는 신비주의이다. 즉 기독교에는 표현적 진리와 체험적 진리가 있다.

지상 교회의 세력이 신(神)을 대표하던 중세에는 신앙의 표준이 다만 교리와 신조라는 종교 표현의 장(掌) 중에 옮겨졌었다. 거기에서 스콜라 철학이 나왔다. 그러나 신비가들은 스콜라적인 사상에 대하여 맹렬하고 반항적인 태도로 나왔다. 성 버나드, 빅톨 휴고 등의 인물들이 일어나 스콜라적 학풍에 대항하여 내면적이고 경건한 신앙을 가르쳤다.

종교개혁 후에도 그랬다. 종교개혁자 루터 자신도 신비적 영향을 받았지만 멜랑톤의 주리주의는 프로테스탄트 신비주의의 반항을 받았다. 종교개혁의 정신이 프로테스탄트 학자의 객관주의에 속박됨에 따라 경건주의의 엄숙한 분위기 속에서 칸트가 일어났다. 신비 이상(神秘理想)의 기본 이념도 칸트의 철학 안에 요약되었다.

현대 종교는 너무도 메말랐고, 지리한 이론, 신학, 교리 싸움, 형식, 법규 등에 그만 지쳐버렸다. 마치 마른 뼈를 보는 것과 같은 느낌이다. 신비성이 없는 종교는 리듬이 없는 산문과 비슷하며, 믿는 사람들일수록 그런 신앙 생활을 못견딘다. 그래서 심령이 만족할만한 데가 없을까 하고 동으로 서로 찾아 돌아다닌다.

중세나 현대나 표면과 형식상의 교회는 사제나 목사들이 지키고 있는 듯하지만 교인들의 속 알맹이인 심령 세계는 신비가와 성인들이 사실상 지배하고 있는 형편이다. 따라서 신비 체험을 얻는 일이나, 이미 갖고 있는 성경이지만 거기서 새로운 진리의 묘미를 깨닫는 영각(靈覺), 그리고 신자들이 성화(聖化)되는 현저한 일이 나타나야 메마른 현대의 종교가 다시 윤택하게 될 것이다.

인간 이성에는 한계가 있고 종교적 진리는 사실 너무도 심원(深遠)해서 인간의 이성으로는 도저히 알 수 없다. 그것은 인간의 지식과는 차원이 다른 세계이고, 인간의 언어 또한 그 세계를 설명할만한 표현이 발달되지 못했기 때문이다. 신비 체험이 특히 많았던 바울은 자신의 체험을 다음과 같이 표현했다.

> "세째 하늘에 이끌려 간 자라 그가 몸 안에 있었는지 몸 밖에 있었는지 나는 모르거니와 하나님은 아시느니라…그가 낙원으로 이끌려 가서 말할 수 없는 말을 들었으니 사람이 가히 이르지 못할 말이로다" (고린도후서 12:1-4)

이런 계시 체험(啓示體驗), 신비 체험(神祕體驗) 위에 종교가 서 있는데 그것은 전혀 인간의 이성을 초월한 세계이다. 모든 신비가는 공통적으로 종교적 진리는 인간 이성으로는 알 수 없다고 말한다.

썬다싱은 "종교는 심정으로 체험하는 것이지 지식으로 알게 되는 것은 아니다. 이 세상에는 종교적 지식에 관하여 아는 자는 많을 테지만 그들이 반드시 신을 체험한 자는 아니다. 박학한 사람이 지식으로 신을 찾는 것보다 무식한 사람이 마음을 바쳐서 믿는 것이 신을 받고 아는 일에 있어 더 완전하다. 지혜있는 자의 지혜를 부끄럽게 하시고 어린아이에게 나타나는 진리라 함은 이것을 말함이다."라고 했다.

그는 인도 철학의 주지주의(主智主義)에 대하여 심정의 종교를 역설했다.

"종교는 마음의 문제다. 만일 우리가 마음을 바치면 진리를 알 수 있다. 육안(肉眼)이나 지식으로 알 것이 아니요, 마음을 통하여 알 수 있다…두뇌로 얻은 종교의 지식은 그 표면은 알아도 내면의 진수에는 이르지 못한다. 심정은 영혼의 가장 내적인 부분이다. 이것으로 무선 통신 같이 보이지 않는 세계로부터 오는 음신(音信)을 받는다. 두뇌는 유형의 사건에 관계하고 있다. 그러나 영적 실재자(實在者)의 심정을 보거나 깨닫는 것은 심정이다. 마음은 두뇌를 초월하고 있다. 두뇌로 얻은 지식은 목구멍 아래로 내려가지 못한다."

"참 신비가는 신인 합일(神人合一)의 경지에서 신을 아는 자이다. 대 성자라 할지라도 깊이에 들어간 자는 극히 적고 나 같은 것은 초보요, 영의 어미로부터 젖을 먹고 있는 자에 불과하다."

"종교적 성질은 예술을 감상하는 능력과는 다르다…영혼은 모든 사람의 수용력이 같다고 본다. 어거스틴 같은 사람은 그 수용력을 더 발달하게 한 자이다. 그들은 영적 향상을 더하기에 다른 사람들보다 더 많은 시간과 노력을 쓴 것이다. 누구든지 기도와 명상에 많은 시간을 바쳐서 살아 계신 주와 교통하는 생활에 산다면 그는 영적 진경(眞境)을 볼 것이다.

대 신비가 성 버나드도 이렇게 말했다.

"철학적 탐구에서보다 기도로 더욱 완전히, 또는 더욱 용이하게 신을 볼 수 있다. 하나님을 사랑하면 사랑할수록 더욱 하나님을 인식하게 된다. 최고의 선(善)은 하나님을 사랑하는 것이다. 하나님과 심령과의 포옹. 완전한 융합 일치의 경험, 육감적인 법열, 도취, 여기에서 참으로 하나님을 인식하게 되는 것이다."

그는 하나님을 지식으로 알려는 신학적 학구를 미워했다. 이성으로는 신을 인식할 수 없다는 것을 깨달아, 신학적 연구나 이론보다 실제적인 그리스도인의 생활, 수도사들의 신앙적 지도에 힘썼다. 버나드는 또한 다음과 같이 말했다.

"신의 실재(實在)에 대한 이지적 승인이나 그의 계시에 대한 신념에서 한 걸음 더 나아가 신과 가장 친밀한 생명적 사귐을 가져야 하며, 신과의 직접 대화가 무엇인지를 알아야 한다."

타 종교에서 종교적 진리를 깨닫는 방법으로 이성을 통한 학문적 연구보다 마음의 깨달음인 오득(悟得), 정각(正覺), 견성(見性), 직관(直觀), 직시(直視) 등을 강조하는 뜻도 여기에 있는 것이다. 종교적 진리, 그것은 학문적 연구나 지식보다 우선 자신이 전파를 수신하는 T.V세트와 같은 영적 분위기의 그릇이 되어야 하고, 그러한 입장에 두어야 하는 일이다. 즉 신학, 교리, 의식, 예배보다 깊은 기도와 명상을 하며 마음이 순결하고 단순한 자가 되어야 하는 것이다.

모든 종교, 즉 불교, 회교, 기독교 등의 종교가 전 세계적으로 크게 발전하고 오랜 세월을 두고 없어지지 않는 것은 그 내용에 신비적인 요소가 있어 모든 인류를 매료시키기 때문이다. 이 모든 종교 속에는 신비적 체험이 있고, 그런 체험과 황홀경을 교도들은 사모한다.

종교에 따라 그 신비 체험에 차이가 있으나 범신론적인 신비가이거나 신학론적인 신비가이거나 막론하고 모든 신비주의의 밑바닥을 흐르는 것은 실재(實在)를 직관, 직시, 견신 등의 방법으로 직접적 체험으로 인식하려는 것이다, 따라서 신비가들은 신학적 주리주의(主理主義)와 종교상의 형식주의를 물리친다. 인간 이성을 초월한 형용 불능의 신인 일체(神人一體), 신인 합일(神人合一)의 경지에서 스스로를 잊고 황홀경의 심령이 되어 축복을 느끼는 사람들이다.

일률적으로 신비주의라 해도, 사실 그 체험의 내용에 있어서는 천차 만별이다. 불교적인 것, 회교적인 것, 기독교적인 것이 다르다. 회교적인 것과 신교적인 것은 다르며, 독일적인 것과 켈트적인 것이 다르고, 프랑스적인 신비주의와 스페인적인 것이 다르다. 신비가들 중에는 모든 종교적 형식과 타율주의(他律主義)를 멸시하는 파가 있는 반면에, 로마 가톨릭계 신비가의 대부분은 미사와 예배 의식과, 십자가상과 감실과 호스티아를 통해 신비체험을 얻는 이들이 많다. 동양과 이교(異敎)의 신비주의는 대개 범신론적이다. 그들은 신, 인간, 자연을 깊이 따져 구별하지 않으며 인간도 신이 될 수 있다고 본다. 그러나 유일신, 초월신론적 신비가는 범신론적인 것을 위험시하고 배격한다.

사도 바울 이전 시대의 밀의 종교(密議宗敎)의 신비주의는 주술적 신비주의라 부르고, 문화가 발달하고 감각적 수단에 의하지 않고 제육감에 의해 초지상적이고 영원한 것을 획득하려는 것을 사색적 신비주의라고 한다.

천주교의 신비주의는 주로 염도(念禱), 관상(觀想)의 방법을 써서 신비 체험에 들어가고자 한다. 프로테스탄트의 신비 체험에 대한 방법은 기도 뿐이다. 주로 부흥회를 통해서 이를 얻고자 한다. 성령을 충만히 받으려는 성령론과 밀접한 관계를 갖고 있다.

신비 체험에 치중하는 길은 몹시 조심스러우며 두렵고 엄숙한 길이다. 그런 체험에만 치중하다가 미쳐 버리거나 탈선하거나. 이단으로 나가 버리거나, 잘못된 이가 너무도 많기 때문이다. 그리고 부흥사, 기도자, 은혜자, 입신자(入神者) 등에는 사기사(詐欺師)가 많기 때문이다. 굉장한 신비 체험이야 있든지 없든지 우리가 구원을 얻는 것은 "믿음으로만!"이다. 신비 체험은 우리에게 능력과 기쁨을 주며 확신을 일으킨다. 신비적 체험은 있으나 그 속에 윤리성이 결여되었다든지 의지적인 면이 전무하다면 그런 신비주의는 샤머니즘이다. 샤머니즘은 극히 비윤리적이다. 그러나 기독교의 신비주의는 윤리성 함축이 엄격하다.

사도 바울은 신학, 철학적 기독교를 세우려 하지 않았다. 그는 이론적인 교리의 체계를 세우고 안심한 분이 아니다. 그보다 그의 신앙의 근저에는 끊임없는 신비적인 체험이 신앙을 격려하고 굳게 했다. 그는 신학자가 아니라 신비주의자였다.

"그의 힘의 강력으로 역사하심을 따라 믿는 우리에게 베푸신 능력의 지극히 크심이 어떤 것을 너희로 알게 하시기를 구하노라"
(에베소서 1:19)

이처럼 바울은 하나님의 능력이 크심에 대하여 말하려 할 때,

말씀으로 천지를 창조하시고 인간을 창조하신 하나님 능력의 위대하심에 대하여는 말하지 않고, 오히려 예수를 죽은 자들 중에서 다시 살리신 일에서 보여주신 하나님의 능력에 대하여 말했다.

> "그 능력이 그리스도 안에서 역사하사 죽은 자들 가운데서 다시 살리시고…"(에베소서 1:20)

부활은 하나님의 능력에 대한 가장 큰 표시이다. 가장 큰 이적(異蹟)이다. 이적의 절정이다. 기독교인의 신앙의 확실성은 최상의 이적 위에 놓여 있다. 그리스도의 부활 위에 있다(고린도전서 15:14-20). 그리스도께서 살아 계시기 때문에 우리의 믿음은 헛된 것이 아니요, 우리의 전도도 헛 것이 아니다.

"살아 계신 하나님", "바로 지금 여기 계신 하나님", "끊임없이 우리를 돕고 계신 하나님"을 믿어야 한다. 지금 우리 속에서 강한 힘으로 활동하시는 신의 능력이 얼마나 위대한지를 체험해야 한다. 죽은 자를 살리시고 앉은뱅이를 일으키시며 기도에 응답하시고 이적을 행하시는 하나님이어야 한다.

이적의 신앙은 불필요한 신앙이 아니다. 강력한 능력의 종교가 아니고서는 아무 것도 할 수 없다.

3. 신비가들의 정신 집중

 구도 방법의 최첨단이라 할 수 있는 신비주의가 구하는 것은 직관(直觀), 개념(槪念), 일반적으로 인식이 도달할 수 없는 것을 직접 감득(感得)하는 데 있다. 그러기 위한 신비주의적 방법은 인식마저도 초월해 버리는 것이다.
 윌리암 제임스는 주의를 한 곳에 집중하거나 율동적인 동작으로 영혼을 일상적 삶보다 높이 끌어올려 정신이 그것을 받아들일 만한 상태가 되면 "신비의 싹"이 돋아날 징조가 나타난다고 했다. 신비적인 방법으로 구도할 때, 그 체험 속에서는 영원하며 유일한 실재(實在), 즉 전 실존(全實存)의 근원과 합일하게 된다. 모든 것이 거기로 모여들면 중심이라는 느낌에 열광하게 될 것이다.

1) 요가

 요가(yoga)는 원래 유즈(Yuj)라는 어원에서 옮겨진 말로서 본래의 뜻은 억제, 결합을 의미한다. 정좌하여 잡념이나 자질구레한 생각(細想), 온갖 마음의 작용을 억제하면서 마음을 절대 평정 상태에 두는 것을 목적으로 하는 수행 방법이기 때문에 요가를 종교적 과학이라고도 부른다. 요가는 신과 인간 사이에 내적 연결, 즉 합일하려는 노력과 방법이다. 우리의 육체는 동물적인 음란의 토대가 되지만, 또한 제대로 수행하면 신성한 힘의 토대도 될 수 있다는 것이 요가의 기본 원리이다.

인간은 어느 정도의 잠재 능력을 소유하고 있을까? 그 능력이 현대 문명생활이란 것 때문에 퇴화되는 것은 아닐까?

옛날 수도자들은 자기의 육체를 금욕, 고행시킴으로써 지배하려고 했다. 그러나 육체는 효과적 방법을 써서 지배해야지 무조건 괴롭게만 해서는 안된다. 규칙에 따라 훌륭한 방법과 자세를 계속 실습하면 요가행자(行者)는 육체의 정복자가 될 수 있다. 요가에 전념하는 행자(行者)는 자기의 사고 속에서 "밖으로부터 오는 정서"를 경계하고 "두 눈썹 사이에다 전 시력을 집중하고 평형을 유지하면서 코를 통로로 하는 숨결, 흡기(吸氣)와 호기(呼氣)의 두 가지 기식(氣息)을 정리하는 사람"이 되어야 한다. 그리고 인간의 또 다른 통로인 입 속으로는 신비적 용어라 하는 단음절 "옴(om)"을 반송(反誦)한다. 이렇게 함으로써 사고의 의식적인 멸각(滅却)으로 광대 무변한 것을 향할 수 있어야 한다. 존재의 근원에 되돌아 가기 위해서는 등잔불을 끄듯 스스로 자기 속에 있는 의식을 소멸시키지 않으면 안된다. 이렇게 되어질 때 인도인들이 갈망하는 열반의 의미에 도달하게 된다. 이와 같이 의식을 멸각을 하는 데는 두 가지 방법이 있다.

(1) 부정을 끊고, 절식하며 동작을 경솔히 하지 않는 일.
(2) 절대적인 이탈. 정신의 움직임을 멈추게 하는 일심 불란(一心不亂)에의 노력.

어떤 이는 한 가지 일만 계속 생각하는 방법을 쓰기도 한다. 또 어떤 이는 어느 한 가지만을 계속 응시하는 방법을 쓰고, 또 어떤 이는 오체(五體)가 마비될 때까지 자기 몸을 경직시키는 방법을 쓰기도 한다.

의식 집중 상태를 만드는 데는 두 가지 방법이 있다.

(1) 보조적·간접적 방법: 금계(禁戒), 내제(內制), 좌법(坐法), 조식(調息), 제감(制感).

왼쪽 코로 숨을 약 4초간 들이 마시고, 신경류를 척추를 통해 밑으로 흐르게 한 후 척추 끝의 신경총(叢)에 힘있게 부딪혀 약 16초 동안 머문 뒤 정신 집중을 한다. 이 신경 흐름을 호흡과 함께 서서히 반대 쪽에 옮겨와 오른쪽 코로 뽑는다. 이 때 내쉬는 숨을 약 8초에 걸쳐 행한다. 이 방법을 매일 아침 저녁 여러 차례 반복하면 된다.

(2) 직접적 방법: 집지(執持), 정려(靜慮), 삼매(三昧), 율적(律的) 정신 집중,

숙련된 호흡법은 요가 지식의 진보의 적을 물리친다. 적(敵)이라 함은 병과 둔감(鈍感), 의심, 신중하지 못함, 감각적 쾌락 추구, 망견(妄見), 침착하지 못함 등을 뜻한다. 육체적 기법, 특히 좌법은 집중 상태에 긴요하다.

요가행자는 항상 스스로를 억제하고 숨어 살고 고독하지 않으면 안된다. 청정한 장소에 견고한 자리를 설치한다. 그것은 너무 높지도 너무 낮지고 않게 만들어 헝겊이나 짐승가죽, 풀(큐샤라는 신성한 풀)로 덮어 싼다. 그 자리에 좌법에 따라 앉아 정신을 집중하고, 사고와 감각의 활동을 일체 제지하고, 스스로를 순화시킨다.

신체가 똑바로 앉은 모습이 되도록 머리와 턱을 직선으로 세우면 부동의 자세가 된다. 마음을 안정시키고 입을 다문 채 코끝을 계속 보되 딴 데에 눈짓을 해서는 안된다. 완전한 평정을 이루어 공포를 잊어버리고 정결을 지키며 사고를 제어하고 정신 속을 아식(我識)으로 가득 채우고 자아에 집중한 상태로 오래 있어야 한다.

호흡 연습은 심장의 영양과 활동을 강하게 해준다. 과식이나 단식을 피하고 자극적인 음료나 약을 삼가해야 한다. 시간 관념에서 벗어나고, 성생활을 중지한다. 순결한 생활이 없으면 위험하므로, 욕정의 절제가 필요하다. 이같이 하면 육체 안의 최고의 힘 "오-챠스"에 이르게 된다. 에너지는 뇌에 저장되어 지력, 영력(靈力)을 결정한다.

혼자 밀실에 은둔하여 새벽, 정오, 저녁, 한밤중 이렇게 3-4개월 내지 길게는 3-4년 동안 연습하여 신경이 정화될 때까지 계속한다. 나중에는 신체가 경쾌해지고 마음에는 갈망이 없고 얼굴색이 맑아지며 몸에서 향기가 나고 식욕이 좋아지면서 분비물도 적어지고 목소리가 아름답게 되고 몸이 건강해진다. 이렇게 되는 것은 신경 정화의 징후이다.

정신 집중을 적당히 실습하면 육체가 정신에게 완전한 휴식을 준다. 이런 모양으로 끊임없이 수련하면서 섭생, 자세, 호흡, 정신의 긴축, 도덕적 규율 등과 같은 여러 가지 조건이 정돈되어 자신의 저급한 성질을 극복해낸 사람은 하나의 정신 상태에서 또 다른 정신 상태로의 변화가 가능하게 된다. 이 때 "사마디(三昧)"라는 상태가 된다. "사마디"는 자유, 불멸, 전능, 선악으로부터 해탈, 아트만(自我, 靈我), 혹은 우주혼과 합일하는 상태에 도달한다. 모든 욕망과 초조에서 해방된 정신은 목적 의식과 육체 의식에서 해탈되어 활동하게 된다. 그때 진리가 빛나고 자신의 실체가 어떤 것인지 깨닫게 된다.

요가에는 두 가지가 있다.

(1) 신심(信心)요가

철저한 사랑과 정열적 신심 생활이다. 사랑은 소아(小我)나 잘못된 개성의 감옥을 파괴해준다.

(2) 지혜요가

통찰이다. 순수한 이지(理智)인 차가운 백화염(白火焰)을 마음 위에 던져주면 그 연약함, 그 어두움과 미련함을 태워준다.

2) 통력(通力)

요가를 장려하는 사람들은 현대인들의 복잡한 생활에서 오는 스트레스를 해소하는 가장 좋은 방법은 요가라고 한다. 요가는 현대인의 병을 고칠 힘을 갖고 있다. 약을 쓰지 않고 인간이 자기 몸에 지니고 있던 병을 치유하는 능력을 최대한 발휘하게 하여 병을 고친다. 그리고 요가행자는 통력을 얻는다. 구름이 푸른 하늘 속으로 사라지듯 인간 영혼이 해방되면 "싯디(自制力; 通力)"를 얻는다. 이 통력은 "삼매"의 초보요 하급적인 것이다. 통력은 사람을 생사의 사슬에서 해방시켜 본원(本源)과 결합시키는 것은 아니다. 지식을 성취한 사람은 "사무야마(總制)"란 통력을 얻게 되는데 이것은 자기를 다른 임의(任意)의 대상물과 동일화 하는 힘이다. 임의의 대상물에 파고들어 그것의 힘을 모조리 빼앗는 것이다. 말, 의미, 지식 위에 "사무야마(總制)"하면, 요가행자는 모든 동물이 음성의 의미를 해득한다고 한다. 요가행자는 사물의 형상을 그 사물에서 분리할 수 있다. 자기 마음이 현재 활동하는 모든 인상 위에 "사무야마"하면, 자기 육체가 언제 죽을 것도 정확히 알 수 있다 한다.

영혼과 죽어가는 육체가 분리되는 순간의 사상은 영혼이 다시 육체에 돌아오기 전의 중간 상태를 아로새겨 인상에 중대한 결과를 준다. "사무야마"하면 사랑을 얻고, 무한한 힘을 얻고, 먼 곳의 일도 알고, 기갈 해소와, 호흡과 심장을 중지할 수 있고, 타인의 육체 속에 들어갈 수도 있고, 시체 속에 들어 갈 수도 있다고 한다. 물에 빠지지 않고, 칼날 위를 걸을 수 있으며, 자기가 원하면 생명을 버릴 수도 있고, 먼 곳의 소리도 들어내고, 공중 비행도 가능하고, 육체의 생체 과정을 새롭게 해내고, 죽음도 병도 이긴다. 시간이라는 것도 정적인 영원한 성질에서 보게 된다고 주장한다.

3) 선(禪)

선이란 용어는 중국어의 "찬(禪)"에서 나온 말이다. 이것은 일종의 묵상을 뜻하는 말이었다. "보제달마(Bodhidharma)"를 선의 교조로 간주하나, 선의 방법은 그 이전부터 이미 있었다.

선은 대승 불교와 중국의 도교가 합작하여 나온 생산품이다. 이것이 뒷날 일본에 건너가서 더욱 세련되었다. 물론 선의 방법의 기원은 인도의 요가에서 찾을 수 있다. 불교는 요가에서 탄생한 것이다. 요가 철학을 행법(行法)에 의해, 석가는 불심을 체득하고 실행한 지도자였다.

"석가모니"의 "모니(牟尼)"란 말은 "성선(聖仙)"을 뜻하는 말이다. 즉 석가는 요가의 명상행법을 체득한 자로서 최고의 경지에 들어간 선인이란 뜻이다. "붓다(佛陀)"란 말은 깨달은 자, 최고의 지혜에 도달한 눈 뜬 사람을 의미한다.

선과 명상을 혼동하지 말아야 한다. 선은 거의 사고(思考)란 것을 하지 않는다. 무념 무상(無念無想)을 힘쓰는 것이 선이지만, 명상은 직관하면서 사고하는 것이다. 옛날 기독교 수도자들이 행하던 정관(Contemplation)이란 방법은 항상 어떤 인격신이나 화신(化神), 그밖에 신앙의 대상이었던 실체와 관계되고 있었지만 선은 그런 것과는 전혀 무관하다.

정관적 무위(靜觀的無爲)와 사유의 억제만으로는 정각(正覺)을 얻을 수 없다. 선은 주관과 객관의 관계, 그리고 그 상대성을 진공 안에서 해소시킴으로써 생기는 정각을 구한다. 그러나 이 "공(空)"을 단순한 부정으로 보는 것은 도리어 공(空) 안에 해소된 대립을 다시 만들어 놓는 결과를 낳게 된다. 선의 노력은 선관(禪觀) 및 마음의 집중으로 자기의 내적인 세계에 그대로 잠기는 일이다. 마음을 고정시키면 스스로 자기의 마음을 지배할 수 있게 된다.

선은 영성을 가르치는 것이 아니다. 선(禪)은 도(道)요, 경험이요, 생명이다. 종교가 아니고 철학이 아니며 사상 체계도 아니다. 교리도 아니요, 고행도 아니요, 그렇다고 신비주의도 아니다.

선의 순수한 영적인 성질을 보전하기 위하여 선사(禪師)들은 선 경험을 이성화 하거나 언어화 하는 것을 대담하게 거절한다. 선(禪)은 신학이 아니다. 추상적, 형이상학도 아닌 성질의 인식이나 깨달음에서 우러나오는 행위 안에서 설명하는 구체적이고 생생한 본체론(本體論)이다.

　선 수행(禪修行)은 긴장과 억압 속에 눌려 있던 마음을 완전히 해방시켜 주는 것이다. 자기 자신의 마음 속을 투시하여 스스로 투득(透得)하는 것이다. 이것이 마음의 연구에 있어서 가장 좋은 방법이다. 부질없는 인간 생활 속의 정신적 고통 및 자신이 억제할 수 없을 때 폭발하고 마는 육욕적인 감정에 저항할 수 있는 강력한 힘이 될 수 있다.

　선으로 깨달음에 이르려고 할 때 깨달음을 "견성(見性)"이라 부른다. 인생의 본질을 직관하는 것을 의미한다. 선으로 투득(透得)할 수 있는 궁극적 본질에는 세 가지가 있다. 즉 무상(無常), 고뇌(苦惱), 무아(無我)이다.

　선 수행(禪修行)에 있어서 가장 강조되는 것은 마음의 집중이다. 자신의 자아와 관계된 모든 사유(思惟)를 제거해야 한다. 걱정, 계획, 소원, 명예욕, 시기, 두려움도 끊어야 한다. 무가치한 과거지사를 들추어 보는 일은 시간 낭비에 지나지 않는다.

4) 좌선 수행(坐禪修行)

　참선 수련회는 새벽 3시부터 시작해서 저녁 9시에 끝난다. 짧은 독경 후에 가벼운 체조를 하고 선방(禪房)에 들어간다. 실내는 너무 밝지도 어둡지도 않을 정도가 되어야 하고 방석을 깔고 벽을 향해 앉는다. 두 다리는 결가부좌(結跏趺坐)로 방석 앞 돗자리 위에 놓는다. 상체를 똑바로 세우고 머리는 숙이지 말고 턱은 끌어 당겨 코 끝이 배꼽과 수직선상에 위치되게 해야 한다. 눈은 1미터 앞 돗자리나 벽을 주시해야 한다. 심호흡을 여러 번 하면서 숨을 천천히 내쉰다.

보통 좌선은 40분 계속하고 일어서서 두 손을 가슴 앞에 모으고는 경행(經行)이라는 빠른 걸음으로 방안을 세 번 돈다. 그런 뒤 10분 동안 휴식을 하는데 그 동안도 엄중한 침묵을 지켜야 한다. 이때 잠시라도 주의력을 분산해서는 안된다. 다시 방석에 앉아 좌선을 계속한다. 이런 모양으로 수행을 종일 계속한다. 식사할 시간에도 좌선하던 때와 똑같은 자세를 유지해야 한다.

참선 중에는 계속 감시를 받게 되는데 방 안에 방장이 감시하며 지켜본다. 마음의 집중이 안 되었다든가 자세가 비뚤어지면 매질과 꾸짖음을 계속 퍼붓는다. 아침 참선을 시작할 때 모두가 한 대씩 맞고 시작한다. 매를 자청하는 수도 있는데, 두 손을 가슴에 합장하면 매 맞고 싶다는 표시가 된다. 맞을수록 감사의 염이 솟구쳐 올라온다. 매 맞는 순간 대오(大悟)하는 경우도 있다.

좌세(坐勢)는 결가부좌가 아니면 반가부좌(半跏趺坐)도 좋다. 장소는 주위가 복잡 소란하지 않은 청한(淸閑)하고 깨끗한 곳이 좋다. 음식은 과식 말고, 소화가 안되는 것은 먹지 말고 수면은 적당히 취하고 몸은 깨끗이 하고 화려한 옷을 입지 말것이요, 마음의 태도는 시비 선악(是非善惡)의 상대적 판단을 중지하고 의식의 통일에만 힘써야 한다.

선에서 노리는 "깨달음"이란 "절대공(絶對空)"이다. 깨달음 자체를 어떤 개념으로 포착할 수는 없다. 깨달음 자체는 불교만의 것도, 기독교만의 것도, 어떤 특정 종교의 것은 아니다. 깨달음의 체험은 이슬람교나 기독교에도 있고, 종교인 이외의 사람들에게도 종종 있다. 깨달음 자체는 이름이 무엇이든 간에 각자가 자기 속에 소유하고 있었으나 체험으로 느끼기 이전까지는 잠재적이어서 마음대로 할 수 없었던 정신적 힘의 장악을 이르는 것이다.

선(禪)은 또한 최고 절대자의 존재를 부정하지도 않는다. 선 자체는 종교가 아니기 때문이다. 본래 선은 긍정한다거나 부정하는 일이 없다. 선은 주관과 객관을 넘어서는 순수한 존재의 본체론적(本體論的) 인식이다.

인생의 의미와 궁극의 목적을 구도(求道)하는 영적 인간, 가족들이 각 종교 속에 나뉘어져 있다. 그러나 기독교는 본질적으로 인간 노력에 절대 가치를 두지 않는다. 그리스도가 없는 인간의 노력은 허망하기 때문이다. 만법 귀일(萬法歸一), 모든 것은 그리스도에게 돌아와야 하고 어떤 것이든 그리스도 안에서 통일되어야 한다.

5) 명상

명상의 세계를 사고하는 일은 합리적 인식(認識)에 의해서 하는 것이 아니라, 반성적 사유(思惟)보다 앞서는 살아 있는 의식에 의해서 하는 것으로, 그것은 초자연적이요, 초현실적인 파악이다.

통상적 인간의 의식은 육체의 오관(五官)을 통해서 체험된 내용으로 성립하나(잠재 의식도 오관을 통한 체험의 숨겨진 축적이라 본다), 명상은 그것을 초월하여 한정된 의식이나 이성을 넘어서 보다 광대한 의식의 체험인 "초의식(超意識)" "우주의식"에 눈을 뜨는 일이다. 논리나 연상(連想)이나 미의식(美意識)의 세계에서도 빠져나가 "이데"의 세계, "초자연"의 세계에 접근한다. 선(禪)에서 이것을 "대공(大空)"이라 부른다.

　명상의 의식 체험은 시간적으로 따져 수 분간에 지나지 않을른지 몰라도 그 체험을 얻기 전과 후는 세계가 명백하게 달라진다. 그 짧은 동안 "사마디"라 불리는 초의식 상태를 체험하므로 의식의 확대가 이루어진 것이다.

　인간 마음의 활동을 의식적인 활동과 무의식적 활동의 두 가지로 구별한다. 인간의 의식은 이것으로 끝나지 않고 의식도 무의식도 초월한 제3의 영역이 확실히 존재한다. 그것은 "사마디"라 부르는 초의식의 영역이다. 제3 영역인 초의식은 본능과 비슷하게 자아 감정을 떠나 있으나 본능이나 수면의 경우처럼 마음이 의식 밑에 침하(沈下)하는 것이 아니라 의식을 초월하는 것이다. 잠이 든 인간의 본성은 변하여 달라지는 일이 없지만 초의식(超意識)에 들면 지난날의 본성은 변하여 해탈한 것이 되고 성자가 될 수 있다.

　명상은 능동적으로 열려져 가는 정신의 지도(地圖)이다. 그것은 인내하고 정밀하게 확인되고 다져진 것이다. 명상의 근본적 기조를 이루는 것이 신비 체험이요, 구극(究極)을 이룬다.

　사마디는 우리 생활을 근본에서 변하게 하는 부지(不知)의 중요한 열쇠이다. 사마디를 선에서는 "오(悟)" 즉, "깨달음", "심신 탈락", "본래면목현전(本來面目現前)" 등으로 부른다.

　신비 체험에서 사용하는 용어 중에 "융합" "영적 결혼" "황홀" 등의 체험을 겪은 사람은 그것을 계기로 해서 마음에 하나의 경지(境地)가 열려 새로운 마음의 세계에 눈을 뜬 사람이기 때문에 전날의 그가 아니다.

　윌리암 제임스는 신비적 의식 상태의 특징을 ①형언하기 어렵다 ②지적 성질 ③일시성 ④수동성으로 본다. 이같은 특수한 성질의 의식 상태가 나타나면 신비가는 마치 자기 자신의 의지가 활동을 중지한 것처럼, 혹은 자기가 어떤 높은 힘에 의해 사로잡힌 것처럼 느낀다.

초월명상

존재, 성성(聖性), 신(神) 등은 단지 사고의 대상이 아니라 우리가 살기 위한 것이다. 단지 신을 생각하는 일은 심리적 만족을 줄지는 몰라도 그것만으로는 전능한 신에게 현실로 접촉하는 유리한 결과를 낳지는 않는다.

신의식(神意識)에 있어서의 자유는 마음을 지복 의식(至福意識)의 영역에 인도함으로 달성할 수 있는 것이지, 지복 의식을 이리저리 생각한다든지 그 무드에 잠기는 일로는 아무것도 안된다.

불행하게도 지상생활에 있어 신(神)을 실현하고 영원히 자유를 얻으려는 과거의 시도는 언제나 통상의 사고 차원만으로 행해졌다. 자기가 임금이라는 관념에 아무리 몰두한다고 해도 그 사람이 실제로 임금이 되는 것은 아니다. 그 관념을 몇천 번 마음 속으로 생각해봐도 그것으로 임금이 될 수 없다. 생각보다는 실제로 임금이 되는 즉위식을 하고 현실의 왕좌에 앉아야 한다.

그와 마찬가지로 신의식(神意識)에 도달하고 생활 속에서 신의식을 살리기 위해서는 자기 자신을 실제로 *"거룩한 세계"*로 옮기는 일이 필요하다. 존재의 차원으로 마음을 당겨 올리지 않는 한 신의 편재성(偏在性)을 심저(心底)에서 알 수 없다. 단지 신에 관해 생각만 하는 방법은 형이상학이나 종교의 세계에서는 깨달음을 방해하는 큰 장애이다.

거룩한 존재의 본성은 절대적인 것이지만 내 마음을 상대계

(相對界)에서 초월계로 옮기기만 하면 간단하게 그것을 알 수 있다. 일단 마음이 현상계를 초월하였다가 상대계로 되돌아 오는 왕복 운동을 하면 된다. 이것이 인생에 있어서 참 자유를 배양하는 직접의 방법이다.

인간은 우주 의식에까지 발달하여 그날 그날 나그네 생활 속에서 영원을 살게 되지 않으면 보편애(普遍愛)의 차원에서 넘치는 사랑 속에 살 수 없다. 그 어떤 존재의 터전에서 보여지는 사랑보다도 각별히 집중화한 것이 신께 헌신한 우주 의식의 상태이다. 이렇게 집중한 보편애의 상태에 사는 것이 인생의 최종 성취이다. 그때에는 무엇을 보아도, 무엇을 들어도, 무엇을 맛보고 냄새를 맡아도, 무엇에 접촉을 해도, 한없는 사랑의 충만이 일어난다.

이처럼 마음이 보편적 사랑에 넘치게 되지 않고서는 헌신을 한다고 해도 실효가 없다. 왜냐하면 참 헌신에서는 전탁(全託)이란 결과가 나타나기 때문이다. 전탁(全託)이란 나의 전부를 잊어버리고 사랑의 대상이 되어버리는 것을 이르는 말이다.

사랑의 도(道), 헌신의 도를 걸을 수 있는 것은 우주 의식에까지 진화한 영혼에게만 가능하다. 이 경지에까지 높여진 개인은 우주 생명과 동화하고, 그의 일거수 일투족(一擧手一投足)은 전 우주의 움직임과 합치되며, 그 목적은 전 우주의 목적에 포함되어 그 사람의 인생은 우주 생명 속에서 확립된다. 그렇게 될 때 인간의 의지는 신의 의지가 되고, 인간의 활동은 신이 바라는 바가 되며, 인간은 신의 목적을 성취하게 된다. 이렇게 초월 명상을 계속하게 되면, 우리는 고투할 필요없이, 또는 난행 고행할 필요 없이도 우주 의식의 상태에까지 높아질 수가 있다.

종교의 목적은 단지 무엇이 옳고 그른가를 보여주는 데 있지 않다. 종교의 목적을 달성하기 위해서는 옳은 것만을 선택하고 스스로 그릇된 것을 피할 수 있는 상태로 인간을 끌어 올리는 데 있고 바로 이것이 종교의 역할이다.

올바르게 행동하라고 설교하고, 그것을 통해 절실한 마음을 회복하여 신을 실현할 수 있다고 가르치는 것은 좋으나 그 보다도 올바른 방법으로 신 의식을 얻는 직접적인 방법을 보여주는 것이 더 좋다. 인간은 높은 의식에 오르게 되면 가만히 내버려두어도 올바른 행동이 자연적으로 가능하게 된다. 왜냐하면 인간은 자기의 의식 수준에서 행동하기 때문이다. 따라서 의식을 높이는 수단을 강구하지 않으면서 올바른 행동만 하라고 설교하는 일은 언제나 효과 없이 끝난다. 올바른 행위를 하라고 강요하기보다 인간의 의식을 끌어올리는 편이 훨씬 쉽다.

종교적 생활은 신 의식의 결과이지만, 신실현(神實現)이 종교적 생활의 결과로 생기는 법은 없다. 그러므로 의식의 표면만 어루만지는 종교는 깊숙한 마음의 변화에는 아무런 영향도 못준다. 진실, 친절, 애타(愛他), 외신(畏神)을 아무리 가르쳐도 모든 종교는 인간 생활을 진화시키는 방향에는 아무런 업적도 남기지 못할 것이다. 그 이유는 인간의 마음을 거룩한 가치에로 직접 높이는 실제적 기술을 사용하지 않았기 때문이다. 종교를 믿는 자가 종교 정신에 착실히 뿌리박고 신 의식 상태로 향상된다면, 그를 부르는 이름이 기독교인이건 회교도인이건 힌두교인이건 유대교인이건 불교인이건 별 차이가 없다.

신성은 이미 확실히 내 안에 존재한다는 사실에 나의 전 생각을 기울인다면, 그 즉시 당신은 지배력을 획득할 수 있다. 지금까지 역념(逆念) 때문에 이 사실을 흐리게하여 자기 의식에서 내쫓았던 일을 스물 네 시간 내내 자기에게 타이르는 것이다.

내재(內在)의 신께 말하고 임재를 완전히 의식하게 되었다고 신께 아뢰고 내 지배력이 되어 달라고 부탁한다. 이미 나는 동물이 아니므로 전신이 청결하고 육체의 궁전에 살고 계신 신이 임재 하셔서 완전히 신의 것으로 삼으시고 지배하신다고 마음을 정하고 이 생각을 상주심(常住心) 속에 계속 파지(把持)하는 일이다.

우리의 주된 관심이 다만 신으로부터 나오는 인상만을 방사(放射)하도록 길들였다면, 그것이 우리 의식 속에 침투하여 잠자는 동안 활동하게 된다. 만일 우리의 상념이나 말, 행동 속에 한 가지라도 약점을 찾게 되는 경우, 의지를 전면적으로 움직여서 약한 데를 강화시킬 필요가 있다.

자기의 마음과 세계의 부조화에서 해방하는 데는 적극적인 생각처럼 효과적인 방법은 없다. 모든 소극적인 것을 보고 듣는 일은 일체 거절하고 그 대신 강력하고 적극적인 말과 사상을 매일 끈기있게 되풀이 해야 한다.

고차원적 영혼의 여러 능력은 "영혼의 통일성"이라고 불리우는 것 속으로 모아야 한다. 그리고 신과 온전히 일치하는데 유일한 능력인 이 통일성은 신 자체에 초점을 두고, 신을 지향해야 한다. 이 통일성은 신비가들의 표현으로는 "영혼의 첨단" 혹은 "영혼의 근저"라고 불리는 것이다. 그들은 신과의 신비적 합일이 영혼의 첨단, 혹은 근저에서 일어난다고 말한다. 선에서는 영혼의 첨단이라든가 근저라는 표현은 쓰지 않으나 "인간의 통일"이라는 사실이 강조된다. 깨달음에서 바로 내적 인간의 완전한 통일이 이루어지는 것이다.

순수 지각(純粹知覺)

　마음은 "존재"와 "내재"의 중간에 있다. 만일 마음이 밖의 대상을 경험하기 위해 그 의식 능력을 사용하지도 않고, 완전히 의식을 잃고 있지도 않은 상태에서 신경 계통이 마음을 유지할 수 있게 되면, 즉 마음이 외계의 것을 전혀 의식하고 있지 않음에도 불구하고 의식을 계속 유지하는 상태가 될 수 있으면, 마음은 능동적도 수동적도 아닌 순수 지각의 상태에 도달할 수 있다. 이 순수 지각이 "존재"의 상태이다.

　존재란 개인의 본질적 요소이다. 그것은 은미(隱微)한 상태대로 거기 있고 만물 만상(萬物萬象)의 근본이 되어 있는 것이다. "그것"은 정신과 물질의 본원이요, 현상계 전체의 기반이다.

　참된 지식은 삼매, 즉 침묵에서 온다. 그것은 "내적 감각" 즉 "직관적 지각"에서 온다. 이것이 바로 오성(悟性; Understanding)이다. 모든 것을 내던져 희생을 시키더라도 오성을 내것으로 삼아야 한다. 마음의 심오(深奧)에서 느낀 것을 따를 때 실상현(實相顯)이 성취된다. 이 지식을 완전히 취면 세계 밖에서 얻게 될 때 비로소 우리는 기본 사실, 즉 진리에 이르는 것이다.

초자연적 지각 (超自然的 知覺)

　초자연적 지각을 의식적으로 받아들일 필요는 없다. 내적으로나 외적으로 활동이 없는 수신의 태세로 대해야 한다. 이것이 곧 성령을 소멸하지 않는 방법이다. 이 때 우리가 지성을 써서 활동하든가 지각 속에 무엇을 구하며 자기측에서 역사하는 일이 있게 되면 그것은 성령을 소멸하는 일이다. 신의 역사는 인간측으로 볼 때는 수신 태세가 되어야 하는 초자연적인 것이요, 영혼의 활동은 인간측에서 능동적으로 움직이므로 이것이 성령을 소멸한다.

마음, 신체, 환경은 인생의 세 가지 주요 영역이다. 초월성을 가진 불변의 절대자를 상대 실존이라는 변화의 장에 결부하여 인생의 모든 가치를 완전한 조화 속에 살 수 있게 하는 것이 생활의 기술이다. 그것은 마치 비옥한 땅과 나무가 뿌리로 말미암아 서로 연결되는 것과 같다. 뿌리는 마음이요, 흙은 절대 존재에서 양분을 흡수해서 나무, 즉 상대 인생(相對人生)에 공급한다.

자신의 완전한 잠재력을 활용하는 기술에 필요한 것은 상대 생활의 표면적 가치의 보충으로서 절대 존재의 해저 깊이에 잠들어 있는 힘을 환기 시키는 일이다.

활에 화살을 메워서 뒤로 힘껏 잡아당긴다. 뒤로 잡아당길 때가 바로 화살이 전진하기 위한 최대의 에너지가 축적되는 때이다. 화살을 힘껏, 충분히 잡아 당기지 않는다면 발사해도 표적에 적중 못하고 빗나가고 만다.

인생의 안전 요소인 절대 존재는 항상 변화하는 현상 세계와 현상 경험의 마당의 피안에 있다. 상대 실존의 상시(常時) 변화상은 불변상으로 변화하게 할 수 없다. 이것은 상대 생활(相對生活)이다. 그러나 내부의 주체(主體,) "내적인 사람"은 동시에 영원한 절대 존재 속에 자리할 수 있다.

초월 명상을 한 뒤에 마음이 초월한 "존재"의 상태로 사고의 마당에서 활동을 재개할 때, 사고 과정 전체가 존재의 영향을 받는다. 이와 같은 사고 과정에서 방사되는 파동에는 존재의 본질이 포함되어 있다. 존재를 경험했으므로 그의 마음은 존재의 영향을 끊임없이 방사(放射)하는 것이다.

4. 기독교적인 정신 집중 방법

1) 기도

  기도하는 동안, 영혼이 완전히 하나님께 종속하고 있을 때 이것저것 구체적인 의향에 주의를 빼앗기는 일은 일종의 착오이다. 기도하는 동안 하나하나 세세히 목적 의향(目的意向)을 정하는 일의 가부(可否)에 관해서 생각하는 것은 기도의 통일을 빼앗기는 것이며 헛되이 영혼의 번거로움과 마음의 방산(放散)을 가져오는 원인이 될 뿐이다. 그 의향은 때때로—예컨대 아침에 한번 명확하게 정해 두고 기도를 시작할 때—이것을 다시 상기하기 위해서 다만 정신적으로 얼핏 그 의향을 바라보는 것만으로도 충분하다.
  기도 중에 개별적으로 자기 의향을 하나하나 더듬어 상기한다든지, 특히 기도해 주려는 사람들을 일일이 생각해 내거나 하여 마음을 어지럽혀서는 안된다. 특수한 경우를 제외하고는 그와 같은 사람들은 모두 예수님께 맡겨라. 어떤 초자연적 현상을, 혹은 특수한 현의(玄意)를 완전히 알아 보려고 호기심을 일으켜서는 안된다. 오직 예수 그리스도에 의해서, 순수한 신앙에 의해서 하나님을 알도록 노력해야 한다.

만일 하나님께서 그대에게 특수한 계시를 하시려는 경우가 있으면, 다시 없이 겸손하라. 그리고 계시라 할지라도 신앙에 의한 "모호한 인식" 때문에 영혼은 이익이 되지 않는다는 사실을 확인하게 될 것이다. 외적 사물에 지나치게 구애되는 일은 기도를 훌륭하게 하지 않기 때문이다. 기도를 훌륭히 하지 않는다는 것은 습관적으로 마음을 흐트러뜨리기 때문이다. 기도는 신을 향하는 영혼의 능동적 상태에서 신과의 합일을 영혼의 수동적 상태로 이행하기 위해 필요한 노력을 보이는 일이 가능한 탁월한 상태의 부수물인 서곡에 불과하다. 기도에서는 수동적이어서 붙잡을 데 없는 묵상에서 명상에로의 전환이 시작된다.

기도는 주지주의를 제거하는 역할을 한다. 이 역할이 세속의 모든 상념을 제거한다. 이것이 명상이다. 이로써 그는 일상적 자아와는 완전히 별개가 되고, 그의 영혼은 순수하게 된다. 그리고 현세적 의식이 소멸한 이 상태에서 신비가는 신과 직립 관계로 신성에 가담한다.

외면적 활동은 하나님과의 일치 생활이 영혼의 내부에 충만하여 외부에 넘쳐 흘러나오는 정도에 따라서만 하는 것이 하나님 뜻에 맞는 일이다. 기도하고 관상(觀想)하는 동안 영혼의 내부에서 하나님을 자유로이 행동하시게 해드리는 것은 결코 태만도 아니요 무위(無爲)도 아니다. 이와 같은 순간 영혼의 지각할 수 없는 가장 깊숙한 곳에서는 신적 활동이 이룩되고 있는 것이다.

묵상을 파기하는 일은 악마의 간계이다. 하나님과 영혼과의 접촉인 기도 생활 없이는 아무리 눈부신 활동을 한다 할지라도 하나님 앞에서는 극히 평범한 존재에 지나지 않기 때문이다. 하나님께서 그 광명과 생명을 우리들의 영혼에 교류하시는 일은 실로 이러한 관상을 하는 동안이다.

잠심(潛心) 생활은 그 수련 초기에는 매우 노력이 필요하지만 익숙해지면 마치 제이의 천성처럼 되어버린다. 하나님께 대한 갈망은 그것 자체가 훌륭한 기도이다. 기도란 것은 때로는 우리가 지각할 수조차 없는 영혼의 은밀한 세계에서 이루어지는 것이다. 기도의 심수(心髓)는 사랑에 의해서 신앙 안에 이루어진 영혼과 하나님과의 접촉이다. 사랑으로써 하나님과 일치하고 있다면, 그리스도의 신비체의 모든 지체에 영적 피(사랑, 신적 생명)를 홍수처럼 흐르게 하고 있는 것이다.

기도가 갖추어야 할 특징은 특히 사랑에 충만된 것이어야 하며, 단순하고도 솔직하고 순수해야 한다. 기도는 머리를 쓰는 것보다도 오히려 마음과 애정으로 하는 기도가 되어야 한다. 기도란 것은 분명히 살아 계신 하나님과 우리와의 관계이며 만남이다. 기도를 통해 하나님과 만나는 것이다. 기도할 때는 하나님을 "그 분"이라든지 "전능자"라는 등의 삼인칭으로 생각하지 말고 "당신"이라고 가깝게 생각해야 한다. 이렇게 "나"와 "당신" 사이로 알고 기도를 드릴 수 있게 될 때, 비로소 기도가 시작되는 것이다.

"야웨"라는 신의 고유명사는 "하나님"이라든지 "신" 등의 일반 명사와 다르다. 신을 "창조주", "절대자" 등의 일반적 이름으로 부르는 한 우리는 아직 그 분과 먼 관계에 있는 것이다. 누구를 "이씨", "김씨"로 호칭하는 동안은 그와 나의 사이는 멀다. "별명"은 내가 개인적으로 알고 부르는 애정어린 표현이다. 다른 사람은 몰라서 부를 수 없는 그 분을 나는 부를 수 있다는 가장 친밀한 관계를 뜻한다. "야웨"라는 호칭은, 말하자면, 신의 개인적 별명과 비슷한 것이다. 신의 이름을 바로 찾지 못하는 한 우리는 그 분과 멀다.

기도하는 동안에는 사랑과 통회와 자신을 무(無)로 돌리는 겸손의 정(情)을 발하도록 하라. 기도하는 동안 하나님께 대한 완전한 사랑의 정을 발할 수 있게 되면, 영혼은 뜨거워지고 기도가 끝나고 외면적 업무를 하게 될지라도 내부의 잠심은 잃지 않을 것이다. 기도에 있어서 사상도 감정조차도 일어나지 않을 때가 있겠지만, 그래도 예수님, 천사들, 성인들과 함께 그들의 하나님께 대한 불타는 사랑과 일치한다면 그것만으로도 훌륭한 기도가 아니겠는가? 이 세상에 살고 있는 한, 기도는 사람들의 행복이다. 사랑하는 예수님을 마음을 다하여 사랑하도록 힘쓰자. 이것이 인간이 할 수 있는 모든 것이 아니겠는가.

　광음(光陰)은 흐르는 물결과 같아서 한번 지나가면 영구히 돌아오지 않는다. 남는 것이 무엇인가? 오직 하나님뿐! 오직 하나님만을 위해 행해진 것 뿐이다.

　기도는 전적 위탁이다. 기도하는 동안 자주 자신을 예수님께 바치라. 예수님 앞에 그대를 무(無)로 돌려야 한다. 육체도, 영혼도, 마음도 예수님께 넘겨 드리라. "아무렇게라도 주께서 원하시는대로 나를 처리하소서"라고…. 예수님과 일치하라. 예수님에 의해서, 말씀에 의해서 남김없이 자신을 맡기라. 이 요령으로 반 시간 동안 기도를 하도록 노력하라. 그대는 또한 성서의 어느 구절에 관해서 친밀하게 예수님과 담화할 수 있다. 상상이 그것을 도와주지 않을 때는 각별히 사랑의 정을 깊이 발하여야 할 징조이다. 그대가 기도를 사랑하고 있다는 사실이야말로 상상도 못할 만큼 훌륭하게 실행하고 있다는 확실한 증거가 되기 때문이다.

2) 잠심(潛心)

　수도생활의 중요한 요소는 잠심 생활이다. 소화 데레사는 수련자들이 비록 수도원 안에서의 일이라 할지라도 그들의 임무와 노동에만 정신을 파는 것을 좋아하지 않았다. 때때로 그는 "당신은 자신이 하고 있는 일에 지나치게 열중하고 있습니다."며 주의를 시켰다. 그는 일에 빠져 있는 영혼 안에서 산만성(散漫性)을 보았기 때문이다. 예수님께서 마르다를 나무라신 것도 바로 이 이유 때문이었다.

　영혼의 생명과 힘은 통일성 안에 있다. 우리 영혼을 단순화한다는 것은 통일하는 일이다. 비록 아침에는 훌륭히 묵상생활을 했다가도 식사와 일에 착수하는 사이에, 단정하지 못한 눈초리와 잡담하는 사이에, 그 잠심에서 얻은 방향(芳香)은 헛되이 방산(放散)되어 버리고 마는 것이다. 사람은 하루 생활 중에서 진보도 하고 혹은 퇴보도 하는 것이다.

　잠심을 위하여 우리 마음 안에 작은 예배당을 마련하여 아무리 바쁜 일이나 귀찮은 방심의 한가운데 있어서까지도 언제나 예수님을 찾아 뵐 수 있는 습관을 붙여야 한다. 그렇게 되면 2-3분의 틈만 있어도 우리 가슴 안에는 성령의 불이 타오를 것이다.

3) 염도(念禱)

　염도는 잠심 생활의 한 방식을 의미한다. 염도는 그 안에서 신을 향한 신심의 꿀을 생산해 내기 이전을 명상이라 부른다. 염도에서 신을 향한 꿀을 생산하게 되면, 그것은 관상으로 변한 것이다. 그것은 마치 꿀벌이 그 경치를 보러 다니면서 여기저기서 꿀을 빨고 그 단맛을 맛보기 위해 여러 가지로 노력하듯, 우리도 신의 사랑을 모으기 위해 명상하고 그것을 모은 뒤에는 신을 관상(觀想)하고 신의 선량성을 낱낱이 더듬어 사랑이 발견되는 즐거움을 맛본다.

 신의 사랑을 취득하려는 기대는 우리를 명상하게 하나, 취득한 사랑은 우리에게 관상을 준다. 이것을 분류해 설명하는 이들은 염도를 "정온(靜穩)의 염도"와 "일치의 염도"로 나누어 고찰하는데, 다른 표현으로는 "잠심의 염도"와 "신을 맛보는 염도"라고도 한다. 잠심의 염도는 신을 맛보는 염도보다는 훨씬 낮은 것이다. 전자는 후자를 위한 준비에 불과하다. 잠심의 염도를 하는 시간에는 묵상이나 지성의 활동을 중지시켜서는 안된다. 그러나 신을 맛보는 염도를 하는 시간에는 지성이 중지된다. 영혼은 일종의 팽창 혹은 확장이 일어난다.

 염도 중 매일 그리스도의 고난의 일점에 관해 묵상하도록 노력하고, 거기서 내 영혼에 유익을 얻도록 그리스도의 인성(人性)만을 생각할 것이요, 잠심이나 그 생활의 맛에는 도취되지 말고 되도록 저항할 것이다.

4) 묵상(默想)

 묵상(默想)에 일곱 가지 부분—즉, 준비, 독서, 묵상, 대화, 감사, 봉헌, 청원 등—이 있다. 이중에 처음 두 가지는 서론적 실마리이며, 마지막 세 가지는 하든 안하든 상관이 없다. 실제적인 골자는 묵상과 대화 두 가지인 셈이다. 처음 단계인 준비와 독서는 묵상과 대화를 보다 잘 하도록 심리적으로 준비, 유도하는 데 목적이 있고, 마지막의 세 가지는 하나님과의 대화를 끊지 않고 이어갈 수 있게 하는 것이다.

십자가의 요한은 묵상이라는 것을 우리 정신이 관상에 들어갈 수 있도록 준비시키는 사랑에 넘친 지해(知解)이며 하나님과 정답게 나누는 대담(對談)으로 보았다. 그는 묵상기도에는 두 가지 목적이 있다고 했다. 첫째는 주님과 이야기를 나누는 친밀한 담화에 이르는 것이며, 둘째로는 온전한 자아 파기(自我破棄)의 의지를 잃지 않는 것이다. 둘째 목적은 첫번째 것을 통해서 도달할 수 있다.

예수의 데레사는 이렇게 말했다.

"묵상기도란 하나님과 우리 사이에 주고 받는 정다운 이야기이다. 사랑의 나눔이나 많은 생각을 하는 것이 아니라 더욱더 사랑하는 것이다. 생각하는 일은 사랑 아래에 두어야 한다. 묵상 중에도 생각을 하게는 되지만 그것은 슬기로운 지식자가 되기 위한 생각이 아니라 더욱 뜨겁게 주님을 사랑하기 위해서이다. 묵상기도 중 줄곧 다른 생각만 하면서 시간을 낭비해서는 안된다. 잠시 생각한 다음에는 주님이 그대들을 사랑하고 계심을 깨닫게 될 것이니, 그 때는 생각을 멈추고 주님 앞에 차분히 마음을 가라앉혀 여러 가지로 사랑스러운 이야기를 하도록 하라. 그 이야기로써 마음을 샅샅이 열어 보이고 주님의 영광과 또한 그대들 자신을 위해 요긴한 모든 것을 하나도 빠짐없이 주께 말씀 드리라."

주님과의 담화는 고요하고 많은 말은 하지 않으며, 말로 표현하기보다는 마음이나 의지의 단순한 행위로 "주님의 사랑의 짝이 되는 데"로 차차 옮겨간다. 하나님을 바라보는 이같은 소리 없는 사랑의 말에 대하여 하나님께서는 그의 마음을 비추시고 당신께 가까이 당기시는 일로 응답하여 주신다.

묵상의 목적은 사랑에 넘친 지해(知解)를 자아내는 데 있다. 즉, 우리가 하나님의 신비를 깊이 고찰하듯 우리를 사랑하시는 하나님을 한층 더 사랑하려는 마음을 자아내는 고찰이어야 한다.

묵상 중에는 인성의 주, 특히 주님이 채찍을 맞으신 장면을 그림으로나마 생각하면서 사랑에 넘친 주님과의 대화에 곧 들어간다. 이 때 그 장면에 대한 고찰에만 너무 긴 시간을 잡지 말라. 또 자기의 전 관심을 기울여 섬세한 상상을 하는 일도 불필요하다. 마음은 사랑이라는 한 가지 행위 중에 경건한 눈길을 하나님께 쏟는 것이다.

십자가 요한 성인의 견해에 의하면, 건조(乾燥)라는 것이 요긴하다. 하나님과 사람의 영혼과의 만남에 필요한 방법은 사람의 영혼의 위기인 건조라는 괴로운 위기를 일으키시면서 하신다는 것이다. 하나님께로서부터 오는 건조의 시련을 통해서 우리는 묵상에서 관상으로 옮겨진다.

관상의 은혜와 탈혼은 서로 다른 것이다. 관상이란 것은 지성만이 아니라 사랑의 체험을 거쳐서 하나님을 알기 시작하여 하나님의 위대하심에 대한 감각이 주어진다.

5) 신인 합일(神人合一)

신을 아는 데는 두 가지 방법이 있다. 하나는 "사념(묵상, 명

想)" 즉, 추론적 사색의 방법이요, 또 하나는 "정관*(靜觀)*" 즉 순수한 신앙의 방법이다. 정관에는 두 단계가 있다. 능동적인 것과 수동적인 것이 있는데, 수동적인 것이 더 높은 단계이다.

사념적인 방법은 *"밖의 길"* 이어서 이 방법은 초심자에게는 유효하나 이 방법으로 완전한 인도는 못한다. 정관은 "안의 길"이니 이 방법은 신과의 합일을 그 목적지로 삼는 것으로, 그것은 신의 의지에의 완전한 복종, 모든 자아 의지의 멸절, 영혼의 분란치 않은 정숙, 즉 수동적이어서 신비적 은총의 초자연적 관옥(灌沃)을 받는다.

신과의 합일을 노리는 것은 신비주의의 특징이다. 인간은 신과 합일 할 수 있다. 신적인 것과 인간의 마음이 하나가 된다. 이 주장에 대해서 평(評)하는 사람들은 신비주의에 있어서는 결국 인격 신을 말할 수가 없다.

인격이란 것은 무엇에 한정된 것이고 "나"와 "너"가 대립하는 것인데 신비가들에게서는 신이란 규정 짓기 어려운 것이요, 인간적인 것과 신적인 것 사이에서 확실한 한계선을 그을 수 없는 것이다.

참 신비가는 "나"와 "너"라는 식으로 신과 대립하는 것이 아니라 "나"와 "더 높은 나"로 대립하는 것이라고 한다. 그러나 신비적 체험, 내용도 모든 사람에게 일률적이라 볼 수 없고 체험은 각양 각색이고 신과 사람과의 관계에 있어서도 여러 가지 "뉘앙스"가 있다. "너"와 "나"의 경계가 전혀 철거되는 일 없이도 양자 사이에 신비적 관계가 성립되는 것이 불가능하지는 않다. "너"와 "나"는 대립 관계에 있으면서도 양자 사이가 격조되지 않고 양자 사이에 직접적 교섭이 성립할 수 있다.

기독교 신비주의에 있어서는 신은 영원히 신이시고 인간은 영원히 인간이다. 신이 인간이 되는 일도 없고, 인간이 신이 되는 일도 없다. 그러면서도 양자 사이에는 직접적 교섭이 성립 가능하다.

갈라디아서 2장 20절에는 "이제는 내가 산 것이 아니요 오직 내 안에 그리스도께서 사신다"고 했다. 제노아의 카타리나 (Catherina)는 "나는 이제 내가 보이지 않는다. 나는 없고 다만 신이 계실 뿐이다."고 했다. 그리스도는 살아서 현존하시는 영적인 분, 매일 바울에게 역사하시는 인격적인 영(靈), 그리고 생명력이시다. 인간 영혼의 감성과 지성적 활동이 사실은 우리 영혼을 제한하고 있고 포만하게 하고 있는 데서 동시에 해방되지 않으면 안된다.

십자가의 요한은 "가장 높은 잠심을 하려면 우리 정신의 활동을 지선(至善)이 아닌 눈에 띠는 모든 것에서 마음을 떼고 돌려서 온통 그대로 측량할 수 없는 선(善) 속에 마음을 안정하는 일이다"고 했다.

내 영혼과 신이 합일하고 신과 내밀히 접촉할 수 있기 위해서는 내 영혼은 완전한 허무 상태가 되지 않고서는 안된다. 이 허탈상태는 쉽게 되는 것이 아니고 현실의 초극, 고독, 침묵, 과거에 대한 일체의 추억을 버리는 일 등 엄한 고행 준비를 겪은 뒤에야 비로소 도달해 내는 것이다.

우리가 실재(實在)와 결합해 내는 방식이 허무이다. 거의 모든 신비가들이 이를 원칙으로 삼고 실천하려고 노력했다. 금욕, 재계(齊戒)의 고행법을 사용했다. 십자가의 요한 성인은 신비한 생명을 낳는 일, 우리 영혼을 물질에서 해산하는 일에는 고뇌(유한과 무한의 싸움), 즉 정신적으로 격렬한 고뇌와 아울러 육체의 고통도 필요하다고 했다.

제 2 부
기독교의 신비주의

1. 성 안토니와 파코미우스
(St. Antonius & Pachomius: 250-356 ?)

1) 성 안토니

성 안토니는 기독교 수도원주의의 창설자로 알려져 있다. 그의 전기로는 니케아 회의 때 주요한 역할을 한 아타나시우스가 쓴 책이 있다. 이 책을 읽는 사람마다 큰 감동을 받아 수도원생활에 들어가는 사람이 많았다고 한다. 어거스틴의 『참회록』에도 두 청년이 밀라노 시외의 어느 동산을 거닐다가 어떤 집에서 우연히 안토니의 전기를 읽고 크게 감동되어 수도자가 되었고, 그들과 약혼했던 두 소녀도 역시 수도사가 되었다는 이야기가 있다.

성 안토니(Antonius)는 A.D. 251년 이집트 테바이드(Thebaid)에 있는 고을 코마(Coma)에서 큰 부잣집의 아들로 태어났다. 어려서부터 사색적이고 명상적인 성격이었고 기억력이 좋은 소년이었다고 한다. 그가 18세 때(270년) 양친은 어린 누이와 막대한 재산을 남기고 별세했다. 그로부터 6개월이 지난 후, 그는 어느 날 교회에 앉아 주님을 따르던 사도들의 복종생활을 명상하던 중 마태복음 19장 21절의 부자 청년에게 하신 말씀 중에서

"네가 온전한 사람이 되고저 할진대 가서 소유한 것을 다 팔아 가난한 사람에게 나눠 주고 와서 나를 따르라"하신 말씀에 감명을 받고 그대로 복종키로 결심하고서, 즉시 삼백 에이커가 넘는 농토를 분할하여 그 중 얼마는 누이에게 생계를 위하여 남겨 주고, 남은 것은 모두 가난한 소작인에게 나누어 주었다. 자기의 가구도 팔아 가난한 사람에게 주었다. 그는 마태복음 6장 34절의 "내일 일을 위하여 염려치 말라"는 주의 말씀에 따라 누이를 위해 남겨 놓았던 토지까지도 소작인들에게 나누어 주고, 동생의 양육은 동정녀 신도회에 위탁했다.

안토니는 광야 암굴에 들어가 어느 늙은 수사로부터 교육을 받으면서 명상, 은둔, 수도, 고행의 생활을 시작했다.

그는 데살로니가전서 5장 17절의 "쉬지 말고 기도하라"와 데살로니가후서 3장 10절의 "일하기 싫거든 먹지도 말라"라는 말씀 대로 기도와 노동에 힘썼다. 이와 같이 기도, 금식, 겸손을 실천하며 인근에 있는 은사(隱士)들과 영적 문제를 토의하기도 하는 중 사람들은 안토니를 "하나님의 벗"이라고 존경하기에 이르렀다.

285년 그는 더 깊고 높은 경지를 사모하여 지인(知人)과 교회를 멀리 떠나 어느 벽지의 무덤 속에서 수도 생활을 하다가, 다시 어느 고성(古城)의 폐허 속에 들어가 약 20년 동안 수도했고, 말년에는 나일강에서 사흘 동안 걸어 들어가는 콜짐산에 수도처를 정하고 죽을 때까지 그곳을 떠나지 않았다.

처음 몇 년 동안 그의 소문을 듣고 찾아오는 이가 많아서 그것을 피하여 점점 멀리 들어가 숨었으나, 그래도 찾아와서 교훈적인 말씀을 청하는 사람들이 많았다. 안토니는 존비(尊卑)를 구별하지 않고 그들에게 적절한 교훈을 주었으며, 그가 수도하는 근처에는 그를 사모하기 때문에 따라와서 수도하는 이들이 동네를 이루었다고 한다.

그의 수도생활은 매우 단조로운 것이어서 기도, 명상, 고행, 노동이었는데, 이 생활을 끊임없이 되풀이하였다. 그는 머리털로 짠 내의를 입었고 양모의(羊毛衣)를 입고 가죽띠를 맸다. 음식은 하루 한끼만 먹었는데. 떡과 소금, 때로는 대추를 음식으로 삼았고, 맑은 샘물을 마셨다.

그는 산기슭에 농토를 개간하여 자기의 생계뿐 아니라 자기를 찾아오는 많은 손님들을 대접하기 위하여 곡식과 채소를 심었는데 들짐승들이 와서 이따금 농작물을 뒤지고 해쳤다. 어느 날 안토니가 짐승들에게 "어찌하여 내가 너희에게 손해를 끼치지 아니하는데 너희는 내게 손해를 끼치느냐? 주님의 이름으로 명하노니 물러가 다시는 내 근처에 찾아 오지 말라"고 책망했더니, 그 후에는 다시 짐승들이 그의 농작물을 해치지 않았다는 이야기가 있다.

그의 수도생활 중에서 특이한 것은 사단과의 싸움이다. 때때로 그의 거처에서는 그가 사단과 싸우면서 외치는 큰 고함소리가 났다. 사단은 어떤 때는 안토니의 친구나 친척의 모양으로 나타나고, 어떤 때는 요염한 미인의 모습으로 나타났다. 꿈이나 환상, 때로는 대낮에까지 나타나서는 옛날 그가 누렸던 부귀 영화로 꾀거나, 혹은 두고 온 누이동생에 대한 도의심으로 괴롭히거나, 그에게 사회적 지위를 약속하거나, 그밖에 불순한 생각과 악행의 달콤한 쾌락, 위협과 공포 등으로 안토니를 괴롭혔다. 사단과의 이 치열한 싸움의 승리는 그의 거처의 지붕을 뚫고 초자연적 빛이 흘러들어옴으로 끝났다.

안토니는 사탄의 이와 같은 여러 가지 형상은 자기 마음의 상태, 즉 자기의 호기심과 생각의 반영에 불과하다는 것을 알았다. 그래서 사탄을 이길 가장 좋은 방도는 신앙과 경건이라고 말하였다. 육적인 생각을 가지면 사탄의 희생이 될 것이다. 그러나 마음으로 주를 기뻐하고 거룩한 것을 생각하고 금식, 기도, 겸손, 고행하면 사탄은 두려워 아무 세력도 발휘하지 못한다. 그리고 누구든지 십자가의 표로 무장하면 사탄은 그 앞에서 안개 같이 사라질 것이다.

그는 세상에 도무지 나오지 않았고 자기의 암자를 떠나지 않았는데 생전에 단 두번 세상에 나왔다고 한다. 한번은 311년 막시미누스의 박해 시절에 순교할 것을 각오하고, 알렉산드리아로 나와 감옥을 찾아다니며 신자를 위로하고, 재판정까지 가서 격려하고, 형장까지 따라가며 순교자들을 격려했으나 아무도 안토니를 잡지 못하였다. 또 한 번은 351년 그가 100살 되던 해에 이집트를 방문하여 교회의 정통 신앙을 변호하려고 싸우고 있는 친구 아타나시우스를 지원하였다. 이곳에서 안토니는 그리스도의 신성(神性)을 부인하는 아리안주의는 독충의 독보다 더 악하고 우상 숭배보다 나을 것이 없다고 아리안파를 나무랐다.

할 일을 다하고 다시 자신의 처소로 돌아가는 안토니를 만류하는 친구들에게 그가 말하기를 "물고기가 물을 떠나면 죽듯이, 암자에서 나온 수도사는 죽는다"고 했다. 은둔자들과 신비주의자들의 탈선은 영적 오만과 독선인데, 안토니도 항상 이것을 경계하고 누가복음 10장 20절의 "귀신들이 항복한 것으로 기뻐 말고 너희 이름이 하늘에 기록됨으로 기뻐하라"는 말씀으로 두 제자를 가르쳤다.

그는 356년 105세의 고령으로 별세했다. 죽음이 임박한 것을 안 그는 두 제자를 불러 자기 시체를 그대로 땅에 묻고 그 무덤을 아무에게도 알리지 말라고 부탁하였다. 이는 성자와 그 유물에 대한 우상 숭배를 염려하였기 때문이었다.

2) 성 파코미우스(Pachomius)

은둔한 수도자들은 때때로 모여 기도했는데, 후에는 한 집에 살며 공동 생활하는 것도 생겼다. 이러한 공동 생활로 은둔한 수도자들의 성정(性情)이 거칠어지고, 광망(狂妄)에 빠지고, 혹은 타락하는 일을 막았다. 이같이 하여 수도원이 생겼는데 처음으로 수도원 규칙을 세우고 수도생활을 개신(改新)한 사람은 파코미우스였다.

파코미우스는 원래 군인으로 20세 쯤 되어서 기독교인이 되었다. 처음에는 은수사생활을 해보았으나 불규칙한 생활에 불만을 갖고 6년(315-320)에 걸쳐 이집트 남방에 있는 타벤니시란 섬에 수도원을 창설하였다. 파코미우스가 세운 수도원은 수도원장 밑에서 규칙적으로 먹고, 입고, 자고, 공부하고, 예배를 드렸다. 규칙적으로 노동하였고 징계 제도도 있었다. 그의 수도원은 원사(院舍)를 잘 지었고, 여 수도원도 세우고, 농사를 시켰다. 그가 설립한 수도원은 무려 열 개나 되었다고 한다.

2. 베네딕트
(Benedietus of Nursia: 480-543)

성 베네딕트는 수도원 운동에 특기할만한 인물로서 그의 공헌과 교회사에서의 지위는 성 어거스틴이나 성 프란치스코, 그레고리 교황과 비교할 만큼 위대한 인물이다.

베네딕트는 5세기 말 경에 로마의 북쪽 누르시아(Nursia)의 촌가에서 탄생했다. 그가 태어나기 전인 410년에 서고트족이 로마를 함락했다. 445년에는 반달족이 로마를 함락하여 그 참화가 아직 가시지 않은 때에 베네딕트는 14,5세의 소년으로 로마에 공부하러 상경했다. 그는 로마에서 법학을 공부했다. 16세의 젊은 나이였으나 희망에 불타는 그의 눈에 비친 로마는 환멸과 비애의 도시로 보였다. 그는 젊은이들의 타락한 모습과 그들의 분위기에 몸서리쳤다.

민감한 그는 로마에 닥칠 불행한 운명과 몰락을 예감하고 자기를 따르는 유모와 함께 로마에서 약 삼십 리 떨어진 에피디(현재의 아피디)라는 곳에 가서 몇 사람의 수도자들과 경건한 공동생활을 했다. 거기에서 베네딕트는 최초의 기적을 행했다. 유모가 빌려온 체를 잘못하여 산산조각을 냈는데, 그녀가 우는 것을 본 베네딕트가 부서진 체 조각을 들고 자기도 울며 기도하자 기적적으로 깨끗이 고쳐진 것이다. 이 때문에 많은 사람들이 그를 존경하기 시작했다.

베네딕트는 아직 소년이었지만 그의 마음은 장성하여 남이 자기를 칭찬할 때 그것을 두려워해야 한다는 것을 알았다. 그래서 그는 그곳에서 도망쳐서 수비아코(Subiaco) 산 근처의 황량한 사막으로 들어갔다. 그곳에는 맑은 시내가 있었다. 그는 그곳의 가파른 낭떠러지에 있는 동굴 속에 숨어서 혼자 3년 동안 기도하며 지냈다.

그는 그곳으로 가는 도중에 로마노(일명 로랭)라는 늙은 수도사를 만났는데, 노 수사는 그곳에서 멀지 않은 곳에 있는 수도원에서 아데오다라는 원장의 지도를 받고 있었다. 소년 베네딕트의 뜻을 들은 그 수사는 베네딕트를 돕기 시작했다. 로마노로부터 은수사의 옷을 얻어 입은 베네딕트는 로마노만이 아는 비밀로 한 채 삼 년 동안 이 동굴에서 지낸 것이다.

이 3년이라는 세월은 베네딕트가 자기의 육체를 극복하고 기도를 통해 하나님과의 일치에 이른 기간이었다. 또한 고독과 고행과 모든 시험을 몸소 겪은 기간이기도 했다.

한번은 수비아코에서 얼마 떨어지지 않은 곳에 살고 있는 어느 신부에게 하나님의 음성이 들려 왔다. "부활절이 다가왔으니 내 말을 잘 들어라. 저 수비아코의 가파른 낭떠러지에 큰 동굴이 있는데 거기에는 나의 사랑하는 종이 몹시 굶주려 신음하고 있다. 좋은 음식을 많이 마련하여 그곳으로 가라"는 것이었다. 신부는 음식을 마련하여 동굴을 찾아 들어가 기도한 후, 다정스럽게 주님을 찬양하며 음식을 나누었다.

같은 날, 산에 왔던 목동들이 베네딕트를 처음 발견했을 때, 그가 짐승의 가죽을 몸에 두르고 가시 덤불 속에 있었기 때문에 들짐승인 줄 알고 숨을 죽이면서 접근하여 덮쳤다. 그런데 잡고 보니 짐승이 아니라 기도하는 성인이었다. 굴 속에서 엎드려 지내는 동안 머리는 길고 때는 두껍게 끼어서 흡사 짐승 같았다.

하루는 그가 열심히 굴 속에서 기도하고 있는데 난데없이 검은 새 한 마리가 날아 들어와 주위를 돌면서 귀찮게 굴었다. 그가 십자 성호를 긋자 새는 어디로인지 사라졌지만 그 대신 지금까지 느끼지 못했던 맹렬한 정욕이 불꽃처럼 전신을 태웠다. 전날에 그가 어느 여자를 본 일이 있는데 마귀는 그의 눈 앞에 그 여자의 얼굴을 떠올려 폭발적인 정열을 일으켜 시험했다. 그는 기도도 집어치우고 거친 동굴 생활도 버리고 상상의 여인을 따라 관능적 쾌락의 길로 가려고까지 하였다.

그때 하나님의 은혜로 갑자기 그의 눈이 밝아지며 제정신이 들었다. 3년간 짐승 모양이 되어 기도하노라 했던 자기가 부끄러울 뿐이었다. 베네딕트는 옷을 벗어 던지고 알몸이 되어 동굴 앞에 있는 가시밭으로 뛰어들어 딩굴었다. 전신에 치솟았던 정욕의 불꽃이 다 꺼질 때까지 계속했다. 온몸에서 피가 흐르고 쓰리고 아팠다. 그는 영혼을 깨끗하게 하기 위해 육신을 가혹하게 다루었다. 찢어지는 살갗을 통하여 정욕의 불길을 내쫓은 것이다. 그 후부터는 정욕을 쉽게 누를 수 있었고, 그런 유혹을 다시는 당하지 않았다. 이 3년이라는 기간은 그가 자기의 육신을 극복하고 정화하여 광명을 얻어 하나님과 일치에 이른 기도의 시간이었다.

그 후 베네딕트는 한동안 수비아코를 떠나 부근에 있는 비코바로 수도원의 원장으로 일한 적이 있다. 수도자들이 모여 베네딕트를 수도원장으로 추대했는데, 그는 문란한 규율을 고쳤으나 모두가 그 규율의 엄격함을 견디지 못했다. 그는 나쁜 수도사들에게 독살을 당할 뻔하자 그곳을 떠나 수비아코에 있는 자기 동굴로 돌아갔다.

그 후 베네딕트는 12년간 12개의 베네딕트파 수도원을 창설했다. 그의 일상생활은 경건과 노동, 기적의 연속이었다. 그러나 여기서도 이웃에 사는 좋지 못한 신부의 질투를 받아 방해가 심하여 그곳을 떠나기로 결심하고, 로마에서 동남쪽으로 약 80마일 떨어져 있는 나폴리와의 중간 지점인 네아폴리탄도 남쪽에 있는 경치 좋은 카시노산(Monte Cassino)에서 "너는 이 산에 수도원을 세워라"라는 묵시를 받았다. 그는 40일간 기도한 후, 산꼭대기에 있는 아폴로 신전을 헐어버리고 그 자리에 큰 성당과 수도원을 세웠다. 이 때가 529년, 그의 나이 49세 때였다.

수도사가 점점 늘어나게 되면서 그때까지의 단순한 수도생활로는 안되겠기에 공주 수도제(共住修道制)를 택하게 되었고, 수도생활 이념에 큰 변화가 오게 되었으므로, 그 동안 수비아코에서 메모해 두었던 것과 자신의 체험을 참작하여 집필한 것이 유명한 『베네딕트 규칙』이다. 이 규칙은 서구 수도원 역사의 획기적인 업적으로서 수도원 단체들이 채용하는 기본적인 규칙이 되었다. 서 유럽의 많은 수도원은 이 규칙 밑의 통일에 기초해서 교단을 지도하게 되었다.

베네딕트 이전에도 수도원 규칙은 있었다. 성 파코미우스나 성 빠시리우스의 규칙도 있었지만 베네딕트는 자기의 규칙을 『(聖)규칙』이라고 불러 다른 모든 수도원의 규칙과 구별했다.

그가 이 규칙을 쓴 때는 동로마제국의 전투가 한창 계속되던 때였다. 비바람이 몰아치는 기나긴 밤에 불을 켜려고 애쓰는 사람처럼 인내를 가지고 이 회칙을 쓴 결과, 이것이 후에 전 유럽의 모든 수도원에서 준봉하는 대헌장이 된 것이다.

이 작은 책자는 내용이 평범하고 당연한 것 밖에는 없다. 지나친 열의는 삼가고, 중용을 존중하고, 무익한 고행을 삼가하였다. 그 대신 노동을 권장하고, 열광보다 훈련에 치중하고, 모든 분야에 무절제를 막고, 정신과 행위의 자제를 존중했다.

온화하면서도 엄격한 베네딕트의 정신은 중세 암흑 시대의 거친 인간들 속에도 가장 뛰어나고 힘있는 모든 것을 하나의 중심에 끌려 집중하여 정신적 부활을 가져왔다.

베네딕트 규율은 누구나 성의만 있으면 실행할 수 있는 것으로 수도생활의 목적을 명확하게 규정했고 조직적이고 합리적이어서 유효한 방법을 제시한 점이 특징이다. 수도원은 "주께 대한 봉사의 훈련"을 위한 것이요, 수도사는 원장의 명령에 절대복종하여 그 정신적 싸움에 용감하지 않으면 안된다. 그들에게는 주님의 교훈에 기초한 세 가지 서원, 즉 청빈, 순결, 순종을 지킬 근본적 의무가 있다. 또 스태빌리타스(Stabilitas)라고 부르는 규율, 즉 정해진 위치에서 이동하지 않고 머무르며 죽을 때까지 자기가 속한 수도원에서 배반하여 떠나지 않겠다는 서약도 요구된다. 이런 규율에 있어 중요한 것은 전적인 복종과 자기 부인의 마음을 가지는 일이다.

생활에 있어서는 규율 있는 기도, 명상, 그리고 노동의 의무가 있다. 이 점은 특히 합리적이요 실제적이어서 그 당시 사회에서도 인정받았다. 처음에는 농사 같은 야외 노동만 권장했으나 카시오도루스(Cassiodorus)가 수도사로 들어온 후부터 학문상의 노동도 노동이라 하여 그 후 많은 학자가 수도원에서 배출되었다. 이리하여 수도원이 중세 학자의 중심이 되고 고대 문화의 저장고가 된 일은 특히 기억할 만한 점이다. 동방이나 타 수도원에서 일삼던, 단순히 황홀경에 빠져 현세를 잊으려던 신비적 명상생활에 비해 이것은 침묵과 노동으로 노력하는 활동적 생활이었다고 평할 수 있다.

 베네딕트 규율 안에서 통일된 서구 수도원의 가장 큰 공적은 교회 내의 산 신앙의 힘이 되어 내부에서 교회를 치리한 점이라고 말할 것이다. 어디에서나 수도원은 종교생활의 중심이 되었고, 일반 신도의 신앙을 증진시키고 보호했고, 모든 사회적 공공적 시설에 힘을 썼고, 또 초대 신학과 고전적 교양을 전하는 학예의 중심이 되었다. 따라서 민중들은 교회보다 수도사를 만나기를 더 즐거워하여 그 지도를 받아 신앙생활을 지켰다. 특히 8세기 이후 교회 생활이 심히 타락했을 때, 그 정화의 힘이 먼저 시작된 곳도 수도원이었다. 그러므로 중세 정신사에서 수도원의 존재보다 더 중요한 것은 생각할 수 없다.

 베네딕트는 카시노에서 별세했는데 분명한 연대는 알 수 없으나 547년 경으로 본다. 그는 63세 때 묵시를 통하여 자기의 때가 가까운 줄 깨달았다. 그는 자기보다 먼저 별세한 여동생 스코라스치카 성녀의 무덤 곁에 자기의 무덤을 파게 했다. 중병이 들어 60일만에 제자들을 시켜 자기의 병상을 성당 안으로 운반하게 하여 마지막 성체를 받고, 자기 일생을 통하여 받은 은총을 하나님께 드리고, 여러 수도사들의 축복 속에, 두 손을 들어 기도하면서 그대로 숨을 거두었다.

3. 버나드
(Bernard of Clairvaux: 1091-1153)

클레르보의 버나드는 1090년 프랑스 디욘(Dijon) 근방에 있는 폰테인(Fontaines)의 귀족의 가문에서 6남 1녀 중 셋째 아들로 태어났다. 부친은 제1차 십자군으로 종군하였다가 전사했고, 모친 알제다는 경건하고 정숙한 여자로서 단순과 자비로 집안을 거느렸고 자녀들을 신앙과 복종으로 양육하였다. 자녀들은 모두 한결같이 경건한 생활을 하였는데, 그 중에도 버나드는 신앙 속에서 가장 기운차게 자라났고 어려서부터 수도원생활을 사모했었다. 그는 어느 때 혼자 여행하던 중에 종교에 대한 충격을 받고 성당에 들어가 기도하다가 자기 전부를 하나님께 드리기로 결심하였다.

모친이 별세한 후 서기 1113년에 그의 나이 23세 되던 해에 그는 귀족의 신분을 버리고 형과 동생 네명을 포함하여 귀족 동지 30명과 함께 수도원에 들어갔다. 이들 외에 동생이 또 하나 있었는데 나이가 어려서 함께 들어가지 못하고 2년 후에 합류하였다. 그는 당시에 가장 엄격하다고 소문난 씨토(Citiaux) 수도원에 들어갔다. 시토 수도원은 너무 엄격하여 수도사의 수가 감소하여 가던 중에 버나드의 일행이 들어오게 되어 새로운 힘을 얻어 그 면목을 일신하게 되었다. 버나드는 시토 수도원의 엄격함을 기뻐할 뿐 아니라 더욱 그 엄격한 정도를 가하였기 때문에 그의 동지 중 한 사람은 견디지 못해 클루니로 옮겨갔다.

씨토 수도원은 1098년에 창설되어 특히 믿음, 사랑, 겸손의 덕행 실천을 위한 엄한 자기 부정의 생활을 목표로 했다. 수도원의 건물, 비품, 예배 처소는 단순했고 수도사들의 의복과 음식도 매우 소박했다. 엄격한 규율을 따라 침묵, 기도, 명상, 노동, 성경 읽기와 연구에 전심 전력하였다. 이곳에 있는 2년 동안 버나드는 극단적이고 금욕적인 수도생활 때문에 육신은 뼈만 남을 정도로 수척했으나 믿음으로 육체의 쇠약을 극복했다. 버나드는 성경과 교부들의 전서를 탐독하는 한편 자연을 통해 하나님의 권능과 사랑의 섭리를 배웠다.

"너희는 책에서보다도 산천 초목에서 더 위대한 것들을 배울 것이다. 울창한 나무들과 기암 괴석들은 너희들의 스승에게서 배울 수 없는 것들을 가르쳐 주리라. 너희들은 바위에서 꿀을 빨아 먹으며 굳은 돌에서 기름을 짜내 먹을 수 있다고 생각하지 못하느냐?"고 할 만큼 자연에서 하나님의 사랑과 권능을 배웠다.

2년 후 1115년에 원장의 명령으로 그는 특별히 선발되어 새 수도원을 세우기 위해 12명의 수도사를 거느리고 클레르보로 파견되었다. 이곳은 프랑스 동편에 있는 알프스 산 오베 강변에 있는 험한 계곡으로서 "벌레의 골짜기"라고 불렀다. 도적들의 계곡이었으나 버나드와 그의 동지들이 옮겨온 이후 그 광경이 일변하여 클레르보, 즉 "광명의 골짜기"라고 불리울만치 미려한 땅이 되었다. 버나드는 이곳에 자리잡고 원장이 되어 죽을 때까지 그곳에 머물렀는데, 원장직 외에는 교황청이 제공하는 높은 지위조차 거절하고 수도원에만 충성했다.

　수도원생활은 조식 조의(粗食粗依)하고 야외 노동을 하고 생활 규칙이 극히 엄격했다. 그리고 그 수도원에는 높은 탑도 없고 아름다운 그림도 없이 다만 그리스도의 화상(畵像) 하나가 있을 뿐이었다. 그래도 사방에서 제자들이 모여 들어 분원을 설립하였는데, 버나드가 죽을 때에는 분원이 160개 이상이나 되었다고 한다.

　버나드는 극단적인 금욕·자제의 생활로 인하여 심한 야외 노동이나 고역을 감당할 수 없어 문장과 말에 의한 봉사에 노력했다. 그는 원장이 된 이래 약 10년 동안이나 클레르보를 나서지 못했으나 그래도 그의 명성을 듣고 사방에서 찾아오는 사람의 수는 늘어갔다. 그의 마르고 야윈 몸은 지나친 금욕 때문에 똑바로 서기가 어려울 정도였으나 창백한 얼굴에서는 광채가 났고, 한번 설교하면 그 소리는 일만 명의 청중도 들을 수 있을 만큼 크고 날카로왔다. 그의 언변은 불을 토하는 것 같아서 사람을 위압하는 힘이 있었다.

　그가 제2차 십자군의 유세자(遊說者)로 파리에 나갔을 때 그의 불타는 정열은 많은 사람에게 감동을 주어 서구 교회의 중심 인물이 되었다. 그는 원래 종교 정치가는 아니었지만 그 시대의 민중은 모든 문제를 버나드에게 묻게 되었고, 이에 대하여 그는 언제나 계시와 종교적 직각(直覺)에 의해 대답해 주었다. 수도사 뿐만 아니라 여러 나라의 군주와 귀족들까지 그의 정신적 지도를 청하게 되었고 정치적 분쟁의 해결을 요청하는 일도 있었다.

　1130년에 교황 호노리우스 2세가 별세한 후, 그 후임에 두 명이 교황의 물망에 올랐다. 아나클레투스(Anacletus)와 인노센트를 놓고 정통 교황을 결정할 때 버나드의 의견을 물었는데 인노센트가 정통 교황으로 결정되었다. 버나드의 제자가 교황의 자리에 올라 유게니우스(Eugenius) 3세가 되자, 버나드의 세력은 거의 전 유럽을 압도하게 되었다.

버나드는 전적으로 내적인 신앙의 사람이요, 수도원적인 신비주의적 경건자로서 대표 인물이라 할 수 있다. 그의 신학과 신앙은 보수적 입장이었으며, 이 입장에서 그는 하나님을 지식으로 알려는 신학적 탐구와 종교적 민주주의를 미워했다. 그는 이성으로는 신을 인식할 수 없다고 생각했고, 신학 연구와 이론적 투쟁보다는 실질적인 기독교 생활과 수도사들의 신앙적 지도 및 교회의 화평과 통일, 그리고 순종에 더 마음을 기울였다.

"과학적 탐구보다는 기도로 더욱 완전하게, 또는 더욱 용이하게 신을 볼 수 있다. 하나님을 사랑하면 사랑할수록 더욱 하나님을 인식하게 된다. 최고의 선은 하나님을 사랑하는 것이다. 하나님과 심령과의 포옹, 완전한 융합 일치(融合一致)의 경험, 육감적인 법열(法悅), 도취, 여기에서 참으로 하나님을 인식하게 되는 것이다."

"하나님이 실재(實在)하심을 알고 믿어야만 하지만 크리스천은 거기에 그쳐서는 안된다. 하나님의 실재에 대한 이지적 승인이나 그의 계시에 대한 신념에서 한 걸음 더 나아가 하나님과 가장 친밀한 생명적 교제를 가져야 하며 하나님과의 직접 대화가 무엇인지를 알아야 한다."

"하나님께 대한 믿음의 확증은 믿음이나 이성보다도 하나님과의 연합(The Union with God)에 근거하는 것이다. 하나님과 하나가 되지 않으면 그에 대한 참된 확증을 가질 수 없다. 이 연합은 생의 전체를 밝게 비춰주며 진리 자체를 명백하게 만들어 준다."

그러나 버나드가 주장한 신과 인간의 연합은 신과 인간의 본성이나 본질의 합일을 목적으로 하는 것이 아니요, 하나님과 인간이 각기 독립된 실재성을 유지하면서도 의지와 사랑에 있어서 하나가 되는 것을 의미하는 것이다. 그러면서도 "신인연합(神人聯合)의 최고의 경지는 자기의 일관한 의식을 잃고, 오직 하나님만 의식하게 되는 황홀한 연합에 있다"고 강조했다.

그는 범신론적 신인일치를 경계하고, "의지(意志)의 교제"와 "사랑에 있어서의 일치"를 말했다. 즉, 하나님의 뜻이 온전히 나의 뜻이 되고, 그의 사랑 안에 인간의 전 생명이 안길 때에 신과 인간의 참된 연합이 이루어지며, 이 신비한 체험에서만 인간은 하나님께 대한 가장 확실한 친지(親知)의 의식을 얻게 된다는 것이다.

버나드의 신비주의를 보통 "그리스도 신비주의(Christus Mystik)"라고 하는데, 그의 신인 연합(神人聯合)의 대상은 예수 그리스도이다. 아버지 되시는 하나님과 본성을 같이 하는 성자 예수 그리스도와 인간의 의지와 사랑에 있어 완전한 일치를 이루어, 그리스도가 인간 안에 살아 있다고 할 때에 비로소 그리스도께서 인간 안에 들어오시어 마음을 주장하시면 모든 죄악과 세속적 욕망이 억제되어 발동하지 못하고, 도리어 그리스도의 도덕적 권능이 인간의 심령을 감화 감동시켜 하나님의 선(善)과 뜻, 아름다움을 깨닫고 주님의 지상생활의 특징이었던 겸손과 사랑을 모방하고 실천할 수 있게 한다.

버나드는 파리의 성 빅톨 수도원의 신비주의 신학자인 휴고(Hugo;1097-1141)의 교설(教說)을 따라 인식의 단계를 인정하고, 최고의 단계인 명상으로 신의 직관과 신비적 일치에 도달한다고 했으며, 이 경지에 이르는 방법으로는 참회, 정결, 금욕의 덕이 필요하다고 했다.

위에서도 말한 바와 같이 버나드의 신비 사상의 특징은 그 성격이 감각적인 점이다. 그에 의하면 신은 이지적으로 인식되는 것만 아니라, 경험되고 감수(感受)되고 감촉(感觸)되지 않으면 안된다.

신과의 최고의 일치에는 모든 속박과 자아 의식에서의 해방이 필요하고, 황홀한 망아 자실(忘我自失)의 경지, 즉 엑스타시스(extasis)에서만 도달할 수 있는데, 이런 체험은 신의 현재(現在)를 향수(享受)하는 달콤한 환희와 법열(法悅)로 경험된다. 그래서 버나드는 신부의 뜨거운 사랑으로서 그리스도를 섬기고 그와 사귀는 합체(合體), "영적 결혼(Spirituale Martimonium)"이라는 말로 표현한다. 즉, 산 인격이신 그리스도와의 결혼적 일치라는 강열한 사랑의 신비주의가 그의 "그리스도 신비주의"이다.

그는 아가서를 사랑하여 이 책을 주제로 80여편의 설교를 지었다. 단지 무한자(無限者)를 동경하는 것에 머물지 않고, 신랑이요 고난의 주께 대한 애절한 사모와 관상(觀想)을 말했다.

그가 지은 "한번 상하신 거룩한 머리여"라는 구(句)로 시작되는 유명한 찬송가는 이 정조(情調)를 가장 잘 나타낸다. 그리스도에 대한 일종의 감각적 사랑이다.

"하나님은 사랑이시요, 하나님께 권세와 영광을 돌리는 일도 사랑의 꿈에 담기지 않으면 하나님께서는 인간이 드리는 찬송과 높임도 용납하지 않으신다. 사랑은 사랑 그 자체를 동기로 하며, 사랑 자체를 목적으로 하며, 그 이외의 다른 것을 필요로 하지 않는다."

하나님은 인간에게서 사랑을 기대하시며 인간은 사랑을 통해서만 하나님께로 나갈 수 있다.

그는 *"신을 사랑할 것"*이란 문장에서 하나님을 향한 인간의 사랑에 다음과 같은 단계가 있다고 말했다.
① 인간은 자기를 위하여 자기를 사랑한다.
② 자기를 위하여 신(神)을 사랑한다.
③ 신(神)의 사랑을 경험하는 일이 거듭하게 되어 신(神)을 위해 신(神)을 사랑한다.
④ 신(神)을 위해 자기를 사랑하게 된다.

버나드는 신학자인 아벨라드(Peter Abelard)와 교회 비평가인 아놀드(Arnold of Boesica)와 싸웠다. 버나드의 눈에 학구적인 아벨라드는 신을 모독하는 자로 보였다. 더구나 그의 비평적 지식을 이해할 수 없었다. 그와 아벨라드는 1140년 싼(Sens) 회의에서 서로 대립하고 배격한 결과 아벨라드가 패배하여 파문을 당하고 그의 신학은 부정되었다.

아놀드는 뿌레시아 공화시(共和市)에서 태어난 민주주의자이다. 그는 교회가 재산권을 갖는 것과, 속권(俗權)을 장악하는 것에 반대하고, 사도적 청빈으로 돌아가 그리스도의 참 제자가 되자고 주장했다. 버나드는 그의 사도적 청빈주의에는 공감했으나 교회에 대한 비판과 자유민주주의는 용인할 수 없었다. 결국 아놀드는 싼(Sens) 회의에서 정죄받았고, 그 후 교황 하드리안(Hadrian: 1154-1159) 때에 독일의 황제 프레드릭에게 교살 당하여 그 시체는 태워 버렸다.

버나드는 1153년에 사망했는데 온 유럽이 그의 죽음을 슬퍼하였다. 버나드의 정신에서 일어난 *"씨스터시안(Cistercian)"* 일파는 큰 세력이 되어 1119년에 그 수도원의 수가 13개, 1151년에는 300개가 되고, 13세기 중엽에는 1,800개로 증가하는 성황을 이루었다. 그들의 건축은 고딕식의 선구를 이루었으며, 그들은 황무지를 개척하고 농업에 힘쓰고 이교도 교화의 중심이 되어 기독교 문화 전파에 적지 않은 공헌을 했다.

4. 도미니크
(Dominic: 1170-1221)

역사가 흘러감에 따라 수도원 운동에도 불순물이 끼고 종교적 경건과 금욕을 유일의 신조로 하는 수도원은 교황청의 어용 기관이 되어갔다. 또 수도원 자체는 부유해지고 귀족적이 되어 교회와 수도원에서 종교적 만족을 얻지 못한 민중은 이단적 운동으로 기울어져 가던 시대에, 종교의 근본인 순수성으로 돌아가려는 노력이 *걸식단(Mendicant Order)*" 이라고 부르는 13세기에 일어난 새로운 종교 운동이었다.

이 운동은 재래의 수도원이나 교단이 내세우는 "*수도원을 떠나서는 안된다*" 라는 규율을 내버리고, 생활 필수품을 저장하지 못하게 하는 소극적이요 부정적인 금욕·극기보다 적극적인 사랑과 봉사의 실천과 환희와 감사하는 생활을 하는 새로운 교단 운동이었다. 물론 이 운동도 순수한 수도원적 정신에서 출발했으나 수도원이라기보다 "*탁발승단(托鉢僧團)*" 혹은 "*걸식단*"이라고 부른다.

이 운동의 대표적인 것이 두 가지가 있었다. 하나는 성 프란치스코가 일으킨 "*작은 형제단(Order Of Minor Brothers)*"인데, 이것은 보통 "*프란치스코 교단*" 이라 부른다. 또 하나는 스페인 사람 도미니크가 일으킨 "설교자 형제단(Predicant Order)"으로서 보통 "도미니크 교단"이라고 부른다.

이들은 이 때까지의 그 어떤 수도사보다 더 작고 가난하고 겸손한 그리스도의 종이 되고자 했고, 개인적으로 청빈하게 살 뿐 아니라 단체로서도 철저하게 빈궁하게 살려고 했다. 살 집, 잠 잘 침대, 기도할 성대(聖臺)조차 갖지 않는 문자 그대로의 철저한 거지가 되고저 하였다. 이들은 과거 수도원에서 노력하던 금욕, 극기보다 "사랑"에 치중했기 때문에 남은 규율이 사랑이란 말의 배후에 가려지고 말았다. 이들은 과거의 수도원을 비평도 하지 않고 개혁하려고 하지 않았지만 이들의 새로운 탁발교단운동이 일어나서 과거의 수도원운동은 가련한 잔해 같이 보였다. 특히 이들은 모두 제3 교단(혹은 제3 형제단)을 편성하였다. 제3 교단에 가입한 사람은 세상과 가정을 버리고 수도원에 들어가는 것이 아니라 시민으로 세속의 사회에 머물러 결혼도 하고 소유도 갖고 직장에도 종사하면서, 그 범위 내에서 수도사적 금욕과 경건의 이상을 추구하려 했기 때문에 그 영향이 주는 범위가 컸다.

도미니크는 1170년에 스페인 칼라로가에서 탄생했으며, 팔렌시아 대학에서 수학하고 마드리드 동북에 위치한 오스마의 목사가 되었다. 그는 박학하고 신앙이 돈독했으며, 오스마 감독 디에고와 깊은 종교적 우의를 맺었다. 그가 정무(政務)를 맡아 프랑스 남부 지방을 여행할 때는 이단인 카타리파의 전성 시대였는데, 그는 로마 선교사들의 경건치 못함을 보고서 "우리가 카타리파보다 더 청빈하고 금욕적이지 못하면 도저히 그들을 교회로 인도하여 들일 수 없다"고 했다.

디에고가 사망한 후 도미니크는 카타리파 선교를 결심했다.

처음에는 씨토회 사람과 협력하여 일했으나 그의 무기력함을 보고 관계를 끊고, 몇 명의 벗과 함께 툴루스에 머물러 전도에 진력했다. 그러나 독립된 교단을 세워야할 필요를 느끼고, 1215년에 친구가 기증한 집으로 수도원의 기초를 닦았다. 같은 해에 로마에서 열린 라테란 회의에 새 교단 설립을 청원했으나 허락되지 않다가, 다음 해에 호노리우스 3세에게 허가를 얻었다.

때마침 카타리파 박멸 운동이 일어났는데, 도미니크는 이것을 반대하다가 국가와 교회에서까지 의심을 받은 일도 있었다.

그가 교단을 세운지 4년도 못되어 그 교단은 이탈리아, 프랑스, 스페인, 폴란드 등 여러 나라로 퍼져나갔다. 그는 장래의 지도자가 될 자들을 감화시킬 목적으로 도미니크 단원들을 일류 대학이 있는 파리, 로마, 볼로냐 등지에 파송하여 그 단원이 급속도로 증가되었다. 1220년에는 교황이 황궁 내에 도미니크 단원이 사용할 특별한 장소를 주어 교황 내정(內廷) 및 직원들의 정신적 교육을 시키도록 하였다.

도미니크파 단원들은 볼로냐의 제1회 수도원 회의에서 프란치스코파와 같이 탁발주의와 설교주의를 교단의 2대 원칙으로 결의하여, 청빈(淸貧)을 지키는 서약을 한층 강화하였고, 단체로서 성당 건물 외에는 일체의 재산을 소유하지 않기로 했다. 단원들은 걸식 생활을 해가며 전도하기로 하고, 교단의 총장은 단원들의 선거로 임명하되 종신직이요, 원장의 임기는 4년, 부장의 임기도 4년 등으로 규정하는 등 엄격한 조직을 가졌다.

남녀 수도원이 따로 있어 남 수도원은 주로 전도에, 여 수도원은 교육에 힘쓰게 했다. 이 교단은 묵상보다는 활동을, 의식보다 설교를 더 귀중히 여기고, 안일과 향락을 물리치고 금욕과 봉사의 생활을 존중하였다.

프란치스코와 마찬가지로 도미니크도 걸식단인 형제단과 자매단 외에 제3단을 조직하여 그 정신대로 살게 했다. 그밖에 도미니크파에 속한 군인단체가 있어 이것을 "그리스도의 병사 (Militia Christi)"라고 불렀다.

도미니크는 특히 대학 내에 침투하여 세력을 잡고, 대학 거리에 성당을 짓고, 교수들을 그 세력 아래 두었다. 더구나 교황에게 충의를 맹세했기 때문에 그 후원을 얻었다. 그리하여 인노센트 4세는 도미니크 교단과 프란치스코 교단원이 대학 학직에 취임하는 것을 허가했기 때문에, 13세기와 그 이후 교회사에서 대 스콜라 학자는 대개 이 탁발교단에 속한 이들이었다. 알렉산더, 보나벤투라, 돈스 스코투스, 로쟈 베이콘 등은 프란치스코파에 속하고, 알벨터스, 토마스 아퀴나스 등 대 신학자는 도미니크 교단에 속했다. 엑하르트, 타울러 등의 신비주의자들과 사보나롤라 같은 혁명가도 도미니크 교단이 낳은 유명한 인물들이다.

도미니크는 1221년 이탈리아의 볼로냐에서 별세했는데, 그가 죽을 때 60여개의 분원이 여덟 개의 구(프로방스, 툴르즈, 프랑스, 롬바르디, 로마, 스페인, 독일, 영국)에 나뉘어 있었다.

도미니크와 프란치스코는 같은 시대의 인물들로서 그들이 행한 업적이 같으나 그들의 성격은 상이했다. 프란치스코가 다정다감한 이탈리아 사람임에 비해 도미니크는 굳은 의지력을 가지고 다른 사람의 의지를 지배하는 힘을 가진 스페인 사람이었다. 프란치스코는 무식을 표방하고 나섰으나, 도미니크는 처음부터 학문을 중요시 했다. 도미니크는 시세를 간파하는 식별력이 있었다. 후에 단테는 "친구에게 대해서는 착하고 원수에게 대해서는 두려운 사람"이라고 했다.

1274년 교황 그레고리 10세는 리용 회의에서 탁발교단의 수를 네 개로 한정했는데, 그것은 도미니크 교단과 프란치스코 교단, 갈멜산 교단, 어거스틴 교단이었다.

갈멜산 교단은 십자군시대에 이탈리아에서 온 은자 베르토르드라는 사람이 팔레스틴의 갈멜산에 1156년에 세운 것으로서, 옛날 선지자 엘리야가 살던 산이기 때문에 스스로 권위를 얻었다. 후에 회교도의 공격을 받고 그 산에서 물러나 1238년 서방으로 옮겨 "갈멜산 교단"이란 이름 밑에 탁발교단이 되었다. 이 교단장인 시몬 스톡이란 분이 성모 마리아에게서 계시를 받았다 하여 마리아 숭배를 했고, 이 파의 휘장을 달면 연옥을 면하고 천국에 들어간다고 했다. 이 파의 수도원은 유럽 각국에 퍼졌다.

어거스틴파 교단은 몇 개의 은자(隱者) 단체를 병합한 것으로 1250년 교황 알렉산더 4세가 이를 허가했고 중세기 말의 한 세력이 되었다. 마틴 루터도 본래는 이 교단에 속한 수도원에 있었다.

영국에서는 탁발 교단의 명칭을 그들이 입는 의복색으로 불렀는데 도미니크 단원은 흑색 탁발승단(Black Friars), 프란치스코 단원은 회색 탁발승단(Gray Friars), 갈멜산 단원은 백색 탁발승단(White Friars)이라고 불렀다. 제3단인 평신도단은 "Tertiaries"라고 불렀는데, 이들은 가정과 직업을 버리지 않고 반 수도원적 생활, 즉 금식, 기도, 예배, 자선 등을 행했다.

5. 프란치스코
(Francisco: 1182-1226)

1) 그의 일생

하낙은 말하기를 "프란치스코는 귀족적인 수도원의 성벽을 헐어버리지 않고 다만 그 곁에 빈자(貧者)와 부자를 위해 오두막을 세웠다. 그리고 그는 이 때까지 교직자(敎職者)와 성례전(聖禮典; Sacrament)만 가지고 오던 민중에게 복음을 찾아 주었다"고 하였다.

프란치스코는 오로지 사랑의 계시만을 추구했다. 그는 사람을 사랑하고, 짐승을 사랑하고, 자연을 사랑하고, 조국을 사랑하고, 교회를 사랑하고, 사업을 사랑하고, 하나님을 사랑하고, 그리고 사랑을 사랑하는 자였다. 프란치스코가 현대에 대하여 할 말이 있다면 그것은 "사랑을 위하여 죽는 일은 얼마나 용감한 일인가? 그보다 사랑을 위하여 사는 일은 더 큰 용감이요, 모험이다. 그것은 매일의 생활에서 날마다 사랑의 불꽃을 화려하게 피우는 일이다."일 것이다.

프란치스코의 아버지 피터 베르날드는 아씨시 거리에서 포목상으로 성공한 부자였다. 프란치스코의 어머니는 마돈나 피카라고 하며, 부잣집 딸이었다. 그녀는 남편의 명령이라면 무엇이든 두말없이 순종하는 양처였다.

1182년 이탈리아 움브리아의 아씨시 거리에서 프란시스코가 태어났다. 그의 아버지 베르날드는 언제나 말끔한 프랑스 신사를 좋아했고, 또 프란치스코가 탄생하던 때가 바로 장사 때문에 프랑스를 여행하고 있던 때여서 아들의 이름을 "프란치스코(Francis)"라고 불렀다.

꽃다운 청년 시절, 프란치스코는 아씨시의 상류 청년들 사이에서 유행의 앞장이 되어 놀고, 마시고, 춤추고, 노래하고, 시를 쓰면서 세월을 보냈다. 그는 아버지의 사업에도 꽤 흥미를 갖고 있었으며, 이에 능력을 나타내는 영리한 청년이었다. 그의 아버지는 이러한 아들을 무척 좋아했다. 그러나 이렇게 타락하고, 마시고, 노래하는 시절에도 젊은 프란치스코의 성격 한 구석에는 어딘지 모르게 일종의 수심이 끼어 있었다.

어느 해 아씨시가 페르시아와 전쟁을 할 때, 그는 종군하여 싸웠으나 불행히 포로가 되어 1년 동안 적군의 감옥에 갇히게 되었다. 프란치스코는 옥 중에서도 매우 명랑하고 활발하여 함께 갇힌 친구나 간수들이 그를 좋아하였다고 한다.

페르샤의 포로 생활에서 돌아온 프란치스코의 성격은 광명이 흐려지고 우수에 쌓인 듯했다. 그는 모든 사업에 대하여 흥미를 잃었고, 친구와 노는 일도 적어지고, 전처럼 명랑하지 않았다. 이것이 그가 21세 되던 해의 일인데, 얼마 후 그는 열병에 걸렸다. 병 중에 신음하다가 회복이 되던 어느 날, 프란치스코는 지팡이를 짚고 아씨시 교외로 걸어 나갔다. 움브리아의 언덕을 내려다보면서 생각에 쌓여 있던 그가 걸음을 돌이켜 아씨시 성 내에 다시 이르렀을 때, 그는 바라보는 모든 것에서 전에 못 느끼던 허무를 느꼈다. 이 때부터 프란치스코의 마음에는 큰 변화가 일기 시작했다. 그의 내심에는 새 생활을 낳으려는 깊은 번뇌가 계속된 것이다. 사람들이 볼 때 그는 갑자기 바보가 된 것 같았다. 그는 지상의 대상을 사랑하려는 데서 떠나 새로운 대상을 찾았다. 그리스도의 거울이 되려고 했다.

어느 날 밤, 프란치스코와 함께 춤추고 노래하며 돌아다니던 친구들은 그가 없어진 것을 발견하였다. 사방으로 찾아보니 그는 백설 같은 달빛 아래 넓은 평원이 내려보이는 언덕에서 생각에 잠겨 있었다.

"프란치스코! 너는 아내를 얻을 생각을 하고 있지?" 프란치스코는 천천히 대답하기를, "그렇다 나는 너희들이 상상도 못할 만큼 아름답고 부자이고 깨끗한 아내를 생각하고 있다"고 말했다. 이 때부터 프란치스코와 옛 친구의 사이는 멀어졌다.

아씨시 교외 조그마한 언덕 위에 성 다미아노 교회가 있었다. 오랫동안 수리하지 않아서 퇴락하고 황폐한 조그마한 교회였다. 프란치스코는 때때로 이 교회에 찾아와 기도하였다. 어느 날 저녁 낙조(落照)가 교회에 드리워질 때, 프란치스코는 무거운 마음으로 기도하는 자리에 엎드려 십자가를 쳐다보며 기도하였다. 그의 마음은 아직 어두웠던 것이다.

"주 예수여, 나를 비추소서.
내게서 이 어두움을 물리쳐 주소서.
나로 하여금 당신을 충분히 알게 하시고, 모든 일을 당신의
빛 가운데서 할 수 있게,
또는 당신의 뜻대로 하게 하옵소서."

이 때 프란치스코의 귀에는 "프란치스코야, 가서 내 집을 세워라. 내 집이 무너지게 되었다."는 소리가 들렸다. 프란치스코

는 즐거이 뛰어 일어났다.

"주여! 이 종을 보내소서."

그는 교회를 수리하는 일이 하나님께서 자신에게 맡긴 사명인 줄 깨닫고 그날부터 성 다미아노 교회를 수리하기 시작했다. 단순한 프란치스코는 이 일을 위하여 아버지가 집에 없는 틈을 타서 아버지 집의 돈을 가져다가 교회의 늙은 사제에게 주었다. 사제는 물론 그것을 받지 않았으나, 프란치스코는 돈을 교회 창문 안으로 던져 넣었다. 이 행동을 안 그의 아버지 베르날드가 뒤쫓은 것은 두말할 것도 없다. 이 일로 프란치스코는 아버지의 집을 나와버리고 말았다. 얼마 후에 그의 아버지 베르날드가 점원과 같이 있는데 밖에서 떠드는 소리가 났다. 점원들이 나가 보고 와서 이렇게 말하였다.

"미치광이입니다. 아이들이 쫓아다니고 있군요."

베르날드가 문 밖에 나가보니 그것은 자기 아들의 변한 모습이었다. 얼굴은 창백하고 온몸에는 흙이 묻었으며 아이들에게 돌을 맞아 비척거리며 아버지 앞에 섰을 때, 구경꾼들은 웃으며 빈정댔다.

"피터! 당신의 훌륭한 아들의 꼴을 보시오."

열화와 같이 노한 그의 아버지는 프란치스코를 창고 속에 떠밀어 넣고 감금해 버렸다. 그리고 그의 수족을 쇠사슬로 매어 놓고 하루에 빵 한 조각과 물만 주었다.

옛 사람 프란치스코는 죽은 것이다. 그는 조용히, 침착히 창고 구석에 매여 있었다. 프란치스코도 물론 사람이었다. 그는 옛 세계를 몹시 사랑했다. 그렇지만 이제는 그것을 모두 잃었다. 새로 탄생하는 고통을 그는 이미 맛보고 있는 것이었다.

옛 친구들은 그를 비겁하다고 조소했다. 아버지는 그를 도둑이라고 했으며, 교회의 사제까지 그를 정신 병자로 취급해서 불쌍히 여겼다. 그렇지만 프란치스코의 귀에는 자기를 불렀던 주의 음성이 잊혀지지 않았다.

아버지 피터 베르날드가 사업차 집을 떠난 사이 그의 어머니는 프란치스코를 안고 울었다. 그리고 그를 묶었던 사슬을 풀어주었다. 프란치스코는 교회에서 살기 시작했다. 사제는 하나님의 거룩한 손이 프란치스코와 함께 하심을 깨달았다. 그리하여 교회에서 봉사할 수 있는 낮은 직분까지 맡겼다.

얼마 후 여행에서 돌아온 아버지 베르날드는 성 다미아노 교회를 찾아가서 프란치스코가 가져간 돈을 내놓으라고 했다. 사제는 그 문제를 교회 법정에서 해결하기로 하였다. 그리하여 넓은 신부의 방안에 프란치스코가 피고가 되어 아름다운 옷을 입고 섰고, 구경꾼들이 둘러선 중에 피터 베르날드의 요구건(要求件)이 진술되었다.

승정(僧正)은 프란치스코에게 말했다.

"교회는 너의 부친의 소유였던 돈을 받기를 거절한다. 그러므로 너도 그것에 대한 주장을 버리지 않으면 안된다."

이 때 프란치스코는 일어나 말했다.

"승정님, 나는 아버지의 돈에 대한 요구를 버릴 뿐 아니라, 그가 내게 준 모든 것을 돌려 보내겠습니다."

이렇게 말하고 잠시 퇴장했다가 돌아온 프란치스코의 몸에는 허리에 수건 하나만 둘려있었다. 그는 옷을 모조리 벗어 아버지의 발 앞에 놓으며 고요히 말했다.

"내가 말하는 것을 잘 들어 두십시오. 오늘까지 나는 피터 베르날드를 아버지라 불러 왔습니다. 그렇지만 지금 나는 아버지에게서 받은 것을 전부 돌려 보냅니다. 이제부터는 '하늘에 계신 우리 아버지' 만을 아버지라고 부르기로 하겠습니다."

기가 막힌 아버지 베르날드는 황급히 옷 꾸러미를 들고 나갔다. 승정은 고요히 프란치스코의 곁에 와서 자기 승의(僧衣)로 프란치스코를 덮어 주었다.

새로운 생활에 나선 프란치스코는 따뜻한 4월의 봄볕을 받으며 음유 시인들이 부르는 프랑스 노래를 부르며, 가비오에 있는 친구의 집을 찾아가 헌옷을 얻어 입고는 그곳에 있는 나환자 병원에 가서 웃음과 노래로 간호했다. 그러면서 아씨시의 소요가 조용해지기를 기다렸다.

얼마 후에 그는 아씨시로 돌아와 성 다미아노 교회를 수리하는 일을 착수했다. 그렇지만 그는 두 손 밖에 가진 것이 없었기 때문에 할 수 없이 집집으로 돌아 다니며 벽돌과 석회를 얻었다. 즐거운 프랑스 가요 소리가 아씨시 구석구석에 들릴 때 사람들은 그의 요구를 거절하지 않았다.

벽돌이 점점 쌓여 올라갈 때, 프란치스코는 가난한 늙은 사제가 자기를 함께 먹게 해 주는 일이 미안해서 자활할 방도를 연구했다. 그는 밥그릇 하나를 손에 들고 아씨시 거리로 나가서 집집으로 다니며 빵 조각을 얻었다. 그릇은 얼마 안가서 가득찼다. 점심 때가 되어 프란치스코는 십자를 가슴에 그리고, 얻은 빵 조각과 스프를 기쁜듯이 먹었다.

성 다미아노 교회가 완성한 후에 성 베드로 교회를 수리하고, 그것이 끝난 후에는 또 성 마리아 교회를 수리하는 일을 착수하였다. 그동안 그는 누구에게도 설교하지 않았다.

1209년 성 맛디아 축일에 프란치스코는 성 마리아 교회에서 사제를 돕고 있었다. 사제가 복음서를 읽고 있을 때, 주님은 그것을 통하여 프란치스코에게 말씀하셨다.

"가라. 가서 천국이 가까왔다고 전하라. 병자를 고치고, 죽은 자를 다시 살게 하고, 문둥이를 깨끗하게 하고, 마귀를 쫓고, 가난한 자에게 복음을 전하라. 너희가 거저 받았으니 거저 주어라. 너희 주머니에 금이나 은이나 가지지 말고 두 벌 옷과 신과 지팡이도 가지지 말라. 일꾼이 그 먹을 것을 얻는 것은 마땅하니라."

이 말씀은 프란치스코에게는 큰 감동이 되었다. "그렇다. 이것이야말로 내가 바라던 생활이다. 나는 전력을 다하여 평생 이 일을 하리라."

묵상 끝에 그는 두루마기를 벗어버렸다. 신을 벗었다. 지팡이를 내던졌다. 그리고 회색 빛깔의 멋없는 잠방이를 입고, 비바람을 막기 위해 두건을 썼다. 그리고는 아마도 교회 건축할 때 쓰다 버렸음직한 새끼줄을 주워 허리에 묶었다. 그리고는 아씨시 거리로 나섰다. 많은 사람들이 모여선 네거리에 가서 외쳤다.

"형제여, 주(主)는 평안함을 그대들에게 주신다."

이 말을 들은 군중들은 큰 감동에 받았다. 군중들이 본 프란치스코는 옛날의 피터 베르날드의 아들이 아니었다. 그의 용모는 속세를 초월한 모습이었고, 그의 입에서 나오는 말에는 아름다운 환상 같은 매력이 있었다.

2) 걸식단 운동(乞食團 運動)

중세 수도원은 침체한 교회 내의 산 신앙의 힘이 되어 내려왔다. 이에 대하여 하낙은 다음과 같이 말했다.

"수도원은 침체하려는 교회를 건지고, 퇴화될 때 이를 자유롭게 하고, 공격 당할 때 이를 방어했다. 수도원은 차거운 마음을 더웁게 하고, 혼미한 반항자를 징계하고, 교회에서 멀어지는 백성을 다시 회복했다."

910년에 클루니(Clugny) 개혁 이후 수도원은 교회 사교(司敎)에 속하지 않고 교황 직속이었기 때문에, 교황의 후위(後衛)가 되고 세속적 사회까지 간섭하게 되어, 로마 교황은 실제로 수도원단에게 옹호(擁護)되어 교황권 확장을 이룬 것은 큰 유감이라 할 것이다. 이 때의 수도원은 초기의 경건과 금욕을 잃고 일종의 귀족이요 부유층이 되어 버렸다. 그 시대 위기에 놓여 있던 교회를 살린 것은 걸식단(Mendicant Orders)이었다.

이들이 일어나 당시 종교계에 있어 종교의 근본 정신에 돌아가기를 힘써 민중에게 가장 깊은 인상과 감격을 주고, 교회의 사회적 의의를 충분히 회복했던 것이다. 이것은 물론 수도원과 비슷하고 그 전통에서 생긴 것이지만, 새로운 종교 운동이라고도 할 것이다.

걸식단에는 여러 종류가 있었다. 스페인의 도미니크가 일으킨 설교자 형제단, 팔레스틴의 갈멜산 위에 세운 "갈멜산교단(Order of the Carmelites; A. D. 1238)도 걸식단으로 살았다. 또 어거스틴파 은자단(Order of the Augustinian Eremites)도 1256년에는 다른 수도원과 합병하고 걸식주의를 채용했다. 그러나 이런 탁발단 중 가장 최초요 또 가장 유명한 것은 아씨시의 프란치스코가 세운 "작은 형제단"이다.

프란치스코가 아씨시 거리에서 설교하기 시작했을 때, 비난과 조소도 많았으나, 그의 놀라운 행동에 큰 관심을 가지고, 그의 운동에 참여하는 사람들도 생겼다. 최초에 프란치스코를 따른 사람으로는 벨나르라는 부자와 피터 카사니라는 학식 많은 이가 있었다. 거기다 나이 어린 길즈라는 사람이 끼어 모두 네 명이 되었다. 이들은 모두 다 처음부터 성자는 아니었다. 그들은 각기 내면적 갈등을 가지고 있어 그것과 비상한 싸움을 하지 않으면 안되었다. 그들이 전도하러 거리에 나서면 사람들은 미친 사람으로 알고 도깨비가 왔다며, 도망치면서 흙과 돌을 던졌다. 그러나 형제들은 즐거이 노래를 불렀다. 때때로 먹을 것도 못 얻어 먹어 굶주린 채 어느 교회의 입구에 엎드려 밤을 새는 일도 많았다. 그러나 그들은 이것을 괴로움으로 여기지 않고 재미있는 모험이라고 생각하며 잘 견뎠다.

얼마 후에 그들의 형제단은 열한 명으로 증가되었다. 그때가 프란치스코가 스물 여덟 살이 되던 해였다. 프란치스코는 이 열한 명을 "작은 형제단"이라 이름짓고, 절대 청빈(淸貧)과 복음 전도를 결심하고 "전도(傳道)" "청빈(淸貧)" "봉사(奉仕)"의 생활에 들어가 침식을 같이 하였다. 그들의 목표는 "그리스도를 모방"하는 일이었다. 문자 그대로 그리스도를 모방하기로 했다. 절대 사랑, 청빈, 정결, 순종이 그들의 슬로건이었다.

전도하러 나갈 때는 두 명이 한 조가 되어 노래하며, 빈농(貧農)을 도와주고, 문둥이를 싸매주고 치료해 주었다. 프란치스코는 자기의 형제단에게 말하기를 "삯을 받으려는 것보다 남에게 모범이 되고 게으름을 면하기 위하여 각각 수직(手職)을 배우자. 우리가 일한 삯을 받지 못하거든 집집으로 다니며 구걸한 것으로 주님의 상에서 배불리자"고 하였다. 이것이 탁발주의였다.

사실 이들의 운동이 회개자를 많이 낸 것은 프란치스코가 행한 하나님의 사랑에 관한 설교 때문이 아니라, 그들 작은 형제들의 쾌활한 정신 때문이었다. 그들이 한 마디도 하지 않은 채

시내를 한 바퀴 돌고 와도 회개하는 자가 속출했다. 아씨시 거리의 유력한 인물들 중에 프란치스코 형제단에 들어오는 사람이 너무 많아 나중에는 시에서 항의하기도 했다.

1210년 경, 프란치스코는 열한 명의 형제들과 함께 로마에 가서 교황을 알현하고, 교황의 허가를 받아 설교할 수 있는 자격을 얻었다. 이리하여 그의 운동은 그의 본의가 아니게 교단이 되어버렸다. 뒤이어 프란치스코의 나이가 서른이 되던 해에, 아씨시의 귀족의 딸인 클라라가 그의 교단에 들어와 그의 제자가 되었으므로 프란치스코는 할 수 없이 여자들은 위한 *"자매단"* 을 만들었다. 그리하여 클라라 수녀원의 창설자가 되었다.

프란치스코의 운동은 교황의 허가를 얻고 계율이 정해지고 조직화되면서 형식상 중세 수도원 교단과 다를 것이 없게 되었다.

프란치스코와 그의 형제들의 생활을 살펴보면 너무도 감격스러운 데가 많았다. 그들은 옛날의 어떤 수도사들보다 더 적고 가난하고 겸손한 그리스도의 종이 되고자 하여 개인적으로는 실오라기 하나도 소유하지 않는 청빈을 실천할 뿐 아니라, 단체로서도 철저하게 청빈하여 비를 가려줄 집도 없고 침실도 없었다. 기도할 교회당도 없는 걸인떼에 불과했다. 이 단체는 생활에 필요한 의복이나 음식물도 여분으로 가지는 것을 금했다.

어느 날 그의 형제들이 빈 창고에 들어가 비를 피하고 있었는데, 밖에서 마부가 말을 몰고 채찍질하며 들어오더니 프란치스코 형제는 보지도 않은 채, 짚 한 줌을 말에게 먹여 주며 "여봐! 여기가 너의 집이다. 여기 있어야 한다." 하고 나가버렸다. 프란치스코는 샛별 같은 눈을 반짝이며 일어서 "형제들, 하나님은 우리보고 말을 지키라고 부르신 것이 아니다. 이곳을 떠날 때가 왔다"고 했다. 형제들은 웃으면서 그곳을 나갔다. 그들이 웃으며 창고를 말에게 양보해 주고 나간 때가 바로 그들이 세계를 갱생시키기 위한 때였다.

프란치스코 형제들의 절대 청빈생활은 억지로 하는 소극적이거나 부정적인 금욕·극기가 아니었다. 그들은 청빈을 신부 같이 여기고 환희와 감사의 대상으로 여기고 영원히 충실한 반려자로 여기고 기쁨으로 생활하였다. 이것이 그리스도의 사랑의 참 모습이다.

어느 날 프란치스코와 형제 마태오가 낯설은 촌에 탁발하러 떠났다. 프란치스코는 옛날의 아름다운 풍채는 간 데 없고 키가 적고 여위고 모양이 우스꽝스러워서 탁발하는 양이 적었다. 그러나 마태오는 수려한 얼굴을 가진 청년이었으므로 그가 얻은 탁발은 언제나 많았다.

프란치스코는 매우 기뻐하며 말하기를, "형제 마태오! 얼마나 고마운 일인가! 하나님의 섭리로 만사가 다 잘 마련되어 있는 것이오. 우리가 오늘 얻은 이 훌륭한 떡, 식탁으로는 이 넓고 반질 반질한 돌이 있고, 또 저기 우리가 마실 수 있는 시원한 샘물이 있지 않은가! 오, 이런 감격스러운 청빈생활은 하나님도 즐겨하고 싶어하실 만큼 고귀한 생활이니 우리는 마음으로 이 생활을 사랑할 수 있게 해달라고 기도하지 않겠는가…"고 했다.

프란치스코 운동은 점차 움브리아에서부터 이탈리아 전역으로 퍼져갔다. 프란치스코와 그 형제들은 십자군을 따라가 그 진영에서도 전도하고, 1219년에는 애굽에 가서 술탄에게도 전도했다. 그들은 서방으로 가서 스페인에서 모로코에까지 갔고, 거기서 최초로 순교의 피를 흘렸다. 그들은 노래하면서 헝가리로 들어가고 다시 독일로 들어갔다. 알프스산을 넘어 프랑스에도 들어갔다.

1204년 9월 12일에는 그들 중 네 명이 영국에 들어갔다. 가는 곳마다 매맞고 굶주리고 목말랐으나, 용감한 예수의 제자들은 언제나 노래와 웃음을 잃지 않았다.

어느 추운 크리스마스 날 밤, 거리에서 집회를 끝내고 자기들의 오두막집으로 찾아가고 있던 프란치스코 교단의 형제 두 명은 서릿발 내린 추운 길로 맨발을 벗고 가려니 발이 끊어지는 것 같았다. 이 때 나이 어린 형제가 동료를 돌아보면서 "사부여, 노래를 불러 이 걸음을 즐겁게 합시다."고 했다. 두 사람은 밤의 정막을 깨뜨리며 큰 소리로 찬송을 불렀다. 그리고 서로 기쁜 얼굴로 쳐다보며 "어떻습니까, 유쾌하지요?"라고 했다. 이 작은 형제들의 웃음에는 우리의 지각으로는 도저히 알 수 없는 하나님의 평안이 가득 찼을 뿐이다.

3) 제3교단(第三敎團)

프란치스코는 교직자와 수도사를 일반 백성에게서 구별하지 않았다. 모든 사람에게 대하여 다만 그리스도의 사랑에 의하여 절대적 청빈의 계율을 지키고 탁발의 의의를 배우기 요구하고 가르쳤다. 이리하여 소위 "제3 교단" 또는 "제3 형제단"이 생겼다. 그것은 자매단이 생긴 뒤에 설립된 것이다. 그들과 같은 뜻을 세우고 같은 생활을 하려는 일반 평신도들의 단체였다.

제3교단에 속한 사람들은 세상을 버리고 수도원에 들어가는 것이 아니고 평신도로 사회에 머물러 있으면서 결혼생활을 하고 소유와 직업을 가지는 일상생활을 한다. 일상생활 속에서 금욕과 경건한 생활을 이상적인 목표로 삼고 프란치스코의 주의대로 살려고 하는 일반 시민들이 모인 단체이다. 이것은 프란치스코 운동이 과거의 수도원 생활의 개념에 본질적인 변화를 준 결과로 볼 수 있는 매우 중요한 사실이다.

프란치스코 이전까지는 수도원이라면 어떤 장소에서 집단생활을 하면서 수도원을 떠나지 않는다는 종신 서약을 해야 하는 것으로 되어 있었으나, 프란치스코 운동을 통하여 수도원은 장소가 아니라 생활 자체라는 것, 단체적인 조직이 아니라 정신적인 공명이라는 것이 설명되었다.

수도사적인 생활, 그것은 먼 중세기에만 있을 수 있는 생활이 아니다. 그것은 구교의 회색 벽돌집 안에만 있는 생활도 아니다. 그것은 우리가 사는 거리에서, 골목에서, 집안에서도 할 수 있는 아름다운 생활이다. 그 생활은 우리가 구태여 모방하지 않아도 된다. 우리에게서 거리가 먼 생활은 더구나 아니다. 우리는 종교인이다. 특히 예수의 형제들이므로 예수께 충성하려는 이 생활을 본받지 않으면 안된다. 사람 중에 그리스도와 가장 비슷한 사람을 찾는다면 프란치스코라고 생각한다. 바울이 "내가 그리스도를 본받는 것 같이 너희는 나를 본받으라"고 하듯, 우리는 인간의 한 표본으로서 그의 이상과 생활을 본받아야 하리라.

4) 프란치스코의 죽음

프란치스코는 하나의 보화를 전심으로 추구하여, 그 때문에 모든 것을 내버렸다. 이 보화는 바로 *"가난(청빈)"* 이었다. 그러나 어느 날 프란치스코에게 청빈조차 버리라는 명령이 왔다.

프란치스코는 부모, 가정, 집, 영토 등 모든 것을 버리고 자기와 함께 거룩한 모험에 나선 "영혼의 아들들"을 의뢰하고 있었다. 그러나 이제 그들까지도 내버리라는 명령이 임한 것이다. 그는 주 예수처럼 만인을 보고, 만물을 대하고, 그들을 사랑하고, 그들 안에 살기를 즐겼다. 그러나 이제 그의 눈, 발, 손 까지 내버리라는 명령이 임했다.

이러한 세 가지의 부정(否定)이 아씨시의 프란치스코에게 주어진 순교였다. 하나님의 경륜 속에는 주 예수 그리스도의 희생이 포함되어 있는 것 같이, 그의 종 프란치스코의 희생도 포함되었던 것이다.

프란치스코의 말년에, 아씨시의 법률가인 피터 카사니가 프란치스코를 대신하여 그 교단을 이끌고 나가게 되었을 때, 프란치스코는 작은 형제들에게 말하기를, "이제 후로는 나는 당신들에게는 죽은 자이다. 여기 형제 피터가 있다. 당신들도 나와 같이 피터에게 복종하지 않으면 안된다."고 말했다. 그리고는 형제 피터 앞에 엎드려 순종을 맹세했다. 형제들은 모두 울었다.

1224년 8월 초, 프란치스코와 안젤로와 레오는 형제 마태오의 안내로 라 베르나 산에 들어갔다. 프란치스코가 이 산 절벽 기슭에 쉬고 있을 때, 새떼들이 노래하며 프란치스코의 곁을 날고 그 어깨와 팔에 안았다. 그는 곁에 있는 형제들을 돌아보면서 "우리의 형제 자매인 새들이 우리의 도착을 즐거워하고 있다. 이는 분명히 이 쓸쓸한 산 중에 우리들이 사는 것을 주 예수님께서 옳게 여기시는 증거이리라."고 했다. 프란치스코는 이 산 바위틈에 거처를 정하고, 매일 기도와 명상 속에 잠겼다.

어느 날 해가 넘어가는 저녁 때, 프란치스코는 바위틈에서 나

제2부 기독교의 신비주의

와 산중 세계가 바라다 보이는 바위 위에 엎드려, 얼음 같이 싸늘한 달빛을 받으며 밤새 기도했다. 새벽이 되어 동녘 하늘이 밝아올 무렵, 세라핌(스랍 천사)이 먼 지평선에서 날아와 프란치스코가 엎드린 주위를 불꽃으로 둘러쌌다. 세라핌의 날개는 하늘을 덮고, 그 중간에는 십자가가 걸려 있었다. 그리고 그 위에 주님이 계셨다. 주님은 친히 프란치스코를 향하여 말씀하셨다. 그때 형언할 수 없는 환희와 경애가 그의 마음을 적셨다.

얼마 후에 이 환상은 사라졌다. 그러나 프란치스코는 여전히 그 바위 위에 엎드린 채 있었다. 태양이 떠올라 주위를 비출 때, 프란치스코가 몸을 일으켜 일어나려고 하니 뼈를 끊는 것 같은 통증이 손, 발, 옆구리에서 일어났다. 그가 자기 몸을 살펴보니 그의 몸에는 주 예수님의 것과 같은 상흔(傷痕)이 생겨 있었다. 이 일이 있은 후부터 프란치스코는 보행이 곤란했다.

1224년 9월 30일, 프란치스코는 노새를 타고 베르나 산을 떠나 뽀르치운꼴라로 갔다. 얼마 후에 프란치스코의 시력은 점점 쇠약해지더니 소경이 되고 말았다.

프란치스코는 클라라에게 이별의 인사를 하러 가서 얼마 동안 그의 간호를 받으며 휴식했다. 어느 날 그는 클라라와 함께 오래 이야기하고 나서 수도원 식탁에 마주 앉았다. 식사가 시작되려 할 즈음에 홀연히 황홀해진 그는 환희에 차서 "주를 찬송할지어다"라고 소리쳤다. 그리고는 유명한 *태양 찬송*을 즉흥적으로 부르기 시작했다.

> 힘차게 부는 바람아, 떠가는 묘한 구름아
> 할렐루야 할렐루야, 저 돋는 장한 아침
> 저 지는 고운 저녁 놀, 하나님을 찬양하라

저 흘러가는 맑은 물, 다 주를 노래하여라
할렐루야 할렐루야, 저 조화 많은 밝은 불
그 빛과 열을 내어서. 하나님을 찬양하라

이 태양 찬송가는 중세기의 가장 위대한 찬송 중의 하나였다.

7월! 프란치스코의 죽을 때가 점점 가까와졌을 때 사람들은 그를 아씨시의 승정의 저택으로 옮겨왔다. 프란치스코는 곁에 있는 의사에 물어 보았다.

"친구여 내가 얼마나 더 살 수 있을까?"

"초가을까지는 어려울 것 같습니다."

프란치스코는 즐거운 듯 손뼉을 쳤다. "오, 나의 누님되는 죽음아! 나는 마음으로 당신을 영접한다."

그는 안젤로와 레오를 불렀다. 그리고 태양 송가를 부르게 했다. 그리고 마지막 절에다 새로운 가사를 보충했다.

그 누구도 회피할 수 없는 죽음
우리 자매이신 육체의 죽음 때문에
하나님을 찬미하여라.
죽을 죄를 짊어지고 죽는 자는 화 있을지어다.
하나님의 지극히 거룩한 뜻을 따르는 자는 행복할지어다!
둘째 사망은 그들을 범치 못할 것이니까.
할렐루야 할렐루야, 내 주를 찬미하여라.
겸손과 감사로 주를 섬기어라.

그의 임종이 가까워지자, 사람들은 그를 성 마리아 교회에 옮겼다. 산 살바돌에 가까이 왔을 때, 프란치스코는 자기를 실은 들것을 메고 가는 사람들을 향해 방향을 돌리고 들것을 높이 치켜들어 달라고 부탁했다. 그리고 소경된 그는 보이지도 않는 두 눈을 깜박이며 아씨시를 돌아보며 축복했다.

제2부 기독교의 신비주의　117

　1226년 10월 3일 토요일, 태양은 서산 마루에 낙조를 붉게 물들이고 있었다. 종달새들이 저녁의 노래를 끝맺을 무렵, 임종하는 이의 주변에는 침묵이 있을 뿐이었다. 그의 유언은 *"내가 임종이 가까우면 나를 이 흙 위에다 눕혀 달라. 내가 숨이 아주 끊어지면 사람이 느린 걸음으로 1리 정도 걸을 만한 거리에 그대로 가만히 두어 달라"*고 했다. 프란치스코는 아무런 고통 없이 숨을 거두었다.

5) 프란치스코의 교훈

13세기와 현대

　12세기 말부터 13세기 초까지는 인생의 나이에 비한다면 20대의 청춘기와 같다. 열정적이고 꿈과 사랑과 활기가 넘쳐 흐르던 때였다. 당시 유럽은 몹시 분열되어 있었으나, 반면에 새로운 감동이 전 시대를 꿰뚫고 있었다. 이 시대는 교권적 신앙의 황금시대라 하나, 성자의 시대이면서 또한 이단의 시대였다.
　루터의 종교개혁의 의의는 교회 내에서의 교직의 권위 대신 성경의 권위를 세운 것에 그쳐, 말하자면 왕조가 바뀐 것에 불과하나, 루터 이전에 프란치스코를 중심으로한 13세기는 참 종교개혁을 한 때이니 원래의 그리스도를 살린 일이다. 그리스도의 사랑, 겸손, 단순을 살린 일이다.
　오늘날 기독교회의 최대의 사명은 순수한 그리스도, 원래의 그리스도를 파악하는 일이다. 이천 년 묵은 깊은 산에서 우거진 칡넝쿨과 석박나무를 헤치고 잊혀진 옛 암자를 찾는 사람 같이, 교파, 교리, 의식, 신학 이전의 아직 아무런 물도 들지 않고, 아무 때도 안 묻었던 기독교를 파악해 낼 수 있느냐는 문제이다.

모든 인위적인 것, 모든 기독교 역사의 부산물을 분쇄해 버리고, 이천 년 전의 그리스도와 얼굴을 서로 맞대게 되는 그날이 올 때까지 결코 쉬어서는 안된다. 어떤 대가를 치르더라도 그리스도를 파악하기까지 마음을 늦춰서는 안된다.

프란치스코는 교회 역사 이천 년 중 그 누구보다 귀한 사명을 잘 감당하였다. 역사상 나사렛 예수를 가장 근사하게 보여주고 연상시키는 이는 프란치스코였다. 그러므로 프란치스코 운동은 6, 7세기에 있었던 과거의 운동이지만, 이 운동과 그 시대는 현대에 다시 재생되어야만 된다.

프란치스코와 기성 교회

어느 시대나 성자는 교직(敎職)의 적이었다. 선지자가 고향에서 대접을 받지 못하듯이, 성자를 낳은 시대의 기성 교회의 교직은 성자를 박해했다.

성자의 사명은 그 외형, 제도적인 것에는 아무것도 취할 것, 이룬 것은 없으나, 그 생활과 말이 모든 사람들의 심정과 양심에 감동을 주므로 기성 교회에서 나음을 받지 못한 영혼들이 성자의 소리에 탄성을 지르게 된다. 그러나 교직자들은 성자를 박해하다가도 자기가 그에게 정복되고, 그를 따르는 사람이 많을 때는 도리어 생색이나 내듯이 성자를 이용하려 하고, 자기의 권위 밑에 그를 두려고 한다.

프란치스코의 경우에 이 점을 느낄 수 있다. 프란치스코가 그 시대에 기성 교회를 대한 태도는 효자가 그 부모에 대한 태도같이 양순했다. 그는 충실한 교회인이었다. 그는 교회 학교에서 자기의 번민에 대한 하등의 해답을 얻지 못하였으면서도 시종교회에 충실했다.

하낙은 "그는 중세에 무너져 내리는 교회의 성벽을 헐어 버리지 않았다. 그리고 자기의 조그만 오두막을 그 성벽 밑에 짓고, 작은 자기의 일을 시작했다."고 했다.

프란치스코는 기성 교회에 충성하면서도 바다와 육지로 다니며 교우를 하나 얻어 "배나 더 지옥의 자식"이 되게 하는 일은 하지 않았다. 그는 교회의 생명을 내부에서 살리려 노력했고, 그 목적을 위해 사람을 이끌어 기독교에 인도하지는 않았다. 사람을 기독교에 인도한 것이 아니요 그리스도에게로 인도했다. 그는 교리나 제도에 대해 본래 불학 무식(不學無識)했지만 사람들에게 기독교를 가르치지 않았고, 교리와 신학과 기도문을 가르치지 않았다. 그는 직접 그리스도를 가르쳤다.

하나님의 피에로

프란치스코는 그리스도를 향한 사랑을 위해서는 무슨 짓이라도 할 수 있었다. 어릿광대 노릇도, 거꾸로 서는 일도 유쾌하게 할 수 있었다. 그는 스스로 "우리는 하나님의 피에로"라고도 했다. 허리에 노끈을 매고, 맨발에, 걸인 행색으로 즐거이 노래 부르며, 이탈리아의 음유 시인을 본받아 쾌활하게 그 사명에 나섰다.

고난을 당할 때면 모험으로 알고 넘겼다. 뼈를 찌르는 듯한 성탄절 밤에 그의 제자들은 맨발로 걷다가 발이 저려 견딜 수 없을 때 "우리는 노래를 불러 즐거운 여행이 되게 하자."고 기쁘게 성모 찬가를 불렀다. 자기네가 살던 빈 집에 나귀를 끌고 들어온 사람이 있으면 나귀를 위해 집을 양보하고 물러갔다. 그러면서도 저녁때가 되면 모여서 어찌나 즐겁게 지내는지 벙어리라도 웃지 않고는 못견딜 만큼 쾌활했다.

　프란치스코의 헌신에서 우리가 느낀 그리스도의 뜻은 우리의 지식을 바치는 것보다, 우리의 힘과 재산 전부를 바치는 것보다 "*먼저 너 자신을 바치라*" 는 점이다. 붉은 피가 철철 흐르는 나의 심장, 나의 정성의 순수, "<u>나</u>"라고 하는 인간의 중심되는 것을 바치라는 점이다. 나 자신이 따르지 않는 정성이 없는 지식, 재산, 힘 등을 하나님이 기뻐하시지 않는다.

　프란치스코의 운동이 가장 귀한 것은 교리나 교권이나 그런 종류의 것을 들고 나서지 않고, 사랑, 청빈, 겸손, 봉사, 단순을 기독교의 본질적인 것으로 착안하여 그것을 사명으로 들고 일어난 점이다.

　그의 운동은 일종의 종교적 낭만주의라고도 평한다. 프란치스코의 사랑 운동은 남녀간의 사랑 같이 야릇하고 열렬했다. 그는 사랑을 인간의 최대 능력이라고 가르쳤고, 사랑을 위해 죽는 일이야말로 위대한 모험이라고 여겼다. 프란치스코의 영향을 받아 남녀간의 관계도 미화되어 기사도(騎士道)가 생기고, 그 시대와 그 후 시대에는 정열이 순화되고 건전해져서 남녀간의 성적 관계까지 순화시키기에 이르렀고, 사람들도 이웃을 사랑하고, 일을 사랑하고, 조국을 사랑하고, 예수를 사랑하고, 나중에는 사랑을 사랑하게 되었다. 추상적으로 사랑을 사랑하는 것은 기만이요, 허위이다. 요즈음 기독교인 사회에는 이 허위가 많다. 프란치스코의 사랑은 근본적으로 사랑을 사랑하게 하였다. 모든 사람, 모든 물건, 동물이나 새까지 사랑의 대상이 되었다.

　프란치스코가 청빈과 단순을 기독교의 근본적인 덕으로 들고 나선 일은 참으로 혁명적 쾌거였다. 그는 말하기를, "나는 성빈(聖貧)양과 결혼했다."고 고백했다. 그의 영안(靈眼)으로 보아서 당시 귀족화되고 부유해져가는 교회와 교직을 정면으로 공격하지는 않았지만 상징적인 문자로 항의했다. 그것이 곧 "성빈양"과 결혼했다는 고백이다. 기독교인의 덕이어야할 청빈은 그리스도 시대 이후 프란치스코 때까지, 맞아주는 교인이 없는 과부였다. 프란치스코는 교직들이 내버린 그리스도의 청빈을 자기가 끼고 나섰다. 이는 참으로 위대한 점이다. 그가 교단을 설립할 때 로마 교황에게 요청한 특권은 기묘한 것이었으니, 즉 "아무런 소유도 갖지 않는 특권"을 허락해 달라는 것이었다.

어떤 사람의 말에, 하나님의 일만 보는 학교가 있고 인간의 일만을 보는 학교가 있다는 말이 있다. 전자의 특징은 예배, 희생물을 바치는 노력에 집중하여 인간이야 어찌되든 하나님의 기분만 어루만져 주려 한다. 대부분의 이방 종교와 바리새교, 또는 구교의 어떤 부분에도 이 점이 있다. 사람의 일만 보는 종교란 예수님의 말씀 중에 "*안식일이 사람을 위해 있지 사람이 안식일을 위해 있지 않다*"는 말씀이나, 선지자의 "*하나님이 기뻐하시는 제물은 고아와 과부를 돌보아 주는 것*"이라는 것 등을 말함이다(이사야 1:3-17; 욥기 2). 회심, 성결, 사랑에 주력한다. 프란치스코 운동이야말로 이런 운동이었다.

당시 교직은 깊은 교회 제단 구석에 앉아 겨우 찾아오는 사람 밖에 만나지 않았다. 교회 밖의 세계가 어떻게 되는지 관심할 바 아니었다. 그리하여 교인들은 이단과 이교로 몰려갔다. 그러나 프란치스코는 직접 일반 민중을 접촉하고 일일이 찾아 다니기 시작했다. 그들을 유혹하는 적의 전술과 계략에 맞서서 프란치스코와 그의 교단원들도 거리에 나섰다. 수도원 깊은 성곽 속에 두문 불출하여 일생을 보내려 하지 않고 백성들의 세계에로 나섰다. 집집으로 찾아 다녔다. 사람을 개인 개인 찾아다니며 만나고 감화를 주었다. 문둥이에게 입을 맞추고 가난한 사람들과 같이 울고, 나병 환자를 어루만져 주었다.

프란치스코는 현세 인간의 거의 모든 생활을 무가치한 것으로 강조할만치 정신적 전도를 했다. 세상이 웃는 조건은 그에게는 울 조건이었다. 세상이 맛있는 것은 그에게는 쓴 것이었다. 세상이 행복으로 여기는 것은 그에게는 불행거리였다. 그는 음식에 재를 쳐 먹었고, 소화 불량으로 쇠약해졌다. 그는 단별 옷에 노끈을 매고 다녔고, 일정한 집이 없었다.

타락한 세상을 건지려는 사람에겐 이 정신적 전도를 무서워하는 비겁함이 있어선 안된다. 세인(世人)은 성자들의 전기를 쓸 때에 모태에서 떨어질 때부터, 요람에서부터 벌써 광륜과 후광이 둘린 것으로 쓰는데, 이것은 잘못이다. 성인은 하루 아침에 되지 않는다. 쉬지 않고 자기 영혼을 정복하고 다듬어 올린 사람들이다. 프란치스코도 분명히 그런 성자였다.

세인은 하나님을, 그리스도를 "나"의 형상에 근사하게 만들고 있다. 그리하여 가지 각색의 그리스도가 생기고, 그 생김새가 크게 차이가 난다. 그러나 이것은 잘못이다. 내가 그리스도를 닮아가야 한다. 내가 그리스도의 형상을 닮아가 매일 나는 죽고 그리스도는 살고, 매일 나에게서 세상의 그림자는 희미해져 가고, 영계와 그리스도의 형상이 뚜렷이 살아나야 한다.

프란치스코가 다미아노 성당에서 처음으로 소명을 받을 때 "*프란치스코야, 내 퇴락한 성전을 수리하라*". 는 음성이 들렸을 때, 그는 "*성전을 수리하라*". 라는 말을 문자 그대로 실천하기 위해 친히 거리에 나가 집집으로 다니며 벽돌을 구하고, 친히 석공이 되고, 벽돌 한장 한장을 쌓아가며, 성당을 개축하여 3년 간의 노동으로 성 다미아노, 성 베드로, 성 마리아 등 여러 교회를 세웠다.

우리가 천국 사업의 설계가 노릇만 하려고 해서는 아무 것도 하지 못한다. 우리는 친히 노동자가 되어야 한다. 어떠한 일이라도 서슴치 않는 잡역꾼이 되어 노동하는 자가 되지 않으면 안 된다. 설계는 하나님께 맡기고 프란치스코의 정신처럼 꾸준히, 묵묵히 벽돌을 나르자. 그리고 벽돌을 쌓자. 우리는 하나님과 동역자가 되어 그 벽돌을 쌓아가자.

프란치스코의 일생에서 배울 수 있는 가장 고귀한 점은, 그가 그리스도의 핵심이 되는 계시는 십자가였다는 점을 깨달은 것이다. 하나님은 전도도 봉사도 하게 하셨으나, 말년에 그에게 가장 귀한 계시를 보여 주었다. 그것은 *"형제를 위해 주와 함께 십자가에 달리는 일"* 이었다.

12세기의 교회가 요구하는 것은 한 개의 상징이다. 그 상징은 이미 주어진 상징인데, 즉 십자가이다. 우리도 손, 발, 옆구리에 다섯 개의 상처를 받아야 한다. 이 상처가 없이는 우리가 아무리 세상을 향해 부르짖어도 그들은 우리의 메시지에 유의하려고도 받아들이려고도 하지 않을 것이다.

프란치스코는 교황 그레고리 9세 때부터 성열(聖列)에 올려지고 치천사적(熾天使的) 신부로 칭호되었다. 그의 헌신은 지적 탐구가 아닌, 자연스럽고 순수한 상태였다. 아무것도 의심하지 않는 순일(純一)한 상태로 살아갔다.

그는 자연을 길들이고, 돌 속에도 생명을 주고, 모든 요소로 하여금 조화의 법칙에 따라 모여 오게 하고, 가장 어두운 영혼 속에 빛을 비춰 넣었다. 그는 가는 곳마다 무관심을 희망으로, 분노를 사랑으로 변하게 했다. 그의 승리는 모든 생으로 하여금 그것이 비록 가장 비참한 것, 또는 가장 반항적인 것도 주님에게로의 찬미로 전환하게 한 일이었다.

  그는 신의 사랑이란 말을 들을 때마다 놀라운 우아감에 떨고 눈물을 흘렸다. 그는 예수의 수난을 생각할 때마다 뜨거운 눈물을 흘릴 만큼 애정을 품었다. 그는 나병 환자들을 찾아다녔고 그들이 마치 예수인양 그들의 손에 입에 입맞추었다.

  프란치스코의 깨달음, 비참을 받아들여서 그것을 사랑한 일은 우리에게 자기의 희망하는 이상의 풍성함을 가져오는 일이다. 청빈은 우리를 순화시키고 무한에의 실끝을 발견케 한다. 쾌락을 버리는 일은 우리에게 행동과 사랑의 즐거움을 주고도 남는다. 이런 청빈의 미덕과 자연을 영적으로 변모케 하고 싶다는 것이 프란치스코 정신의 특징이다. 물론, 가난은 수단이지 목적은 아니었다. 그가 재물을 미워한 것은 죄의 원인이 되어서가 아니라 오직 신께 사랑을 오롯이 바치기 위해서였다.

  프란치스코에게 있어서 구도란 것은 책에 의해서가 아니라, 행동으로 말미암아 진실의 지식을 얻고자 노력하는 일이었다. 행동과 묵상은 서로 다르지 않다. 그는 은거적(隱居的)이 아니요 참회적이며 시적인 신비주의를 보여 주었다.

  기쁨은 사랑함으로써 오는 것이지 사랑받기를 구하는 데서 오지 않으며, 봉사하는 데서 기쁨이 오는 것이지 봉사받는 데 기쁨이 있는 것이며, 타인에게 대해 선을 행함에 있지 타인의 선을 기대하는 데 있지 않다. 우리가 인류의 모든 고난을 견디는 때가 아니면 완전한 기쁨은 무의미하다. 그가 원하고 힘쓴 것은 인류에게서 무거운 짐을 덜어 주는 일이었다.

  프란치스코는 신의 끊임 없는 현실 속에 살았다. 신은 세계 배후에 숨어 계시는 분이 아니다. 자연은 신과 우리 사이의 중개자이다. 자연은 신으로부터 우리에게까지 내려오는 역사와 우리 영혼이 신에게로 부단히 올라가는 일을 동시에 맡아주는 전도체(傳導體)이다. 그런 의미에서 현실 세계는 그것을 사랑해 내는 가슴을 품은 사람들에게 있어서 신의 얼굴이 된다.

프란치스코는 "내게 주어진 일체의 것은 신께 받은 선물이다. 가난도, 괴로움도, 죽음도 생기를 띠고 산 모습이 된다"고 했다. 그리스도와 같이 되고자 한 것이 그의 이상(理想)이었다.

제콥스는 "그리스도와 같이 된다는 것은 금이나 신발이나 지팡이도 가지지 않는 일, 두 벌 옷도 없는 가난한 사람이 된다는 것을 뜻한다. 그러므로 프란치스코는 거지가 되었다. 그러나 그가 구걸한 목적은 자신을 위해서보다 전도와 불량하고 가난한 자들에게 친절을 베풀기 위함이었다."고 말했다.

6. 마이스터 엑하르트
(Meister Eckhart: 1260-1327)

엑하르트(Meister Eckhart)는 모든 사색적 신비주의자 중에서 가장 위대한 분이다. 신비학파의 시조이다. 그는 1260년 경에 태어나 튀빙겐에서 1327년에 세상을 떠난 것으로 짐작한다. 그는 도미니크회의 수도사로 에르푸르트 수도원장과 튀빙겐 부교장, 그 후에 보헤미아의 감독보조로 있기도 했다. 그는 스트라스브르그에 살면서 그곳에서 "자유의 영의 형제"들과 알게 되고, 후에 프랑크푸르트에 옮겨가 도미니크 수도원장이 되었다.

한 때 그의 설교가 일반적 표준보다 색다른 점 때문에 의심을 받고 이단에 몰렸다. 이로 인해 두번이나 심문을 받았는데, 그의 교설 중 17개 조항은 그가 세상을 떠난 뒤인 1329년에 교황으로 부터 이단으로 정죄받았다. 그의 제자들은 엑하르트를 열렬히 경애하였다. 수소(Henry Suso)는 그를 "홀리 마스타(聖師; *Holy Master*)"라고 부를 정도였다. 모든 수도원에서 그의 설교가 필사(筆寫)되어 읽혔다. 결국 교황은 그에 대한 유죄 선고를 취소하기에 이르렀다.

엑하르트는 신(神; God)과 신성(神性; Godhead)을 구분하였다. 신성은 무(無)라고 이름 지을 수 밖에 없는 것인데, 이 신성이 실제로 활동할 때 신이 된다. 이는 스스로를 아는 지식에 의한다. 만물의 태원(太源)이신 신성 속에 스스로를 알려는 활동이 일어나기 이전까지는 무(無)라 부를 수 밖에 없다.

그러므로 조화 작용(造化作用)은 신성의 자의식 작용(自意識作用)에 지나지 않는다. 이 자의식 작용에 의하여 비로소 주관과 객관이 서로 나뉜다. 주관이 성부요, 객관이 성자이다. 성부의 말씀이신 성자가 다시 성부에게 돌아갈 때 성부와 성자가 서로 떠나지 않는 곳, 양자가 일치되는 곳에 성령이 있다.

신은 성령 안에서 스스로를 사랑하는 자이다. 만물에 있어 신 이외에는 실재(實在)란 있을 수 없고, 신을 떼어 버리면 한 가지도 독립·자존할 자가 있을 수 없다. 만물을 신과 구별하는 것은 다만 그 개성이다.

인간은 스스로를 의식하고 신에게 돌아갈 수 있다. 우리가 신을 보는 일과 신이 우리를 보는 눈은 같다. 신은 스스로를 사랑하는 사랑으로 우리를 사랑하신다. 우리는 다만 신만을 알고 신만을 사랑하기에 이르러 궁극의 평안을 얻는다.

엑하르트는 토마스 아퀴나스의 사상적 영향을 많이 받았으나 중요한 점에 있어서 다른 것도 많다. 신과 신성(神性)을 구별한 점이 토마스 아퀴나스와 다른 점이다.

"신성이란 것은 아직 개발하지 않고, 모든 차별을 속에 포함하고 있는 유(有)의 영원한 가능성이다. 그러므로 신성은 지식이나 예배의 대상이 되지 못하는 것으로 암흑이요 무형이다. 삼위일체 하나님은 신성에서 나온다. 아들은 아버지의 말씀이시요 이미 말한 아버지의 사상이다. 성령이란 '신의 나무의 꽃'으로서 아버지와 아들을 통일하는 상호간의 사랑이다."

엑하르트는 어거스틴의 말을 인용하며 "나는 마음에서 나오는 말과 같고, 태양에서 발하는 광선과 같고, 꽃에서 나오는 향기 같고 영원한 샘에서 흐르는 물과 같이 왔노라."하여 성자의 탄생이 영속적 작용이라고 주장했다.

"신성과 신(神) 사이에는 명백한 상위(相違)가 있다. 신성은 그 자체가 은폐된 것이요 신성 그 자체를 위해 존재 않을 수 없게 된 듯 여겨진다. 그리고 신성이 가져오는 무형의 힘이 스스로 하나의 이미지(心象)를 낳게 된다. 이 심상이 생기는 일이 신성을 분명히 식별하게 하고, 그 덕택으로 인식 작용이 가능하게 된다. 이같이 하여 신의 무한성이 결정된다."

그는 그리스도로 말미암은 신(神)지식으로만 만족하지 못하고 삼위일체의 근저(根抵)라고 하는 소위 신적 암흑에까지 관철하려고 했다. 평자(評者)는 이것을 그가 계시의 말씀에 불만을 품고 추상적 사색을 일삼는 자율 사색((自律思索)이라 했다. 그는 천국과 지옥은 장소가 아니라 상태라고 했다.

엑하르트는 인격적 형태를 갖고 나타난 신이라 할지라도 그 배후에 있어 기초가 된 신성과 구별했다.

"신성은 우리의 지식을 초월한 것으로 무명(無名)이요, 허무요, 영원한 현재다. 이 신성은 자지(自知)의 활동에 의하여 자기를 지식의 대상으로 삼고, 이 대상을 자기에게 귀입(歸入)하게 하기를 좋아한다. 여기서 주관과 객관의 차별이 생긴다. 주관은 성부이신 신이요, 객관이 곧 성자이신 신이다. 양자 사이의 사랑이 곧 성령이다. 이같이 삼위일체 신은 이것이 곧 신의 자의식(自意識)의 영원한 수속(手續)이다. 우주의 창조도 역시 신의 자의식이요 신의 영원한 사상이다. 스스로의 안에 갖고 계시던 관념을 때와 공간에 투사한 것이 곧 우주이다. 이 우주의 이상적 총체는 성자이신 신(神)이다. 성자이신 신 안에 포괄되어 성부에게로 귀입하는 일이 곧 만물의 귀취(歸趣)이다. 인간 이외에 만물은 또한 인간의 이성에 포괄되어 신께 귀입한다. 인간의 영혼은 만유를 포괄한 소우주이다. 인간의 마음의 정점에 신적 불티가 있다. 이것이 가장 신께 가까운 것이다."

이 불티는 신께 지음받은 것이겠는가, 혹은 이것 자체가 신인가? 여기에 대하여 엑하르트 자신의 사상에 동요가 있었다. 그는 처음에는 이것을 지음받은 것이라고 말했으나 말년에는 지음받은 것이 아니라고 보았다.

"영혼 이상의 그 무엇이 우리 영혼에 있다. 신성, 단순하며 순연(純然)한 무(無)이다. 그것은 유명보다는 도리어 무명이다. 알려지는 것보다는 도리어 알려져서는 안된다. 우리는 때때로 이를 힘이라 부르기도 하고, 때로는 지음받은 것이 아닌 빛이라 부르기도 하고, 때로는 '신의 불티(spark)'라고도 부른다."

엑하르트의 사상을 따르는 자 중에 어떤 흐름의 사람들은 범신적 면을 향하고 도덕을 무시하는 무리들이 있었지만, 또 다른 흐름의 사람들은 종교적 경험을 존중하고, 힘써 영적 생활을 한 자들도 있었다. 그들은 사상에 있어서는 엑하르트보다 더 깊은 것은 없었으나 실제에 있어서 신비가의 가장 아름다운 모습을 발휘했다. 그 대표적 인물이 타울러(Tauler), 루이스부랙(Ruysbroek), 수소(Henry Suso) 등 세 사람이다.

엑하르트는 우주는 성부의 전 사상의 표현이라고 하면서, "자연이란 것은 신성의 아래 부분이다" "창조 이전에는 신은 신이 아니었다"고 했다.

"아들이 없이는 아버지는 신이 아니요, 다만 유(有)의 미개발적 가능성이다. 이같은 세 인격은 다만 신적 실체의 우연히 되어진 일도 아니요, 또는 양식도 아니요, 신성에 고유한 것이다. 그러므로 아들이 존재하지 않았던 시대는 있을 수가 없다. 그러나 아들의 출생은 필연적으로 이념계의 창조를 의미하는 것이다. 그 까닭은 아들이란 곧 이성이요, 이성은 이념의 세계에 의해서 구성되기 때문이다. 이념계는 신의 사상의 완전한 표현이요, 시간과 공간을 초월해 있다."

그는 현상계를 "자연화한 자연(Diug Enaturte Nature)"이라고 부르고, 이념계를 "자연화되지 않은 자연(Non-natured nature)"이라 불렀다.

신플라톤파의 사람들은 유출(流出; Emanation)이란 태양에서 광선이 분산되는 것과 같은 것이라 생각하고 있다. 즉 그것이 중심점에서 멀어질수록 열과 빛은 필연적으로 감소해 가는 것이다. 따라서 삼위일체의 제2위 누스(Nous)인 예지(叡智)는 제1위에 종속하고, 제3위는 제2위에 종속한다는 것이다.

그러나 엑하르트에게 있어선 종속이란 것이 없다. 아들은 아버지의 영광의 순전한 광채시요, 아버지의 인격의 명확한 상(像)이다.

"사물의 영원한 샘은 아버지이다. 아버지에게 있어서 사물의 상(像)은 아들이다. 이 상에 대한 사랑은 성령이다."

"모든 지음받은 것들은 신성의 바탕 속에 무형(無形)하게 (가능성으로) 영주해 있다. 그리고 만물은 아들 안에서 실현된다."

엑하르트는 범신론적이라는 비난도 받는데, 그것은 그의 사상체계 중 가장 애매한 부분인 현상계와 이념계와의 관계의 해석 여하에 달려 있다. 그는 원형(原型)이 외계에 나타나는 과정의 설명으로서, 로고스의 화신(化身)교리를 가지고 말한다. 하나님이 자기의 이상을 말씀하시자 현상계가 생겼다. 이것이 화신(聖肉身)이다.

그런데 심령이 현상계에서 스스로를 해방하여 예지계(叡智界)에 복귀하는 과정도 또한 "아들의 출생"이라고 부른다. 이와 같이 모든 과정은 순환적 과정을 이루는 것으로 신에게서 나와 다시 신에게 되돌아간다. 그리고 시간과 공간은 세계와 함께 창조되었다.

신이 "그 아들을 낳게" 되는 "필연(必然)"은 물리적인 것이 아니라, 도덕적 필연이다.

"선(善)은 필연적으로 스스로를 나누지 않을 수 없다."
"시간과 공간만큼 우리가 신을 아는 데 방해가 되는 것은 없다."

엑하르트는 순간적인 것에다 영구적 가치를 주려고 하지 않고, 이 세계도 불멸의 영이 순간적으로 머물다 떠나는 별로 흥미가 없는 곳으로 보았다. 그는 모든 역사를 무시했다.

"영원의 현재"에 있어서의 신적 과정이 측량할 수 없는 중요한 사실이요, 외적 세계에 있어서의 그 어떠한 사건도 도저히 여기다 비교할 바 못된다고 느꼈다. 그는 디오니시우스의 주장과 같이 유(有)를 선(善)이라고 보고, 소위 악은 "비유(非有)"와 동일한 것이라 보았다. 도덕적 악이라는 것은 내 뜻(自意)이요, 피조물의 입장에 있어서는 하나님을 떠나 특별한 종류의 이것저것이 되려는 기도(企圖)이다.

엑하르트의 윤리학에 있어서 가장 새로운 현저한 점은 내재론(內在論)에 중요성을 둔 점이다.

"인류의 심령은 작은 우주이다. 어떤 의미에서 그 속에 만물을 포섭하고 있다. '마음의 정점(頂點)'에는 신적인 불티(火花; Spark)가 있는데, 그것은 신과 아주 닮아 있어 단지 신에 합일할 뿐만 아니라 신과 하나이다. 이것을 심령의 근저라고도 한다."

엑하르트는 처음에는 이것은 창조받은 것이라 하고, 단지 우리를 신에 변형하게 하려는 매개물에 지나지 않는다고 했으나, 후에 가서 그것은 창조된 것이 아니요, 신 자신의 유(有)와 본성과의 내재라고 주장했다.

어떤 때 그는 "이 불티, 이것이 신이다."고 말했다. 이 불티가 신과 영혼의 신비적 합일을 이루는 것이요, 일체 생활의 목적인 신인식(神認識)의 극치라고 했다. 이 주장은 루이스브렉, 수소, 타울러 등이 그대로 채용했다. 이 불티가 바로 우리의 인격과 신과의 사귐을 가능하게 하고, 신을 알게 하는 기관이다.

엑하르트의 주장이 자기 신화(自己神化)의 모독이라고 비난받은 점은 다음과 같은 주장을 한 것에 기인한다.

"우리가 신을 보는 눈은 신이 우리를 보시는 눈과 같다."
"지음받은 것이 아닌 불티."

그것은 우리를 신과 같은 상태에까지 오르게 하는 신의 은혜와 같은 것이다. 그러나 이 은혜는 심령 속에서 인간의 능력처럼 활동하여 이것을 개조해 *"사람 스스로가 은혜가 되게끔 하는 신 자신"* 이다.

"심령 속에는 심령 이상의 것이 있다. 신적인 단순한 순수무(純粹無), 이름 있는 것보다 도리어 이름 없는 것, 알려지는 것보다 도리어 알 수 없는 것이다. 어떤 경우엔 그것을 힘이라 부르고, 어떤 때는 지음받은 것이 아닌 빛이라 부르고, 때로는 신적 불티라 부르기도 한다.

그것은 절대적인 것으로서 모든 명칭이나 모든 형식을 벗어난 것임은, 마치 신이 자기 자신 안에서 자유이고 절대적인 것과 같다. 그것은 지식보다 높고, 사랑보다 높고, 은혜보다 높다. 그 까닭은 이런 것들 속에는 아직도 차별이 있기 때문이다.

이 힘에 의해 신은 그 전신성(全神性)으로 꽃이 만발하고, 성령은 신 안에 있어 영광을 나타낸다. 이 힘에 의해 아버지는 스스로의 안에 있어서와 마찬가지로 본질적으로 그의 외아들을 낳으시는 것이다.

이 빛 속에서 성령이 생긴다. 이 불티는 모든 지음을 받은 것들을 버리고 다만 신만을, 신께서 자기 안에 계신 것 같이, 단순히 받아들일 것이다. 그것은 아버지에게도, 아들에게도, 성령에게도, 또는 이 세 인격에게도 만일 그 각각의 인격이 자기 고유의 속성 안에만 존재하고 있는 한 만족하지 않을 것이다. 왜냐 하면 그것은 초본질적(超本質的) 본질에서만 만족하기 때문이다.

또는 그 불티는 단순한 땅(地), 정적한 황야(靜寂荒野), 아무도 살지 않은 통일에 들어가려고 결심한다. 이때 그것은 광명에 만족한다. 이때 그것은 하나이다. 그것이 스스로의 안에 있어서 하나인 모양은 마치 이 땅이 단순한 정적이요, 본질적으로 부동(不動)하고, 그러면서도 이 부동에 의해 만물이 움직이고 있는 것과 같다."

그 거룩한 뜻대로 우리 속에 역사(役事)하사 우리로 하여금 소원을 두고 행하게 하시는 이는 하나님이시다. 그러나 우리의 본성이나 인격에 무슨 피해를 주시는 것은 아니다. 우리의 인격이 신의 인격과는 구별되어 있지 못하다면 우리가 신을 볼 수 없는 것은 명백하다. 완전한 융합은 완전한 분리와 마찬가지로 사랑이나 지식의 가능성을 파괴하는 것이다.

엑하르트는 *"최고의 이성"* 을 인간의 모든 능력 중에 첫째되는 것으로 삼고, 그의 사상의 초기에는 이 최고 이성을 불티와 동일한 것으로 보았다. 이성의 절대적 우월성을 확신했다.

"이성적 지식(理性的 知識)은 영원의 생명이다."

"그 어떠한 외적(外的) 계시라도 그것이 내적 체험에 의해 인정을 받지 못한다면, 어떻게 우리를 도울 수 있는가. 언제나 맨마지막에 가서 호소할 때는 우리 스스로의 존재의 가장 깊은 곳이 아니면 안된다. 그것은 우리의 이성이다."

이성은 언제나 쉬지 않고 향상하여 마지 않는다. 이성은 지혜에도, 선에도, 신 자신조차도 만족하지 않는다. 이성은 모든 선이나 지식이 생겨나는 곳이다. 우리는 그 소지(素地)에까지 파고 들어가지 않으면 안된다."

엑하르트는 그리스도로 말미암아 매개(媒介)된 신의 지식만으로 만족하지 않고, 삼위일체이신 현현(顯現)의 근저를 이룬 신적 암흑(神的 暗黑)에까지 투철하기를 동경했다. 그는 그리스도를 본받는 일에 대해 말할 때는, 모든 만민이 더듬어 갈 "인류의 길"과, 신비가만이 가는 "신성(神性)의 행로"를 구별했다.

이같이 "3에서 1에로" 올라가려는 너무도 대담한 갈망을 위하여 정적주의적 자기-단순화를 강조하고, 인간의 관능에서 오는 것은 모조리 배격하고, 신의 마음에 나 스스로를 투신하여 거기서 "모든 지음을 받은 것에서 숨겨져서" 영원히 안심입명(安心入命)하라고 가르쳤다.

그러나 그는 주장하기를, 인격이란 것은 파괴되는 것이 아니라 회복되는 것이며, 정관(靜觀)은 보다 더 높은 활동에 이르려는 수단에 지나지 않고, 이 활동이 이 정관의 목적이라 가르쳤다.

"정관(靜觀)에서 인간이 흡수해 둔 것을 사랑 속에서 분배해 내보낸다."

엑하르트가 즐겨 다룬 문제는 성령의 현실적 산 활동과 이 세상에 있어서의 생활의 성화(聖化)였다. 그는 활동적 생활과 정관적 생활 사이에 아무런 모순을 느끼지 않았다. 활동이란 것은 심령의 작용에 속하는 것이요, 정관이란 것은 심령의 본질에 속한 것이다.

그는 성직자들이 의식적인 경건이나 성자인 체 외모를 꾸미는 것을 천하게 보았다.

"의복이나 음식이나 언어에 있어서 일부러 꾸며 하는 것을 피하라."

"그대는 사막에 찾아 들어가 금식할 필요는 없다. 백성들의 생활은 때때로 광야보다 더 쓸쓸한 곳이요, 적은 일은 큰 일에 비해 한층 더 해내기 어려운 것이다."

그의 사상은 종교개혁자들의 선구자 노릇을 했다. 그는 부르짖기를 "죽은 성자의 유골이 무슨 역할을 해낸단 말이냐. 죽은 자는 줄 수도 받을 수도 없다"고 했다. 그는 중세 기독교와 근세 기독교의 분수령 위에 선 듯이 느껴지는 인물이다. 그가 주장한 기본적 진리는 신의 내재에 있고, 그 내재는 인간 심령의 능력 안에 있는 것이 아니라 심령의 소지(素地)에 있다는 것이었다.

그가 말한 심령의 불티는 실제에 있어서는 신의 기(氣)의 미분자(Divinae Particular Aurae)이다. 인간이 성품의 신화(神化)를 얻으려면 노력해야 하며, 그것은 처음부터 완전한 것이 주어지는 것이 아니다. 그는 인간과 신 사이에 아무런 매개자도 끼지 않게 했다.

"말씀은 지극히 네게 가깝다. 관능적 감관의 대상이 되는 어떤 것, 또는 인간의 여하한 시설보다도 그대 자신 안에 깊이 잠기라. 침묵하라. 그때 그대는 거기서 그 분(신)을 발견하리라."

7. 루이스브렉의 요한
(John of Ruysbroek: 1293-1381)

루이스브렉은 소와니에(Soignie) 숲속에 있는 그룬탈(Grunthal) 수도원장이었다. 그를 가리켜 탈혼선생(Doctor of Ecstaticus)이라고 불렀다. 그의 신비적 논문은 대개 성령의 직접적인 인도로 기록되었다고 한다. 그는 별로 학식이 있는 사람이거나 명석한 사색가도 아니었다. 그는 다른 신비가들에 비하면 사색적이라기보다는 정서적이었다. 수소(Suso)가 그와 비슷했다.

루이스브렉은 모든 문제를 점진적 등급으로 설명하되, 셋 또는 일곱 가지의 점진적 계단으로 말했다.

그는 사랑의 일곱 계단에 대해서 다음과 같이 설명했다.

① 착한 뜻
② 스스로 택한 가난
③ 정절
④ 겸손
⑤ 신의 영광을 위하는 소원
⑥ 신적 정관(직관, 정신의 청순, 심의의 적라의 3단계)
⑦ 모든 지식과 사상으로 말할 수 없고 이름지을 수 없는 초

월의 단계.

그의 주요 저서인 『정신적 결혼의 계단』은 신비가의 진보의 가장 완전한 도면 중의 하나이다. 그 세 단계는 다음과 같다고 말했다.

① 활동적 생활
② 내적인 높은 생활, 혹은 정적 생활
 (이 생활은 모든 사람이 반드시 다 부름을 받은 것이 아님)
③정관적 생활 (선택받은 소수만이 여기에 이를 수 있다)

여기서 첫 단계인 활동적 생활의 표어로 삼는 것은 *"보라. 신랑이 온다. 나와서 맞으라"*이다. 신랑은 세 번 온다. 육신을 쓰고 오시고, 은혜로 우리 안에 오시고, 심판을 위해 오실 것이다. 우리는 그를 맞으러 나가지 않으면 안된다.

겸손과 사랑과 정의, 이 세 가지가 활동적 생활 조직을 지지하고 있는 세 가지 덕이다. 모든 덕의 기초는 겸손이다. 거기서부터 다음 순서는 순종, 내 뜻의 부정, 인내, 우아, 경건, 동정, 관대, 모든 덕을 위한 힘과 충동, 근직(謹直), 절제, 정절이 된다.

활동적 생활 다음에 오는 둘째 단계인 내적 생활에는 세 부분이 있다. 이 때 우리 지력이 초자연적인 명확성을 가지고 빛나지 않으면 안된다. 신랑, 즉 영원한 진리가 내적으로 오는 것을 보지 않으면 안된다. 외적 생활에서 내적 생활로 들어가지 않으면 안된다. 신랑을 영접하여 그의 신성과의 합일을 향락(享樂)하지 않으면 안된다.

세번째로 정신은 내적 생활에서 정관적 생활에까지 향상하는 것이다.

"우리가 자기를 초월하고 이와 같이 하나님께로 올라감에 있어 매우 단순화되고, 우리를 포섭하는 사랑이 모든 덕의 실행을 초월해서 사랑만으로 채워지게 될 때, 우리는 변화하여 신 안에 있어 자기 자신에 대해 죽는 것과 동시에 모든 개개의 개성에 대해서 죽는 것이다."

하나님은 하나님 자신인 영원한 사랑 안에 우리를 자기와 합일하도록 하신다.

"신과의 이 포옹, 이 본질적 통일에 있어서 경건하고 내적인 정신은, 산 채로 신 안에 침몰하여 신(神) 속에 녹아 버려 신과 하나가 되는 것이다. 그런 정신은 은혜에 의해 신과 하나가 된다. 그것은 똑같은 본질이 양자 속에 있기 때문이다."

"여기서 우리가 있는 그대로의 것, 그것을 우리는 전심으로 정관(靜觀)하는 것이요, 우리가 정관하는 것 그것이 곧 우리가 있는 곳이다. 우리의 심정, 생명, 본질은 승화되어, 진리 그 자체와 합일되어진다. 이것이 신이다. 그러므로 이같은 단순하고 전심적(專心的) 정관에 있어서 우리는 신과 하나의 생명, 하나의 정신이다. 이것을 정관적 생명이라 부른다. 이 가장 높은 계단에 있어서 심령은 아무런 개재하는 것 없이 신과 합일한다. 심령은 신성이라는 광막한 암흑 속에 잠기는 것이다."

그러나 아직 우리는 여전히 영원히 신으로부터 구별되어 있다. 피조물은 피조물 대로 남아 그 피조물성을 탈피하지 않는 것이다. 우리는 신 안에서 자아를 의식하지 않으면 안되고, 동시에 자기 안에서 자아를 의식하지 않으면 안된다. 영생이란 것은 신(神)을 아는 일이고, 더구나 자의식(自意識) 없이는 지식이란 있을 수 없기 때문이다.

8. 헨리 수소
(Heinrich Suso: 1295-1365)

헨리 수소는 스위스의 신비가로서 콘스탄스에서 탄생했고, 도미니크 수도원에서 교육받고, 쾰룬에서 신학 공부를 했으며, 독일의 신비가 엑하르트의 열렬한 제자였다.

그는 사변적 머리보다 상상에 능한 까닭이었던지 일종의 독특한 신비주의자가 되어 중세의 대표적인 시적(詩的) 신비주의가였다. 그는 사상이 다져져 그것이 종내 인격화되어 완전한 아름다움의 빛에 감기는 데 이를 때까지는 만족하지 않았다.

솔로몬의 글에서 *"영원한 지혜"* 가 나와 그것이 곧 그리스도와 동일인이 되었고 또는 마리아와 동일인이 되었다고 했다. 이 같은 사상에 침적해 있었기 때문에 그는 그가 어려서부터 교육받아온 도미니크 수도원에 은둔하여 은자(隱者)의 생활을 하며 1338년에 『영원한 지혜』를 저술하고, 1940년에 설교를 시작하고 여러 해를 윈텔즐 수도원에 운둔해 지냈다.

신비가 타울러 및 신우회 친구들과 사귀고 동포회를 조직하여 그 규칙을 쓰고 많은 사람을 개종시켰다.

그는 특히 그리스도의 고난에 참예할 것을 몸소 실천한 분으로서 보속적(補贖的) 생활을 위해 무서운 고행과 난행을 감행했다.

"십자가 없는 곳엔 면류관도 없다."
"내가 있는 곳엔 내 종도 함께 있을지니라."

그는 이처럼 외치면서 16년 동안 그 이상 없을 준엄한 생활을 보냈다.

처음에는 남들과 같이 평범하게 살아가려고 했으나 *"영원한 지혜(신)"*는 그에게 명하기를 "부드러운 수단으로 제어하기 어려운 육체를 정복하려는 생각은 상식을 벗어난 것이다. 만일 네가 모든 것을 버리려고 결심했다면 목적을 완수할 때까지 쉬지 말라."고 했다. 이 준엄한 명령을 그는 복종했다.

수소는 정감적이요, 시적인 성품을 타고 나서 문학적 천품도 놀라웠는데, 애정이 풍부한 그의 성질은 신앙에도 사랑의 대상이 필요했다. 그래서 그의 사상은 잠언에 나오는 사랑에 가득찬 여인의 모습으로 인격화된 영원한 지혜에 집중했다.

"실제 너와 같이 방종한 젊은 마음은 연인 없이는 배겨내지 못하니까 네가 미리부터 들어 잘 아는 훌륭한 여인이 너의 연인이 되게 할 수 있겠는가? 너는 너의 운명을 시험해 보라."

그가 이 여인을 환상 중에 쳐다 보았을 때 그녀는 수소에게 가까이 와서 부드럽게 "내 아들아, 그대의 마음을 내게 달라"고 했다. 이 시기에 그의 심령에 격렬한 영의 불길이 뛰어들어와 그의 마음을 신의 사랑으로 태웠다. 수소는 사랑의 표로서 자기 가슴 깊이에 예수의 이름을 칼로 새겨 놓았다. 그 글씨는 손가락 마디 만큼한 길이로 일생 동안 흔적이 남아 있었다.

어느 때 그는 환상에서 얼마 전에 세상을 떠난 축복된 스승 엑하르트를 보기도 했다. 스승은 그 무렵 교회 지도자들에게 이

단시되던 중에 세상을 떠났었는데, 스승은 더 없는 영광 중에 있었고, 그의 영은 변화하여 하나님 안에 신과 같이 되어 있는 것을 종에게 보여주었다.

수소의 질문에 복된 스승은 대답하기를 "실제 이 세상에 빠지지 않고 나온 사람들이 하나님 안에 살고 있는 모양은 말로는 형용할 수 없다. 이 세상에 빠지지 않는 길은 자아에 대해 죽고 모든 사람에 대해 흔들리지 않는 인내를 가지는 데 있다"고 했다.

성 촉제일(聖燭祭日)에 수소는 교회에서 예배를 드리다가 동정녀 마리아가 아기 예수를 안고 있는 환상을 보았다. 그는 성모 앞에 무릎을 꿇고 "아기 예수를 보여주시고 그 입에 입맞추게 해달라."고 기도했다. 마리아가 미소 중에 아기를 들어서 보여주자 수소는 팔을 내밀어 사랑하는 아기를 받아들고 그 샛별 같은 눈을 보고 그 착하신 작은 입에 입맞추었다. 너무도 감격한 수소는 눈을 들어 놀라움의 소리를 지르며 무궁한 저 하늘을 지배하시는 분은 위대하시면서 동시에 이같이 작고, 하늘에 있어서는 그렇게 아름다우시고, 땅 위에 있어서는 이같이 어린애다운 일에 감격하여 찬송하면서 울고 또 울었다.

어느 때 한 천사가 나타나 그에게 고행을 그만 두라고 충고했다. 그는 지난 날 무서운 고행을 견디어온 생활을 회상하면서 기뻐하면서도 눈물지었다. 그러나 얼마 지나지 않아 환상 중에 단정한 젊은이가 나타나 수소에게 기사의 옷을 입혀 주고 말하였다.

"들으라, 기사여. 지금까지는 그대는 한낱 무사에 지나지 않았으나 이제 하나님께서는 그대가 기사가 되기를 요구하신다. 그리고 그대를 끝까지 싸우게 하려 하신다."

수소가 놀라자 다시 말을 이었다.

"그대에게 세 가지 사실을 알려 주리라. 첫째, 지금까지는 그대가 자기 스스로를 채찍질해왔다. 그러나 이제부터는 내가 그대를 치리라. 공공연히 그대의 명예가 훼방을 받게 되리라. 둘째로 그대가 사랑과 충실을 다하여 하노라는 모든 일에서 도리어 불신과 고통을 얻게 될 것이다. 셋째, 지금까지는 그대가 바닷속을 즐거이 헤엄치는 물고기처럼 영적 기쁨 속에 잠겨 지냈지만, 나는 그 기쁨을 그대에게서 빼앗을 것이다. 그대의 영혼을 주리고 목마르게 할 것이다. 그대는 하나님에게도 사람에게도 버림을 받고, 그대 스스로를 위로하고자 손대는 것마다 허무하게 될 것이다."

수소는 몸을 땅에 내던지며 두 팔을 십자가 형상으로 뻗고 엎드려 장차 이 큰 재앙이 자기 몸에 내려오지 않게 되기를 떨며 기도했다. 그때 다시 소리가 들려오기를 "씩씩하라. 내가 그대와 함께 있고 그대를 도와서 승리하게 하리라."고 했다.

그 뒤부터는 위험과 시험이 도적에게서도 오고, 수도사를 미워하는 무법한 사람들에게서도 왔다. 그는 계속 공포에 번민했다. 그 중 한 가지는 그가 타락한 생활을 하던 여자를 회개시키려고 매우 애쓰고 있었는데 그것을 안 어떤 거짓 형제 하나가 자기 허물이 수소에게 발각된 복수로 수소를 참소하여 수소가 그 여자와 불의를 행하는 관계라고 퍼뜨려 중상했다. 이는 수소의 인격을 파멸로 몰아넣는 중대한 중상이었지만, 다행히 수도원장이 사실을 충분히 살펴보고 수소의 무죄를 판결해 주었다.

수소와 그의 정신적인 딸인 엘리자벳 스테그린 사이에 신비주의적 교리의 어려운 문제를 두고 묻고 대답한 몇 가지를 기록하기로 하자. 이것은 특별히 삼위일체 교리에 관계된 것이다.

여인: "완전한 합일에 도달하기 위해서는 우리는 자기에게서 신의 관념을 버리고 다만 내적으로 비치는 빛으로 향하지 않으면 안된다고 가르치는 사람이 있는데요?"

수소: "그 말을 보통 의미로 해석한다면 그것은 잘못되었다. 그러나 신이란 존재는 위대한 공사 감독자여서 그가 주로 하시는 일은 상벌을 주는 데만 있다고 짐작하는 일반 신앙은 신의 완전한 사랑에 의해 물리쳐진다. 이와 같은 의미에서 영적인 사람은 무지한 사람들이 생각하는 것같은 정도의 신관념은 실제 내버리는 것이다. 우리가 다시 신과 합일하는 최고의 상태에 도달했을 때 우리 심령은 삼위일체의 각 인격에 관심을 두지는 않는다. 우리에게 축복을 내리시는 분은 신의 어느 한 가지 인격이 단독으로 하는 것이 아니고 일체이신 삼위께서 하시는 것이니까."

여인: "하늘이란 것은 어디 있습니까?"

수소: "지적(知的)인 장소라면 그것은 본질적으로 실재하는 이름을 지을 수 없는 무(無)이다. 그것이 비유(非有)인 것처럼 우리에게 생각되어지기도 하는데, 사실은 비유(非有) 이상의 것이라고 불려질 수 있는 것이다."

여인: "삼위일체가 어떻게 자기를 전개해 나가는지 비유로 설명해 주십시오."

수소: "연못에 돌을 던질 때 생기는 동심원의 이치를 연상하라. 그러나 사실은 흑인종 무어족이 아름다운 태양과 전혀 다른 것 만큼이나 이 비유도 형상 없는 진리와는 다른 것이다."

그 뒤 얼마 지나서 이 거룩한 처녀는 세상을 떠나고 말았다.

수소의 환상 속에서 그녀는 찬란하게 빛나며 하늘의 기쁨에 넘쳐 수소에게 자기가 수소의 교훈을 따른 덕분에 얼마나 영원한 축복 상태에 들어갔는가를 보여주었다.

수소는 환상에서 깨어나면서 소리질렀다. "오 하나님, 당신만을 갈망하는 자는 얼마나 행복합니까? 우리는 세상에서 모든 고난을 달게 참아야겠습니다. 주께서 우리의 고통을 이같이 갚아 주시오니. 하나님이여, 우리로 하여금 이 여인의 일과 그 밖에 당신께서 자비를 베푸신 사람들의 일을 생각하여 기뻐하고 영원히 주의 존귀한 얼굴을 즐거워하게 하옵소서."

수소는 자기가 기록한 『영원한 지혜와 종의 대화』라는 책의 마지막에 이렇게 썼다.

"나의 이 저서를 올바른 정신으로 읽어 주시는 이라면 그는 누구나 자기 마음 깊은 곳에서 불타는 사랑과 새로운 광명과 하나님을 갈망하는 마음과, 자기의 죄를 깨닫고 미워하는 마음과, 또는 은혜 속에서 그의 영이 다시 소생하는 영적 비약을 느껴 마음을 움직이지 않을 사람은 없을 것이다."

9. 요한 타울러
(John Tauler: 1300-1361)

　타울러는 1300년 경, 스트라스부르그에서 출생했다. 1315년에 어느 도미니크 수도원에 들어갔고, 쾰른과 파리에서 유학하였고, 스트라스부르그에 돌아와 교회의 사제로 있다가 그 거리에서 벌어진 이단자 파문의 소란 속에 1339년 바젤로 도망쳤다. 거기서 그는 신우회라는 단체에 속한 어떤 신비적 평신도에게서 비상한 영향을 받았다. 그의 회심은 여기서부터 시작된 듯하다.
　그는 중세 독일의 신비가이지만 그의 전기는 자세히 알 수 없다. 도미니크 수도원에 들어가 신학을 배웠지만 성 빅톨, 성 베아나 등의 신비주의에 심취하였고, 후에 스트라스부르그에 돌아와 엑하르트와 알게 되어 여생을 거기서 보냈다.
　타울러가 저술한 책은 설교, 소 논문집, 서한 등으로 된 것이 있다. 그의 글은 엑하르트를 방불케 한다. 사변적(思辨的)으로는 약하나 경건면에서는 강력하다. 그는 철학자가 아니요, 실제적 인물이요, 설교자였다. 그의 사변적 글은 다만 그것을 실생활에 적용하려는 경우에 나온 말들이었다. 그가 그 시대 다른 신비가들보다도 가장 감화력이 많은 설교자였던 까닭은 실제적 인물이었기 때문이다.

타울러는 사색가요, 설교자로서 엑하르트의 영향을 많이 받았지만 종교개혁 당시의 신학자들에게 엑하르트보다 더 많은 영향을 주었다.

타울러는 예수의 *"깊은 데로 가서 그물을 내리라"*(누가복음 5:1-6)는 명령에서 *"깊은 데"* 라는 것은 지력을 의미하는 것이 아니라 *"심정의 깊이"* 라고 했다. 그도 엑하르트처럼 *"신적 암흑"*, *"이름도 없고 형상도 없는 무(無)"*, *"황량한 광야"* 등에 대해서 설명했고, 하나님께 대해 설명하기를, *"신이란 모든 다(多)를 초월하는 통일이다"* 고 했다. 이 신(神) 속에 생성과 유(有)와 영원의 평화와 운동 등이 포괄되어 있다고 했다.

그는 삼위일체에 대해 설명하기를 "세 개의 인격은 밖으로 현연하게 나타나는 일이 없이 안에 묵묵히 포함되는 것이다. 아들은 모든 형상의 참 형상이기 때문에 우리 '신의 형상(인류의 이념)을 닮아 창조된 영원의 합리적 형상(인간)' 은 이 아들의 형상과 일치하기를 갈망하고 있다"고 했다.

그의 말에 의하면, 이 세계의 창조는 신의 본성에 있어서는 필연적인 사건이었다고 말하기보다, 신의 본성에 조화되는 것이었다고 설명할 것이라 했다. 이 세계는 현실적인 것으로 이루어지기 이전에 이미 신의 속에 그 이념이 존재하여 있었던 것이고, 이 이념계가 삼위일체라는 수단에 의해 나타나신 것이다. 이 이념이 영원한 옛적부터 존재해 있는 것은 아들의 인격 안에 있어서이다. 이념은 언제나 살아 있다고 하는데 그것은 이념이 형상으로서 활동하고, 또는 물질의 창조 후에 사물을 초월하면서 동시에 사물 속에 내재하는 보편으로서 활동하는 것이라 했다. 그는 이런 설명을 할 때 주의깊게 자기는 범신론자가 아니라는 점을 설명하고자 했다.

"신은 모든 유(有)의 유(有)이다. 그러나 모든 것 중의 어느 하나가 아니다. 신은 모든 것이다. 그러나 모든 것이 신인 것은 아니다. 신은 몸소 그가 그 속에 내재하신 우주를 훨씬 초월해 계신 분이다."

타울러 사상의 중심점은 *"인간 심령 속에 신의 내재"* 라는 교설(敎說)이다. 그는 인격 생활의 세 가지 면으로 *"감각성"*, *"이성"*, *"제3인격(영적 생명, 즉 심령의 순수 실체)"* 을 말했다. 그는 또한 인간 속에는 지음을 받은 소지(素地)와 지음을 받은 것이 아닌 소지(素地)가 있다고 했다. 후자는 신성의 심연(深淵)이요, 그것이 우리 속에 있으면 안될 경험적인 자기를 의미하는 것이며, 어떤 때는 신께서 바라시는 것 같은 이상적인 인간을 의미했다. 이 후자인 이상적 인간을 소위 "제3의 사람" 혹은 "영의 정점"에 있는 "불티(spark)"라는 말로 표현했다.

"지음을 받을 것이 아닌 소지"는 "지음을 받은 소지"를 매개로 삼아 우리에게 활동한다. "지음을 받은 소지"를 그는 *"영상(Image)"* 이라 불렀다. 그것은 엑하르트가 말한 *"불티"* 와 동일하다. 그것은 에리게나(Erigena)의 이념과 마찬가지로 이미 창조된 것이면서 동시에 창조적 원칙이기도 하다.

타울러는 그의 선배 누구보다도 한층 더 심각한 죄악관을 가지고 있었다. 죄의 본질은 자기 긍정, 즉 자기 의지요, 따라서 신으로부터의 격리이다. 그는 어거스틴이 말한 타락한 인류의 비참한 상태설을 부활시켜, "육욕과 오만이라는 자기 의지의 두 가지 큰 세력이 인간의 전 성질을 침범해 버렸다. 오만이란 것은 정신의 죄악으로서 그 해독은 소지(素地)에까지 침범해 있다."고 말했다. 그는 죄 없는 *"심령의 절정(apexmentis)"* 을 인격과 동일한 것으로 보려 하지 않았다.

신으로부터의 격리가 모든 불행의 근원이다. 그 속에야말로 지옥의 고뇌가 있다. 인간의 심령은 결코 신을 갈망하기를 쉬지 않는다. 잃어버린 자의 가장 큰 고통은 이 요구가 결코 채워지지 않는 것이다.

그는 신비가의 영적 향상의 세 단계에 대해서 다음과 같이 말했다. 첫째, 우선 자제(自制)를 연습해서 우리의 모든 저속한 욕망이 최고의 이성에 의해서 통솔되게 하지 않으면 안된다. 예수께서는 우리 속에서 매매하는 것들이 모조리 쫓겨나기까지는 우리 영혼의 궁전에서 말씀하실 수 없다. 이 첫째 단계에서 우리는 준엄한 규칙과 훈련을 일삼아야 한다. 우리 속에 그리스도께서 진리로 탄생하시기까지는 우리는 옛사람의 규칙 아래 순종하고 살 수 밖에 없다.

둘째 단계에 있어서는 사도 요한이 예수님의 사랑에 가득찬 품에 기대어 쉬듯이, 우리도 쉬지 않고 열심히 그것을 정관(靜觀)하므로써 그리스도의 아름다운 모습으로 변하지 않으면 안된다. 어느 때 하나님께서 우리를 더욱 높이 부르실 때도 있을 것이다. 그럴 때는 모든 형상도 영상도 모조리 버리고 다만 하나님이 우리를 쓰시는 대로 맡기라. 어떤 사람에게는 하늘 문까지도 열려져 있다. 이런 경지가 어떤 사람에게는 영의 진동과 함께 일고, 또 다른 사람들에게는 고요히 정숙하게 서서히 진행되기도 한다. 그것은 하루 이틀 사이에 되어질 일도 아니요, 1년에 되어지는 일도 아니다. 그것이 일기까지는 자연은 외적으로나 내적으로나 여러 번의 죽음을 겪지 않으면 안된다.

셋째 단계에 있어서, 우리의 슬픔이나 기쁨은 그리스도의 그것과 동감 공명(同感共鳴)이 된다. 주님의 지상 생활은 슬픔과 기쁨을 엇갈려 엮은 새끼줄이었다. 주께서는 자신이 겪으신 이

같은 일생을 제자들에게 하나의 신성한 유언 삼아 남겨 두신 것이다.

모든 신비가들이 "*우리를 위한 그리스도*"보다 "*우리 안에 계신 그리스도*"편을 더 존중하였는데, 그렇다고 한편 교리를 희생시키면서까지 다른 편 교리를 더 높이려고는 하지 않았다. 타울러도 역사적 속죄관에다 참 뜻을 주면서도 그것이 특수적 사실이면서 동시에 보편적 사실임을 보이려고 애썼다. 그리스도의 신성과의 결합에서 비로소 우리는 그 인성을 숭배할 것이다.

신은 세 가지 방법으로 우리를 자기에게로 이끄신다. 첫째로는 그의 창조물을 통하여 하신다. 둘째로는 우리 영의 내적인 신의 음성을 통하여 하시는데, 그때 영원의 진리는 이상하게 마치 새벽잠 속에서 그런 일이 자주 생기듯이 스스로 말한다. 세째로는 우리의 의지가 아무런 저항도 없이 아무런 수단도 없이 전적으로 복종해 버렸을 때이다.

신화(神化)의 과정에 대해서는 다음과 같이 말했다.

"그 나라라는 것은 심령의 가장 깊은 구석인 감실(龕室) 속에 있다. 우리가 모든 노력을 다해 외면적 인간이 내적인 이성적 인물로 변화했을 때, 우리의 감각의 힘과 이성의 힘이 인간의 실재의 가장 중심부인 깊음(우리 심령의 눈에는 보이지 않으나 그 속에야말로 신의 형상이 있는 그 깊음)에 집중했을 때, 그리고 우리가 지난날 창조함을 받을 때까지는 영원히 살고 있었던 신적 심연(深淵)에 몸을 던져 넣고는 깊이깊이 철저히 그 속에 잠겨져서 신을 향하고 있음을 아시고, 그때 하나님께서는 그 신성의 허리를 굽히시고 자기를 기다리고 있는 이 순수한 영의 깊이에까지 적나라하게 내려오신다. 그래서 거기서 지음을 받은 영을 변화시켜 그것으로 하여금 지음을 받지 않은 본질 속에 끌어올리신다. 이렇게 해서 인간의 영은 신과 하나가 된다. 이같은 경지에 이른 사람이 만일 그때의 자기 모습을 스스로 볼 수 있다면 자기를 마치 신처럼 여길 만큼 스스로가 숭고하게 됨을 알게 되고, 전날에 자기 자신에게 치우쳐 빠져 있을 때보다는 몇 천 배나 더 숭고한 자기를 볼 수 있을 것이고, 모든 사상과 계획, 언어와 사업을 이해하고 기왕에 있었던 모든 인간들이 모든 지식을 다 얻게 될 것이다."

우리는 모든 저급한 목적이나 욕망에서 전적으로 떠나 하나님의 뜻에만 일치하려고 하고, 하나님 안에서 만물을 획득하고, 다만 영원한 진리에만 집착하는 불멸의 영혼이 되어야 한다고 했다.

"오, 사랑하는 아들아! 너의 생각도 걱정도 네가 범한 죄악까지도 이 알 수 없는 의지에게 맡겨 버려라. 모든 적의와 위험의 한 가운데 서서 너는 너의 소지(素地)와 무(無) 속에 잠기라, 그리고 지옥의 악마들이 모조리 너에게 달려들게 하여라, 하늘과 땅의 피조물로 너를 공격하게 하라, 그렇더라도 신기하게 만물은 다만 너에게 봉사할 것이다. 너는 너의 무(無) 속에 잠기라. 그렇게 될 때 가장 선한 분깃이 바로 너의 것이 되리라."

타울러는 *"영원한 것"* 이란 *"영원의 현재"* 라고 설명했다. 또한 그는 미래의 상벌과 지옥불에 대해서도 말했다.

인간의 영혼이 하나님께로부터 의지 없이 떠나가는 일이 멸망의 아들의 모든 고통의 근원이라고 했다. 그리고 사랑이란 "덕의 처음이요, 중간이요, 마지막"이라고 하면서 "사랑의 본질은 전적 자기 포기에 있고 한 방울의 물이 대양 속에 흡수되듯이 우리도 자아를 신의 사랑 속에 흡수시켜야 한다."고 했다.

10. 시에나의 카타리나
(St. Catharina Senensisv: 1347-1380)

 카타리나는 이탈리아의 시에나에서 염색업자의 24번째 자녀로 태어났다. 그녀는 어려서부터 다른 형제들과는 달리 탈혼 상태에 빠진다든지, 예수님을 본다든지 하여 신의 특별한 총애를 받는 증거가 나타났다. 6세 때, 도미니크 성당 지붕 위에 하늘에서 서기(瑞氣)가 뻗치고 광채난 주님이 베드로, 바울, 요한과 서 있는 것을 보았다. 그녀는 인적 없는 동굴에 가서 옛 성인들의 생활을 본받아 자주 고행과 기도와 명상을 했다.
 그녀는 겨우 7세 때에 종신 동정의 서원을 세웠다. 부모는 그런 줄도 모르고 15세가 되자 이 미모의 딸을 시집보내려 하다가 이 사실을 비로소 알고 노발대발하여 딸을 하녀처럼 학대하고 혹사했다. 그러나 카타리나는 다만 신의 위로만을 힘으로 삼고 그 학대를 3년 세월을 견더냈다.
 하루는 부친이 그녀가 혼자 있는 방을 부친이 엿보니 이상한 광채와 흰 비둘기가 그녀의 머리 위를 두르고 있었다. 그 후부터 부모는 딸이 신의 선택을 받은 그릇임을 깨닫고 딸의 뜻을 굽히려 하지 않았다. 그녀는 어느 날 밤 남자가 되어 성 도미니크 수도원의 수사가 되는 꿈을 꾸었다. 또 한번은 성 도미니크가 미소를 띠고 "딸아, 안심하라. 네가 간절히 입고 싶어하던 옷을 입을 때가 온다."했다.

　카타리나가 이처럼 높은 서원을 품고 살았지만 청정해야 할 그녀의 가슴 속에 어찌된 영문인지 불순한 생각과 더러운 상상이 자꾸 일어나 막을 수가 없었다. 그녀는 자기는 도저히 멸망을 면치 못할 몸이 아닌가 하고 절망에 빠져 있었다. 그러나 이것은 신의 시험에 지나지 않았다. 인간의 약한 근성을 깨닫고 더욱 겸손케 하려 하심이었다.

　어느 날 그녀는 역시 심한 유혹에 시달리고 있으면서 쇠사슬로 자기 몸을 치고 주님의 성호를 부르며 "오 주여! 주님은 나를 이 괴로움 속에 버려 두시고 어디 가서 계실까요?" 하고 원망하자 가슴 속에서 다음과 같은 소리가 울려왔다. "네 마음 속에!"라고.

　"내 마음 속은 이렇게 더러운 생각으로 꽉 차 있는데요?"
　"너는 그런 생각을 좋아하느냐?"
　"아니요. 마음 밑바닥으로부터 미워합니다."
　"그렇겠지. 그것이 곧 내가 네 마음 속에 머물러 있는 증거이다."

　카타리나는 이 소리를 듣고는 깊은 위로를 느끼고, 그 후부터는 어떤 유혹과 풍파가 몰려와도 부동의 신념으로 승리했다고 한다. 유혹을 받는 것이 죄가 아니다. 악념을 미워하는 것은 악을 따를 생각이 없는 증거이다.

　카타리나는 3년간 기도, 묵상, 노동을 하면서 신의 소명에 대한 준비를 하다가 18세 때 허락을 얻고 성 도미니크 제3회에 들어갔다. 제3회원은 수도원에 들어가 공동생활은 않으나 재속(在俗)생활을 하면서 도미니크의 정신에 따라서 복음대로 실천하고 남의 구령을 위하여 힘쓴다.

카타리나도 입회 후에는 거리를 다니며 가난한 사람에게 가진 것을 모조리 나눠 주고, 병자의 간호에 힘쓰고 그 중에도 나병, 페스트병 같은 전염병에 걸린 자도 꺼리지 않고 간호했다. 그 밖에도 구호품을 거두러 다니기도 하고, 손이 모자라는 집에 가서 청소를 돕기도 하는 등 실로 그 활동은 감격스러웠다. 인심은 비뚤어진 것이어서 이같은 카타리나에 대해서도 나쁜 소문을 퍼뜨리는 이도 있었으나, 그녀는 그런 자를 더 간호해 주었다. 어떤 악창이 난 과부는 그녀를 "낮에는 선행을 가장하고 밤에는 부정한 곳에 드나든다."고까지 중상 모략했었다.

카타리나는 자주 예수님의 현현을 보았다. 그녀는 육식은 물론, 빵도 먹지 않고 음료수만으로 생명을 유지해 가는 은혜도 받았다. 어느 때 88일간이라는 장시간 단식을 했다. 잠은 짧은 시간 동안만 잤고, 예배당의 새벽종이 울리기까지 엎드려 기도했다. 허리에는 철판을 댔고 쇠사슬로 매일 세 번씩 자기 몸을 쳤으며, 밤에는 판자 위에서 지냈다. 이 사실 여부를 조사받은 일이 때때로 있었고, 여러 가지 평론과 오해가 떠돌아 그녀는 고민하지 않을 수 없었다.

전에 그 과부에게 무고를 당하던 어느 날이었다. 예수님은 한 손에 황금 면류관을 드시고 또 한 손에는 가시관을 드시고 나타나서 "내 딸아! 어느 쪽 하나를 택하여라."고 하셨다. 카타리나는 얼른 가시관을 받아 자기 머리에 쓰고 "저는 황공하옵게도 주님의 정배로 뽑힌 몸, 주님과 같은 고통의 가시관을 쓰는 일이 어울리옵니다."하고서, 주님을 본받아 용감하게 십자가의 길을 갈 각오를 밝혔다. 주님은 "선과 덕행을 잠시라도 폐하지 말라. 내가 너의 명성을 보존하리라." 하셨다. 얼마 후 카타리나를 무고하던 과부는 자기의 잘못을 자복했다.

1374년에는 또 다시 주님의 현현을 보면서 그녀는 몸에 다섯 개의 성흔(聖痕)을 받았다. 이 오상(五傷)은 눈에는 보이지 않았으나 매우 격심한 통증이 그녀가 별세할 때까지 계속됐다. 그때 예수님은 "나는 네게 지식과 웅변을 은사로 준다. 너는 여러 나라로 다니면서 권력자와 지도자들에게 나의 기대하는 것을 전하라." 하셨다.

이 말씀에 따라 그녀는 여러 나라로 여행하며 왕후, 귀족, 고위 성직자들을 찾아다니며 평화를 설득하고 편지나 저서로서 권면했다. 황제에게 추방당하려는 시민들을 중재하기도 하고 프알스의 아비뇽에 옮겨 갔던 교황성좌를 다시 로마로 복귀하게 하는 일에도 분주하고 여러 방면에 큰 공적을 남겼다. 교직자들의 사치 풍조를 개척하려고 교황께 진언하기도 했는데, 교황 우르반 6세의 방법이 과격했기 때문에 많은 추기경은 이에 불만을 품고 다른 교황을 세운 일도 있었다.

각계에서 많은 사람이 찾아와 그녀에게서 도를 들었다. 그녀의 나이 30이 되기 전에 벌써 성덕이 빛났다. 찾아오는 사람들에게 천국의 영복을 말하다가 황홀경에 드는 때도 있었다.

1380년 4월 29일에 카타리나는 로마로 가는 길에 병들어 "오! 내 주여. 내 영혼을 주님 손에 맡깁니다" 하면서 운명했다. 당년 33세였다. 고행과 병고와 쇠약한 육체를 다 버리고 천상의 정배의 품으로 떠나갔다. 그녀의 별세 후 기적이 무수히 나타났다. 피오 12세는 이 성녀를 아씨시의 성 프란치스코와 함께 이탈리아의 제일의 보호 성인으로 정했다. 그녀가 별세하던 밤, 로마에서 멀리 떨어진 곳에 있던 한 영부(靈父)에게 나타나 자기가 승천할 것을 알렸다.

그녀가 오상을 받을 때의 체험이 다음과 같이 기록되어 있다.

"나는 십자가에 못박힌 주께서 큰 빛 가운데서 나를 향하여 오시는 것을 보았습니다. 그때 주의 거룩한 다섯 상처에서 피와 같은 붉은 빛이 내 손과 발과 심장 위에 쏘아 오는 것을 보았습니다. 그때 나는 부르짖기를 "오! 나의 주여, 바라오니 사람의 눈에 보이는 표적을 내 몸에 쳐주지 마옵소서." 했습니다. 내가 이렇게 말하는 동안 그 신비의 빛이 내 몸에 닿자마자 피같이 붉던 빛이 아주 광채가 나는 빛으로 변하여 내 수족과 심장 다섯 곳을 찔렀습니다. 이 아픔을 참기란 참으로 어려웠습니다. 특히 심장의 고통은 말할 수 없었습니다. 만약 주께서 다른 기적으로 돌봐 주시지 않았더라면 나는 그 고통을 견디어 내지 못했을 것입니다."

카타리나가 수도원에서 지낼 때 그녀를 몹시 미워하던 수녀가 있었다. 그 수녀가 병에 걸렸을 때, 카타리나는 조석으로 부지런히 간호했다. 그래도 그 수녀는 카타리나를 미워했다. 이를 안타깝게 생각한 카타리나는 주님께 그녀를 위해 기도했는데, 어느 날 밤 주님께서 나타나 지극히 맑고 아름다운 영혼을 보이시며 "내가 세상에 와서 모든 고통과 죽음을 겪으며 구속한 영혼은 다 이같은 자라." 하셨다. 이 말씀은 성녀의 마음에 불이 되어 들어가 남의 영혼을 사랑하는 마음이 불꽃처럼 일어 그 수녀를 위해 더욱 더 기도했다. 수일 후에 그 수녀는 진심으로 회개하고 성녀 앞에 자복하였다.

하루는 길을 가다가 불쌍한 사람을 만났으나 돈이 없었다. 그리하여 그녀는 가슴에 걸고 있던 은 십자가를 떼어 그에게 주었다. 그날 밤 주님께서 나타나 아름다운 보석을 넣은 작은 십자가를 보이시며 "심판날에 나는 이것을 너에게 주리라." 하셨다.

11. 토마스 아 켐피스
(Thomas A Kempis: 1380-1471)

    토마스 아 켐피스는 쾰룬에서 가까운 켐펜(Kempen)이라는 촌에서 태어났다. 부친은 가난한 대장장이였고 모친은 독실한 신앙인이었다. 그는 13세 때 디벤터(Deventer)학교에 가서 거기서 플로렌티우스(Florentius) 라는 사람에게 감화를 받았다. 그 후에 싼타 아그네스 수도원에 들어가 고요한 일생을 보냈다.
    그의 저서 중에서 『그리스도를 본받아』가 가장 유명하다. 그는 일면으로는 신비적 경건인이면서 다른 면으로는 지식의 사람이었다. 독일에 있어서의 신학문의 개척에 관여한 능력 있는 인물들이 그의 문하에서 많이 나왔다. 그의 사상에는 적극적 요소가 적지 않음을 본다.

12. 이냐시오 로욜라
(St. Ignatius Loyola: 1491-1556)

이냐시오 로욜라는 스페인 빠스꾸 지방의 유서 깊은 고성 로욜라에서 영주의 아들로 태어났다. 양친은 모두가 귀족 출신이며 유복했고 신심이 두터운 분들이었다. 이냐시오는 13남매 중 맨끝이었다. 세례명은 이니고(Inigo)였는데 후에 이냐시오라고 고쳤다. 이 이름은 "타는 불"이란 뜻이다.

부모는 그를 수도자로 만들 생각은 추호도 없었고, 본인 역시 장차 용감한 기사가 되겠다고만 생각했다. 그렇기 때문에 이냐시오는 신앙보다 명예와 쾌락에 기울어져 30세가 될 때까지 지냈다. 그는 지적 행동의 사람이요, 궁정 생활과 기사 계급의 허영 밖에 몰랐다. 신앙을 떠나지는 않았으나 죄를 꺼리지 않았고 도박과 여자와 결투로 방종했다.

1521년 5월 21일 스페인과 프랑스가 전쟁하던 때 팜플로나 전투에서 프랑스군의 습격을 받고 폭탄에 한쪽 다리에 중상을 입고 오랫동안 치료받았지만 절름발이가 되고 말았다. 그 긴 회복 기간 그는 자기를 반성하게 되고 본래 풍부하게 갖고 있던 내적 성질에 눈뜨게 되었다.

이 기간 중에 읽은 성인전과 사르뜨르의 수도자 루돌프의 저서 『주의 생애』에 큰 감동을 받았다. 그리고 성 도미니크와 성 프란치스코의 생애가 특히 큰 감화를 주었다.

몸이 좀 회복되자 이냐시오는 외출하여 유명한 몽세라뜨 산에 있는 분도 수도원을 순례하고 영적(靈蹟)이 많이 나타나는 성모 마리아의 상본 앞에 무릎을 꿇고 하룻밤을 기도로 지냈다. 이튿날 아침 이냐시오는 갑옷은 성당에 바치고 화려한 기사의 복장은 걸인에게 주어 버렸다. 그대신 고행의 복장을 하고 만레사 시에서 가까운 곳에 있는 동굴 안에서 살게 되었다. 일생을 성모에게 바쳐 그를 위해 싸우기로 결심했다.

1522년 3월 말부터 이듬해 2월까지 10개월간이나 만레사에서 고독한 가운데서 오로지 기도와 묵상과 고신, 극기의 생활을 보냈다. 이 때가 그의 영적 생활에 있어서 중대한 시기였다. 아직 물질적이고 조야(粗野)했던 그를 참으로 내적 인간, 남의 영혼을 지도하는 데 숙달한 스승으로 변하게 했기 때문이다.

장발로 탁발, 단식, 기도 등으로 많은 시간을 보내는 동안 영적 황량함과 위안이 교대로 오고, 자살의 유혹으로까지 끌고가는 격심한 양심의 고민을 거쳐 마지막에 그를 딴 사람으로 변화시키는 지극한 은혜가 왔다. 여기서 그는 자기에게 맡겨진 특별한 사명을 확실히 깨닫게 되었다. 그것은 지금까지 국가를 지키는 병사로서 일해온 것같이, 앞으로는 그리스도의 병사로 동지들을 모아 영적 십자군을 일으켜 끝까지 진리를 위하여 싸우겠다는 사명이었다.

이 명상 생활 속에서 그는 『영조(靈操)』라는 유명한 책을 썼다. 이 시기 동안 하나님께서는 마치 교사가 아동을 다루듯이 그를 다루었다. 그때의 이냐시오의 무능과 조야한 정신 때문이었다.

삼위일체, 창조, 성체, 그리스도의 인성(人性) 등에 대하여 그는 다음과 같은 신의 조명(照明)을 받았다. 어느 날 그의 지성이 신께로 높아지면서 그는 성삼위를 올갠의 세 개의 건반 모양으로 보았다. 다른 때 그는 자기의 지성 속에 신이 세계를 창조하는 방법을 큰 환희로 보았다. 그것은 몇 줄기의 광선이 뻗어가는 백색의 무엇을 보고 그에게는 신께서 그것으로 빛을 창조하시는 것을 본 것처럼 느껴졌다. 또 다른 날, 미사에서 성체를 받는 순간 그는 내적 눈으로 높은 데로부터 오는 광선 같은 것을 보았다. 그가 지성으로서 밝혀 본 것은 예수 그리스도께서 어떻게 이 성체 속에 현존하시는가 하는 것이었다.

때때로 길게 기도하는 시간 그는 내적 눈으로 그리스도의 인성을 보았다. 그리고 그에게 나타나는 모습은 크지도 작지도 않은 하얀 몸 같은 것이었는데 그 수족의 구별은 알 수 없었다. 그는 이 모습을 만레사에서 자주 보았다. 다른 경우 이냐시오는 그리스도의 모습을 예루살렘에서 보고, 또 한번은 파도아에서 보았다. 성모도 같은 모양으로 그 몸의 각 부분을 구별 못하고 보았다.

이같은 신적 조명(照明)이 그의 신앙을 더욱 견고하게 했는데 그는 말하기를, "이같은 신앙의 오의(奧義)를 우리에게 가르치기 위해서 비록 성경이 없었다고 해도 나는 서슴없이 내가 본 것 때문에 이런 오의를 위하여 죽을 각오를 할 것이다." 했다.

마지막으로 그는 카도넬(Cardoner) 강변에서 받은 큰 영혼의 조명에 대하여 말하기를, "지성의 눈이 열리기 시작했다. 나는 환영을 본 것은 아니다. 신앙과 학문에 관해서도 영적 생활에 관해서도 많은 것을 인식하고 이해한 것이다."라고 했다.

이렇게 큰 조명을 받고 나서 그는 일체가 새롭게 느껴졌다.

자기가 딴 사람이 되고 이전의 지성과는 전혀 다른 것을 갖고 있는 듯이 여겨졌다. 그는 이 때 지성 속에 큰 광명을 받은 것이다. 이 체험 속에서 받은 분량은, 그가 62세가 넘도록 산 생애 동안 신으로부터 받은 모든 도움을 다 모은다 해도, 또는 그가 얻은 지식 전부를 하나로 뭉친다 해도 비길 수 없을 정도였다.

당시 이냐시오의 나이는 33세였는데, 자기의 계획을 실현하려면 사제가 되어야겠다고 느끼고, 늦은 나이에도 불구하고 결심하여 중학에 입학하였고 파리대학에까지 진학하여 7년 동안 공부하였다. 늙은 학생이라고 남의 조소를 받았지만 그래도 청소년들 틈에 끼어 열심히 공부하였다.

틈틈이 영적 십자군을 일으킬 동지를 규합하려 했는데, 이로 인하여 도리어 많은 오해를 받았고, 얼마 동안은 이단자 취급을 받아 철사로 결박당하기도 했다. 그래도 그는 원망하지 않고 미소를 띠우며 "나는 예수를 위해서는 얼마든지 철사에 결박되기를 원합니다. 이것쯤 아무것도 아닙니다."고 했다.

1529년에 비로소 두 사람의 제자가 생겼다. 하나는 후에 성인된 베드로 파벨이요, 또 한 사람은 후에 동양의 대 사도가 된 자베리오였다. 얼마 뒤에 또 4명의 대학생이 가담하여 도합 7명이 이냐시오와 같이 묵상생활을 하다가 1534년 파리의 몽마르뜨르 성당에서 허원을 발하였다.

그는 대학을 졸업한 후 병 때문에 고향 로욜라에 돌아가 수양하면서 빈민 구호병원 안에 살며, 구걸하러 오는 사람들에게 설교도하고 간호도 했다.

성지 예루살렘을 순례하려고 몇 번이나 계획했으나 실패하여 단념하고, 그대신 자기가 구상하는 회에 대한 교황의 인가를 얻으려고 로마로 갔다. 로마 근방까지 가서 라 스돌따라는 성당 안에 들어가 기도하다가 그는 갑자기 황홀한 탈혼 상태에 들어 갔다. 성부께서 나타나시고 그 곁에는 십자가를 지신 예수님의 얼굴이 보였다. 예수께서는 부드러운 목소리로 이냐시오를 바라보시며 "로마에서 나는 너에게 은혜를 주겠노라."고 말씀하셨다.

과연 로마에 가서 만사가 순조롭게 진행되어 교황 바오로 2세를 만날 수 있게 되었고, 1540년 9월 27일에 그의 수도회는 인가를 받게 되었다. 당초에 인가를 받을 때에는 회원수를 60명으로 제한했으나, 3년 후 이 조항은 삭제되었다. 이것이 유명한 "예수회(Society of Jesus)"이다. "제수잇"이라는 것은 남들이 부르는 이름이다.

예수회는 당시 마틴 루터의 종교개혁의 바람을 맞아 타격을 받고 있던 로마 교회가 프로테스탄트의 개혁에 저항해서 자체의 생존과 통일을 유지하기 위해 자체 내의 부패를 정화하고, 규율을 세우고, 대항적 개혁을 하려던 로마 교회 운동의 선봉이 되었다.

이 회가 과거의 다른 수도회와 다른 점은 교황에게 특별 순명을 허원하는 동시에 예수 그리스도의 용감한 병사로서 그 영적 왕국을 위하여 어떠한 위험도 두려워하지 않고 분투하려는 일을 목적으로 삼은 데 있다. 그들은 루터의 종교개혁에 대하여 "반종교개혁(Counter Reformation)"을 일으켜 로마 교회의 피해를 막는 데 전력을 다했다.

예수회의 조직은 일조 일석에 되어진 것이 아니고 해를 거듭하면서 점차 형성된 것이지만 그 대강은 이냐시오의 두뇌에서 나온 것이다. 처음 목적한 바는 정선된 소수가 한 단체를 이루어 서로 사랑하고 영적 훈련에 힘쓰고 타 수도원과 같이 단지 자기 구원만을 위해 애쓰는 것이 아니라 남을 위하고 동포를 위해 전력했다. 그리하여 그들은 은둔하기보다 일반 사회 속에서 백성들과 함께 살았다. 엄격한 금욕 생활도 하지 않았다.

예수회 교단의 표어는 "모든 것을 하나님의 영광을 위하여"이다. 단원을 뽑을 때는 교육 정도, 체질, 성격 등을 보아서 보통 사람보다는 능력이 있고, 또 언제 어떠한 곳에라도 위험을 무릅쓰고 용감하게 뛰어들 수 있는 사람을 골라서 규율이 잘 짜여진 단체로 만들었다. 누가 평하기를 "그들의 유일한 조국은 로마 교회였으며 그들이 바칠 유일한 애국심은 교회를 섬기는 일이었다."고 했다.

지상의 천국은 오직 유일한 참 교회인 로마 교회의 중개를 통해서만 이루어질 수 있고, 로마 교회의 머리는 지상에 있어서는 그리스도의 대리자인이 교황이며 예수회는 이 로마 교회의 충성되고 헌신적인 역군들이라 생각했다. 따라서 루터의 이단은 무슨 방법을 써서라도 없애버려야 한다고 생각했다. 그 방법으로는 이단 심문 제도, 정치적인 방법, 뇌물을 주는 방법, 사기적인 수단 등 어떤 방법이라도 교회의 권위와 세력만 유지할 수 있다면 다 사용할 수 있다는 것이었다.

예수회 교단을 주장하는 이는 총재였는데, 그는 로마에 살면서 절대적인 권세를 가지고 있어 회원들은 누구나 그에게 절대 복종해야 하고 총재가 원하는 대로 모든 단원이 움직였다. 그들은 완전히 순회 단체로서 늘 각 처로 편력하면서 선교 사업, 교육 사업, 외교, 또는 이단을 없애는 일에 열심히 활동했다.

회원이 되려면 일체 세상을 끊고 2년간 금욕적 고행과 노동 등의 훈련을 받고나서 다시 수년간 학문, 신학 연구 등을 겪고 나면 부회원이 되며, 그 후 실력이 인정되면 정회원이 된다. 입회시에는 "*복종, 빈곤, 독신*"의 세 가지를 서약해야 한다.

교단 세력을 펴는 방법은 교묘하고 규모가 크다. 고백을 청취하는 일, 교육, 외국 전도 등이다. 유럽 제국에 있어서의 예수회의 팽창과 그 세력은 실로 맹렬했다. 이탈리아, 포르투갈, 스위스, 프랑스, 오스트리아 등 여러 나라를 그 세력이 휩쓸었다. 이냐시오가 로마에서 별세할 때만 해도 정회원 수만 천명 이상이었다.

예수회가 지탄받는 점은 도덕주의의 약점이 점차 폭로된 일이었다. 윤리적으로 문제 될 만한 행동을 저지른 점이었다. "목적은 수단을 의롭게 한다"는 주의를 실행한 일이다. 역사상으로 드러난 그들 행위가 이를 부인하지 못한다.

예수회의 윤리적 특색을 세 가지로 나눌 수 있다. 첫째는 개념주의(槪念主義)인데, 이는 목적만 정당하면 그 수단은 어떻든 관계없다는 생각이다. 둘째는 적당주의(適當主義)인데, 이는 사람이 비록 맹세를 했다하더라도 꼭 참말만 할 수는 없다는 것이다. 셋째는 개연론(蓋然論)인데 이는 어떤 일이든 생각이 그럴 듯한 것이면 바로 선한 일이라고 생각하는 것이다. 그러므로 예수회의 책임은 맹목적, 무조건으로 권위자에게 복종하는 것뿐이었다.

그러나 그들의 생활은 매우 검소했다. 특별한 옷도 입지 않았고 보통 신부들이 입는 그대로, 수수한 옷이었다. 기도 시간이 일정하지는 않았으나 그들은 언제나 기도했다. 엄격한 금욕생활은 하지 않았고 주로 전도에 힘썼는데 반대와 박해도 받았다.

이냐시오는 초대 총장이었다. 15년간 재직해 있으면서 회원들을 지도했다. 그의 개인 생활은 극히 검소하고 엄격했다. 그의 책상 위에는 성경과 『준주성범(그리스도를 본받아)』 등 몇 권의 책이 있을 뿐이었고 잠은 매일 3, 4시간 밖에 취하지 않았다. 많은 기도에 자주 고신 극기하고 소박한 음식으로 만족하고 때로는 몇 개의 군밤으로 끼니를 넘기기도 했다.

자신에 대해서는 이렇게 엄격했으나 남에게 대해서는 매우 관대하고 온순하며 사랑에 가득 찼었다. 제자들에게 그렇게 가르쳤고, 고행은 완덕을 위해 중요하긴 하지만 건강을 해칠 정도로 가혹해서는 안된다고 가르쳤다. 그는 남의 행복을 위해서는 자신을 아끼지 말고 일해야 된다는 정신으로 살았다. 그는 말하기를 "나는 30년 동안, 신의 영광을 위하여 한번 먹은 결심을 결코 미룬 일이 없다."고 했다. "타는 불"이라는 이름의 뜻처럼 그의 일생은 신을 향한 사랑의 불길로 타올랐다. 그리고 그가 질러놓은 불은 큰 불이 되었다.

"내가 불을 땅에 던지러 왔노니" (누가복음 12:49)

그는 1556년 7월 31일 65세를 일기로 별세했다.

그의 신비생활의 특징은 "신비적 침입"이다. 그의 만레사의 생활과 만년의 체험이 더우 그렇다. 이냐시오는 신을 체험하고 싶다고 생각할 때마다 신을 체험했다. 그는 환시를 보았다. 그리스도를 태양처럼 보는 환시였다. 그는 프란치스코 같은 시인도, 토마스 같은 사변가도, 십자가의 요한 같은 신학자도 아니었지만, 그는 프란치스코나 십자가의 요한과 같은 수준에서 주부(注賦)의 관상의 길로 인도함을 받았다.

그는 모든 행위, 모든 담화, 모든 것 속에 신의 현존과 영적인 것에의 사랑을 느끼고 관상했다. 활동하는 중에도 언제나 관상했다. 그는 부단히 정신 통일을 했다. "내 속에 내 것이 아닌, 내 것일 수 없는, 완전히 신으로 말미암은 무엇을 느끼지 않고서는 나는 위로를 받을 수 없고, 살아가지 못할 것이다."고 그는 말했다.

그 많은 일거리들 속에 있으면서도 원하는 대로 경건의 마음과 눈물로서 정신 통일을 해나갔다니 믿기 어려울 정도였다. 그가 성당에서 기도에 전념하고 있을 때, 그의 몸에 오는 신의 힘의 지배를 막을 수 없을 정도였다. 이같은 습관적으로 감각되는 신의 현존 속에 그의 영혼은 양육을 받고 지배를 당하여 갔다.

미사 때 그는 큰 위로를 받고 신적인 것을 극도로 감각했다. 그 충동이 비상히 강력했기 때문에 건강 쇠약으로 그는 때때로 미사를 중지하지 않을 수 없었다.

성무일과(聖務日課)를 외울 때에는 너무도 풍성한 영적 위로와 내적 감정과 눈물 속에서 하루의 대부분을 소비하게 되었기 때문에 건강에 매우 지장을 받을 정도였다. 계속하는 정신의 고양과 눈물 때문에 한번의 미사가 한 시간 이상을 넘는 것이 보통이었다. 미사 후에는 그는 두 시간 이상이나 염도를 마쳤다. 그 동안은 방해를 받지 않기 위하여 찾아오는 모든 사람들은 부원장이 맡았다.

그는 자기 뜻한 바대로 하늘의 체험과 위로를 얻었다. 아마 하루에 열 번 이상이라도 초자연적으로 신을 체험하고 싶었다면 간단하게 그렇게 되었을 것이다. 그러나 그 때문에 육체가 받는 해를 생각해서 그는 하루 일 회만 다함이 없는 영적 샘에 자기 입을 접근시키는 습관을 가졌다. 이런 신비 체험에 관해서 "그것은 머리로 이해하는 방법에서 느끼고 본다."고 했다.

그가 받은 빛의 경험과 형언할 수 없는 상태를 일기 속에 설명해 보려고 애쓴 자취가 있다. 삼위일체의 인식에 관해서도 그것을 자연적 힘을 초월하여 성삼위를 느끼고, 보다 정확히 말한다면, 그는 본다. 이 지적 환시(知的幻視)가 자기에게 전달되기 위해서 예수께서 자기를 대표하기까지 하시고, 혹은 자기를 성삼위의 한 가운데 두시고 이같은 시각과 감각과 함께 그는 사랑과 눈물 속에 잠기는 것이었다. 그것은 전혀 설명하기 어려운 체험이요, 그것을 묘사하기 위하여 적당한 기억도 지성도 찾아낼 수 없는 비상히 미묘한 지식이라고 했다. 자기 능력의 범위로서는 신의 존재를 명료하게 보지 않는다는 일은 불가능한 듯 신을 보았다. 이 체험 때에 그에게 오는 신의 침입에서 벗어날 수도, 또는 은혜 속에서 자기가 매어져 있는 대상을 선택하는 일도 자기의 자유가 아니라 했다.

그는 죄를 범할 때에는 감각적인, 혹은 은총이나 위로의 상실같은 영적 괴로움을 느끼게 되기를 바랐다. 그러나 그같은 괴로움에는 이르지 않고 신께선 그만큼 더욱 자기를 방문하는 듯이 여겨졌다고 한다.

삼위일체에 대한 신비 체험을 할 때에는 그는 어렴풋한 것이 아니라 매우 빛나는 구형을 한 신의 존재 자체와 그 본체를 보았다. 테(Te), 즉 아버지라 말할 때 신의 본체가 성부보다 먼저 눈 앞에 나타났다. 그리스도의 인성, 성 마리아, 여러 성인들이 이냐시오의 영혼에 나타난든지 느껴질 때는 언제나 분명하게 중개자, 중보로서 그를 성삼위께 인도하곤 했다.

이냐시오의 신비적 체험에 있어 주목할만한 특징은 신비적 일치인 결혼적 국면이라 부를 만한 것이 전면적으로 없는 점이다. 그는 영혼을 그리스도의 신부라 보지 않았다. 신의 영광 앞에 자기가 구할 것은 눈물이 아니라 숭경(崇敬)과 겸손이다. 주부(注賦)의 존경의 은사, 과거의 그 어떤 은총보다도 이 은총을 더 존중할 것이라고 믿는다고 말했다.

존경, 숭경, 겸손 중에서 존경은 두려움에서가 아니라 사랑에서 나오는 것이어야 한다. 사랑의 신비가 빛을 배척하지 않듯이 빛의 신비가는 사랑을 배척하지 않는다. 이냐시오의 신비주의도 그리스도 안에 있는 신앙과 사랑으로 말미암은 성삼위에의 일치를 배척하지 않는다.

1544년 2월 8일, 이냐시오는 자기가 성부 앞으로 운반되는 체험을 느꼈다. 그 순간 그의 머리카락은 서고 몸 전체는 매우 세찬 예기(銳氣) 같은 것을 체험했다. 며칠 후에는 자기 가슴이 사랑의 강열함에 죄어드는 것을 느꼈다. 보통 이런 때 내적인 영적 열을 느끼는데, 때로는 그것이 신심과 정신의 환희를 발동하게 하는 외적열이 된다. 평소보다 한층 더 초자연적이고, 눈물을 자아내지 않는 내·외적으로 넘치는 열이었다.

이냐시오의 체험 중에서 이색적인 것 하나는 눈물의 은사이다. 그의 일기는 이 눈물의 기록부 같다. 2월 2일로 3월 12일까지 40일간 175회나 눈물의 기재가 있다. 평균 하루에 4회 이상 운 것이다. 미사 동안 , 미사 후, 자기 방에서 성당에서 기도하는 때 눈물을 흘렸다고 기록했다. 너무 눈물이 넘쳐 만일 미사를 계속한다면 시력을 잃지나 않을까 염려할 정도였다.

그는 결코 신경쇠약자가 아니었다. 그 속에는 확고한 이성의 인도받은 쇠 같은 의지를 갖춘 개성이 있었다. 그런데 그 눈물은 그가 전에 흘리던 눈물과 달랐다. 천천히, 내적으로 기분 좋게, 소리도 없이,. 그리고 큰 감동도 없이 찾아왔다. 내부에서 오는 것이었다. 미사 때 세 번 눈물을 흘리지 않으면 위로받지 못한다고 여길 만큼 연속으로 흘리는 습관이 있었다. 그러나 이 눈물은 그의 몸과 머리에 해로웠다. 의사가 그에게 눈물을 흘리지 말라고 명했기 때문에 순종했다.

그는 세 종류의 눈물을 구별했다. "우리 죄와 남의 죄를 생각하는 데서 오는 눈물"과 "그리스도의 생애를 관상하는 데 흐르는 눈물", 그리고 "신의 3위격에 대한 사랑에서 나오는 눈물"이 그것인데, 이중에 세번째의 눈물이 가장 뛰어난 것이다.

『영동 변별(靈動辨別)의 규칙』에서 그는 영혼에 있어서 신의 직접적인 역사인 것과, 우리들 관습이나 편견 등의 영향으로 생기는 반응을 주의 깊게 구별하라고 경고한다. 신으로부터 오는 것은 지적 빛이요 신의 3위격에 대한 주부(注賦)의 사랑이다. 이들 빛과 사랑에 따르는 상상적 요소는 신의 역사로 말미암아, 우리 영적 부분이 받은 영향으로 말미암는 감각적 부분의 자연발생적 반응의 산물이다.

13. 예수의 데레사
(Teresa: 1515-1582)

데레사는 스페인 아빌라에서 탄생했다. 신심 깊은 귀족의 혈통이고 미모였다. 그녀를 유대인이라고 주장하는 학자들이 있다.

묵상과 행동은 그녀의 생활에서 끊을 수 없는 연관성을 가진 것이었다. 그녀는 묵상이라는 사다리를 타고 높이 올라가, 거기서 인생이 우리에게 부과하고 있는 구체적인 의무 곁에 내려오곤 했다. 묵상만으로는 불모로 끝날 위험이 있고 행동만으로는 맹목이 될 위험이 있었다.

그녀가 쓴 자서전은 위대한 작품이었지만, 종교 재판소에 12년 동안이나 보류되어 있었다. 다른 저서로는 62세때 3개월 동안에 쓴 것이 있는데 그것이 『영혼의 성』이다. 그는 이 책에서 영혼이 하나님께로 올라가는 여러 단계를 그렸다.

그녀는 환각을 보았다. "내 곁에 누군가가 있다는 사실은 내적, 혹은 외적 어떤 말의 힘을 빌리지 않아도 느낄 수 있는 것이다. 내 안에는 나에게 활기를 주고, 나를 인도하고, 나를 떠받들어 주시는 영이 있다."고 했다.

그녀는 자기 속에 신이 존재함을 느꼈다. 그것은 공상 속에 존재한 것이 아니라 눈에는 보이지 않아도 그 대상이 무엇임을 이해하고, 그것이 어느 방향에 존재하는가 함을 그것을 실제로 보는 때보다도 더 명료하게 느꼈다.

"만일 신께서 신 자신이 나를 가르치지 않는다면 나는 아무리 독서를 한대도 거의 지식을 가질 수 없었으리라."

그녀는 금생의 무상에 대해 별로 깊은 비애를 느끼지 않았다. 그녀가 주시하고 요구한 문제는 영원성이었다. 시간이란 것에 대해서는 무관심했다. "인생은 이다지도 길고, 금세는 왜 이다지도 재미가 없는고."했다. 또한 "기대가 나를 십자가에 달고, 산 채로 죽는 듯한 극단의 고통을 나로 하여금 맛보게 한다."했다. 이 말은 우리들의 영혼이 실재(實在)와 허무(虛無) 사이를 비극적으로 요동하고 있음을 여실히 보이고 있다. 이런 변동에 의해 필연적으로 우리의 감각적 실재는 소멸되고 그 소멸 자체 속에서 우리 영의 실재가 탄생하게 된다.

"하나님께서 허락하시는 단 한 가지 소원은 그를 따라 십자가를 지려는 소원이다. 그 외에 다른 어떤 욕구도 그것들은 영을 약화시키고, 괴롭게 하고, 눈을 어둡게 하고 영을 더럽힌다. 이같은 것에서 떠나지 않고서는 우리는 신을 사랑할 수 없다."고 했다.

그러면서도 데레사는 그 시대에 흔히 있던 견신론의 일체의 형태를 반대했다. 그 이유는 직관이나 사랑에 의해 유도되는 신비 체험자들이 감수성의 상실 상태를 가지고 영적 완전을 표징하듯 여기는 것을 원하지 않았기 때문이다. 그녀는 굳은 믿음으로 대담하게 행동했다. 그녀에게 있어 신과의 융합은 특히 의지의 융합이었으며 지상의 모든 것들로부터의 해방을 의미했다.

14. 십자가의 요한
(San Juan De La Cruz: 1542-1591)

 십자가의 요한은 아빌라의 근처 온치베로스에서 태어났다. 그의 본명은 환 드 예페스이다. 그는 어려서부터 성자의 풍모를 보였다. 판자 위에서 자고, 발에 가시가 박혀도 뽑지 않고, 걸을 땐 언제나 가슴에 십자가형으로 두 손을 얹었으며, 누구도 따를 수 없을 만큼 신에 취해 있었다.

 21세 때 성모 마리아에 대한 열렬한 신앙심에서 갈멜 수도회에 들어가 데레사 성녀와 함께 수도원 제도의 개혁을 기도하다가 추방당하여 토레도에서 9년간 지하실에 유폐되기도 했다. 그 후 또 그런 사건으로 그는 직무를 박탈당하고 베즈누에라 승원에 감금되어 거기서 병들어 다른 수도원으로 옮겼으나 간호받는 일도 금지당하고 모욕 속에 고뇌하면서 그곳에서 별세했다.

 십자가의 요한과 데레사 성녀는 인간의 이성의 요구를 경시하지 않았다. 신이 창조하신 일체의 것 중에서 사고력이 최상의 것이고, 사고력은 만물을 전적으로 하나님 편으로 향하게 할 수 있다고 보았다.

 그는 말하기를 "인간의 유일한 사고는 전 우주와 필적한다. 따라서 신만이 그것을 갖기에 알맞다."고 했다. 이 사고는 사랑의 운동에 의하여 비로소 하나님 편으로 향하게 된다.

"영혼은 사랑하는 대상 속에 산다. 이렇게 해서 사랑은 신이 본래 소유하고 있던 것을 영혼에 분여하도록 하는 것이다. 영혼이 신께 대해 사랑을 가지면 그만큼 그 영혼도 신에게 사랑을 받는다. 영혼은 어두운 밤을 통과해서 갈멜산 언덕길을 올라가서 거기서 사랑의 생생한 불길에 의해 신과 합일한다. 그리고 최후에 가장 순수한 행위인 묵상 속에 쉰다."

십자가의 요한은 어느 성인보다도 더 신비스런 묵상의 지식을 파고 들었다. 그의 저서 『영혼의 밤』은 놀라운 영감서이다.

그의 사상의 요점은 그 묵상의 대상 자체가 현실 세계를 통해서 신의 속이 아니라 신 그 자체 속에서 발견될 수 있게 시선을 바꾼다는 점이다. 이 방법에 의해 영혼의 모든 기능에 가장 올바른 사용법이 주어진다는 것이다. 이것이 그의 명저 『영혼의 밤』에서 언급하고 있는 비밀이다. 영혼은 그가 가지려고 생각한 모든 인식과 영혼을 유혹하는 일체의 욕망을 포기하는 때에 이 암야 속에 들어가게 된다. 그것은 일종의 자아가 정화된 상태이다.

성 프란치스코와 십자가의 요한의 사상을 비교해 볼 때 그 방법은 다르나 서로 긴밀한 관계가 있다고 본다. 프란치스코의 시정(詩情)은 그의 깊은 끊임없는 신께 대한 찬미요, 신의 존재는 우리 피조물 속에 계시되어 있다. 그것은 모든 자연을 포괄하고 있다.

그러나 십자가 요한의 시정(詩情)은 이와는 전혀 다르다. 그의 것은 하나의 신비신학과 결부되어 있어, 이 신비신학은 그 자체가 우리를 영혼의 가장 깊은 운동을 하게 한다. 그것은 오로지 영혼의 깊이에서만 나올 수 있는 송가(頌歌)의 주해의 성질을 띠고 있다. 여기서는 프란치스코의 경우와 같이 자연이 영화(靈化)되어 창조주의 선의와 힘이 우리들에게 보여지는 것이 아니다. 영혼이 아득한 멀리서 그 자체의 깊은 밑바닥으로 내려감에 의해 "신과 직접으로 관계를 맺는 것이지 신의 모든 창조의 솜씨 속에서 신을 찾을 필요는 없다."

십자가 요한은 정열, 희열, 고뇌, 공포, 희망 등을 경시하지 않는다. 이것들은 영혼의 힘이다. 이것들이 우리 영혼으로 하여금 신께 전적으로 향하게 한다. 그는 그의 저서 『갈멜산의 등반』에서 우리 영혼의 힘이 어떻게 하여 영화(靈化)되는가를 우리에게 설명해 준다.

우리에게 영향을 주고 있는 기능은 판단력, 기억력, 의지력이다. 판단력은 우리에게 인식을 가져다 주고, 기억력은 우리가 품은 심상을 고쳐주고, 의지력은 우리가 도달해야할 결론을 제시해 준다.

기억을 채우고 있는 모든 심상을 순화해야 한다. 기억 속에서 일체의 선입관, 모든 취득물을 제거해 주는 영적 망각을 실현하지 않으면 안된다. 기억력이 적극적으로 허무의 상태를 낳을 때 우리는 과거의 무거운 짐에서 해방되어 스스로를 미래로 지향하도록 할 수가 있다. 그때 기억력은 기대와 신뢰의 감정 속에서 이 미래를 받아들이려 한다. 이런 의미에서 판단력의 활동은 신앙의 역사로 변하고 말았다. 그리고 불필요한 것, 일체를 버린 기억력은 희망의 역사로 변하고 말았다.

다음으로 의지력을 지배한다든지 승리를 얻으려고 애쓸 것이 아니라, 그보다 그 자체의 기원, 즉 개인적인 이기심에는 종속되지 않고, 저 창조의 역사의 은혜에는 종의(從義)해야 할 것이다. 전일자(全一者)의 시야를 가져야 한다. 이에 의해 의지력은 스스로를 활기차게 하는 비약과 동시에 그것이 적용되기에 알맞는 유일한 목적을 받아들이게 된다. 의지력은 자애로 변한다.

  십자가의 요한의 사상을 요약해 보면 다음과 같다. 하나님을 탐구하는 데는 두 가지 태도가 요청된다. 첫째는 이승의 것을 멀리하는 일이요, 둘째는 하나님께 가까이 가는 일이다. 많은 기독교인은 신을 향하는 아름다운 지향성은 기르지 않고 이승의 잡념과 고뇌로 그것을 질식시켜 놓고 이승 것에 끌려 하나님을 멀리하는 이가 많다.

  참 성도는 이승의 것에서 만족을 찾지 말고, 필요 이외의 것을 맛보려거나 이해하려 하지 말고, 오로지 신앙과 사랑 안에서 하나님을 찾아야 한다.

  자아 포기에는 두 가지 수단이 있다. 소유의 포기, 즉 억제와 묵상기도이다. 하나님과 일치하기 위해서는 자기를 온전히 버리고 소위 어두운 밤을 지나야 한다. 어두운 밤이란 죽음 같은 자아 포기의 밤이다. 하나님을 발견하기 위해 이승 것을 먼저 버리는 일이요, 하나님으로 채워지기 위해 이승 것을 없애는 일이다. 그러므로 하나님과 더욱 친밀히 일치하기 위해서는 완전한 포기의 밤이 필요하다.

  하나님을 만나려면 그 분이 계신 곳까지 가야만 하고, 그러기 위해서는 우리 생활이 구애받고 있는 이 세상 사물에서 우리를 끌어올려야 한다. 깊고 참다운 생활을 하려면 하나님과 함께 몸을 숨기고, 피상적인 생활을 피해야 하고, 영혼 깊숙히 들어가 거기서 하나님과 함께 사는 일에 맞들여야 한다.

  하나님은 우리 안에 두 가지 모양으로 계신다. 편재라는 자연적인 현존과 내재라는 초자연적인 현존이 그것이다. 우리의 사랑인 주님이 숨어 계신 곳은 바로 우리 안이다. 기뻐하라. 우리의 희망이신 주님은 이렇듯 가까이 우리 안에 계신다. 그 어디보다 완전히 향기로운 님을 영락없이 만날 수 있는 곳은 하나님의 아들이신 말씀이 성부와 성령이 함께 계시는 영혼 속의 그윽한 자리이다.

> "사랑하는 그대의 신랑(하나님)은 그대 영혼 속에 있는 포도밭에 감춰진 보화이기 때문에 그대 역시 온갖 것을 잊고, 이 세상 것인 모든 사물에서 떠나 그대 마음 안에서 오로지 하나님을 찾으려 해야 한다. 거기서 그대의 뒷문을 잠그고, 즉 모든 것에 대한 의지를 닫고 고요히 성부께 기도해야 한다. 이 때 비로소 말이나 감각으로는 표현할 수 없을 정도로 하나님을 마음껏 사랑하고 또 누릴 수 있을 것이다."(찬가 1. 9)

정녕 하나님은 우리 안에 계시지만 숨어 계신다. 하나님은 인간의 자신에 대한 욕망, 자기 계획 등의 잡념 속에 묻히고 만다. 우리 마음에는 자기 취미, 욕망, 물욕 등이 쉴새 없이 일어나 바람처럼 휘몰아친다.

하나님의 자녀가 받을 상속은 곧 하나님 자신이다. 하나님의 은총 안에서 죽은 자는 천국에서 하나님을 차지할 것이다.

행복할 수 있는 가장 확실한 방법은 자기를 잊어버리고 한결같이 하나님께 봉사하려 애쓰는 일이다. 그 무엇에서도 만족을 찾으려 말고 신앙과 사랑 안에서 하나님을 찾으라. 이기심 없는 하나님 탐구를 해야 한다. 질서 없는 사랑과 모든 집착을 피해야 한다.

> "하나님은 숨어 계시기 때문에 먼저 찾아 나서야 하며, 그분을 느끼기 위해서는 우리도 하나님을 본받아 몸소 숨어야 하는데, 마치 감춰진 물건을 찾는 사람이 그것이 숨어 있는 데까지 살짝 들어가듯 해야 한다. 그리고 그것을 찾아 내게 될 때는 그 사람 자신도

역시 숨겨지고 말듯이 해야 한다. 이제는 네 문을 잠그고 온갖 것에 대한 의지를 닫고 숨어서 네 성부께 기도하라."(찬가1. 9)

하나님을 안다는 것은 우리의 타고난 지력으로는 도저히 미칠 수 없는 일이다. 이 세상에서 우리의 최고의 목표를 하나님께 두기 위해서는 신앙의 빛이 절대로 필요하다.

이 세상에 있어서 천국에서 받는 영광의 빛을 대신하는 것은 신앙이다. 천국에서 볼 것을 지금 우리는 신앙으로 믿고 있는 것이다. 지복 직관(至福直觀)의 대상과 신앙의 대상은 하나이지만 그것을 아는 모양은 다르다. 전자는 명백하고, 후자는 어두운 것이다.

신앙과 사랑으로 기도해야 한다. 신앙이란 하나님의 말씀에 대한 어두운 확신이며, 계신 그대로의 하나님 대전에 우리를 세워주는 것이다. 그것이 하나님을 뵐 수 있게는 못하나, 믿게 함으로 우리의 지성으로 하여금 하나님과 접촉하게 해준다.

신앙으로 사는 자는 어디서나 하나님을 만나며, 또 가는 데마다 우리를 선량하고 거룩하게 하시려 부르시는 하나님, 즉 섭리로서 그 기회를 마련해 주시는 하나님을 본다. 신앙은 우리의 구원과 성화를 가장 좋은 모양으로 얻게 하려고 끊임없이 우리를 하나님의 섭리로 움직이고 있음을 알려준다.

사람은 하나님의 높은 완전성의 틀림없는 개념을 만들거나, 그 말하고 싶은 내용을 적절하게 표현할 수 없다. 다만 하나님의 위대하심을 바라보는 것만으로 마음은 채워지고, 그 높으신 완전성과 끝없는 사랑 및 깊은 자비 앞에 묵묵할 뿐으로, 지적인 노력을 하려 하지 않고 그대로 하나님 뜰에 머물 따름이다.

시현(示現)이나 계시에 대하여 주의해야 한다. 원수 마귀는 이런 현상을 일으켜서 초기의 관상자들의 사랑 넘친 신앙의 열심 상태에서 넘어지게 하려 했다. 이런 특수한 은총은 영혼을 하나님께 일치하도록 하는 것은 아니다.

그는 하나님과 일치를 도모하는 데 있어 최대의 가치는 대신 삼덕(對神三德)에 있다고 했다. 대신 삼덕이란 인간이 하나님께 대한 세 가지의 덕으로서 믿음, 소망, 사랑(信·望·愛)이다.

만일 기도할 때에 성인이 나타나든가 하늘에서 온 것 같은 말이 들려오면 거기에 눈을 두지 말고, 다만 그것을 하나의 기회로 사랑이 넘친 신앙의 동작으로써 하나님 안에 더욱 새롭게 잠심하도록 해야 할 것이다. 이것이 시현이나 계시보다 향상에 더 도움이 된다. 이런 일은 악마로 인한 것일 수도 있고, 흔히는 자기 성격이나 망상이 끼어드는 수가 많고, 병적 기질인에게도 흔히 있다. 이런 것을 하나님이 직접 보낸 것이라고 믿는 데서 그릇됨이 심하다. 여러 가지 영을 식별하고 좋은 영이라고 믿어지더라도 신앙의 원칙에 서서 이성으로 하여금 그런 시현과 계시에 유의치 말도록 해야 할 것이다.

탈혼 상태에 빠지는 것은 인간의 약점이다. 인간이 하나님과의 일치 직전까지 마음을 준비시켜 주는 영혼의 수동적 밤을 지나갈 때는 그러한 약점은 벗어날 수 있다. 하나님은 그 전능하신 영지(靈知)로써 악에서조차도 선을 자아낸다. 비록 불행일지라도 하나님께서 허락하심을 알고는 아주 안온히 그것을 받을 수 있을 것이다. 우리를 역경에 빠뜨리는 이들의 악행을 하나님께서 좋게 여기신다는 것이 아니라 그것으로 우리에게 선익(善益)을 가져오는 사랑의 섭리 안에 그 악행 자체와는 정반대의 것을 낳게 하실 만큼 하나님은 자비하시고 전능하시다.

힘찬 신앙의 삶은 사람으로 하여금 그만큼 더 하나님과 가깝게 해준다. 그리하여 신앙은 관상에 있어 지극히 높은 하나님의 모습에다 지성을 접촉하도록 하며, 한편 사랑과 성령의 활동은 그 인식에다 사랑이 넘치는 기쁨을 주고 아주 귀중한 하나님의 감각을 영혼에 준다.

사랑이 넘치는 신앙의 눈을 집중시키는 데 성령의 은총이 돕는다. 우리 영혼은 믿음, 소망, 사랑의 초자연적인 덕으로 삼위 하나님과 사귄다. 처음 두 개의 덕(믿음과 소망)은 셋째 덕(사랑)을 얻도록 준비시킨다. 즉 언젠가는 함께 살 수 있게 될 하나님을 이 세상 온갖 것을 통틀어 바쳐야 할 최고선으로, 순수한 사랑으로 사랑하도록 이끄시는 초자연적 사랑의 길로 부른다.

사랑은 신앙이라는 너울을 벗고 그 안에 감춰진 것을 보여줄 것이다. 신앙은 대상을 가리키는 것에 그쳤으나, 사랑은 그것을 맛보여 주고 하나님의 감각, 즉 하나님의 단순성, 위대함, 초월성을 감득하게 해줄 희망이 있다.

사람이 신앙 안에 순수히 머물면 머물수록 하나님의 사랑을 한층 더 차지하게 되며, 사랑을 크게 지니고 있으면 있을수록 하나님은 그 마음을 비추시어 성령의 은총을 베푸신다. 사랑은 성령의 은총을 받을 수 있는 원인이며 수단이기 때문이다. 사람이 만일 초자연적으로 하나님을 사랑한다면, 그것은 결국 하나님의 은총 안에 살고 있음을 뜻한다. 그때 삼위일체 하나님은 그의 영혼 안에 임재하여 내적으로 현존하신다.

인식에 따르는 것이 사랑인 것처럼, 신앙에도 사랑이 따른다. 우리의 사랑을 모조리 바쳐야할 하나님을 굳게 믿는 이들은 그만큼 극진히 하나님을 사랑하게 된다. 신앙은 하나님의 초월성, 곧 온갖 피조물을 초월하신 하나님께 대해서 말해주는 반면, 사랑은 그것을 맛보게 하며 체험시켜 준다. 사랑은 관상의 기도 안에서 이 일을 실현한다. 그 영혼에게는 신앙 안에 숨겨 있는 것을 사랑으로 열어 보여 주리라.

　대신덕(對神德)의 활용이 도달하는 막바지는 관상이다. 신은 영혼이 사귈 수 있는 대상이다. 인식과 사랑의 대상이다. 우리는 이 인식과 사랑으로서 하나님께 가까이 나아간다. 지성으로 보다 오히려 사랑을 통하여 하나님을 알게 된다. 하나님께 관한 묵상의 목적은 거기에서 조금이라도 사랑에 넘친 지해(知解)를 자아내는 데 있다. 사랑에 넘친 하나님의 지해에 있는 것이라곤 한 가닥 눈길, 사랑에 찬 막연한 지해뿐으로 특별한 지성이나 오성의 활동도 없어진다.

　사랑에 불타는 묵상으로 그리스도께 마음을 완전히 드렸을 때, 누구나 다 그리스도와 같이 살아 보고 싶은 소원이 사무칠 것이다. 우리를 위한 하나님의 사랑을 깨닫고, 그 때문에 하나님을 진정 사랑하기로 다짐하여 마음을 고스란히 하나님께 올리는 것이다. 묵상기도의 중심은 하나님의 사랑에 넘친 지해를 기르는 노력이다. 사랑 깊숙히 들어간 영혼이 애정에 넘친 눈길을 주고 받는 하나님과의 대화이다.

　데레사 성녀는 묵상기도는 "하나님과 우리와의 정다운 사랑의 주고 받음이며, 거기서 우리는 종종 사랑이신 님께 정다운 말을 건넨다"고 했다. 묵상기도란 많은 생각을 하는 것이 아니라 더욱 더 사랑하는 것이다. 슬기로운 자가 되기 위한 생각이 아니라 더욱 뜨겁게 주님을 사랑하기 위한 것이다.

　묵상기도 중에는 줄곧 생각만으로 시간을 낭비해서는 안된다. 잠시 생각한 다음은 주님이 그대를 사랑하심을 깨닫고, 생각을 멈추고 사랑의 이야기를 나누어야 한다. 마음을 샅샅이 열어 보이고 빠짐없이 말씀드려야 한다.

인간이 하나님과 일치하기 위해서는 두 날개가 있어야 한다. 그것은 "억제"와 "기도"이다. 또한 마음의 적라(赤裸)와 고요요, 박탈이다.

묵상기도에는 두 가지 목적이 있다. 주님과 친밀한 대화에 이르는 것과, 온전한 자아 포기가 그것이다. 둘째 목적은 첫째 것을 통해 도달할 수 있다.

> "나는 내 사랑을 찾으며 이 산들과 물가들로 나가리라. 길에서 꽃들을 꺾지도 않고"(찬가 3)

신에 대한 인식과 사랑이 때로 기도로써 깊어지고 굳세어질 수도 있으나 끊임없는 자아 포기로 가꾸지 않는다면 굳셈에 도달하지는 못한다. 하나님은 그 영혼의 갈망을 채워 주시려고 그 영혼과의 만남에 납신다. 그러나 하나님은 많은 이들이 조금도 기대하지 않은 형태, 즉 영혼의 위기, 건조라는 괴로운 위기를 만들면서 그 만남에 납신다. 바로 이것이 하나님 편에서 하시는 일이다. 하나님을 사랑하는 자에게는 만사를 선으로 유도하신다.

그리스도의 사랑을 이처럼 사무치게 깨닫는 자는 저절로 사랑의 말이 나오고 사랑하려는 소망, 사랑에 대해 사랑으로서, 아낌없는 헌신에 대해 아낌없는 헌신으로 보답하기를 맹세한다.

15. 프랑소와 드 살
(1547-1622)

　프랑소와 드 살의 저서 『성애론(聖愛論)』은 사랑의 성서이다. 사랑은 하나의 선물이요, 그것이 채워지느냐 않느냐의 여부는 오직 우리에게 달렸다. 그것은 우리로 하여금 자신이 지금 갇혀 있다고 느끼는 모든 한계를 그 내부에서 타파할 수 있게 한다. 우리가 사랑하고 있지 않으면, 그동안 계속 우리는 개인적 생존에 의해 고독 속에 갇혀 있는 셈이 된다. 사랑만이 우리를 해방하고 한계 없는 보편적인 것 속에 들어가 살 수 있게 한다. 우리는 이렇게 하여 스스로의 내면, 동시에 스스로의 밖에 존재하는 것이다.
　사랑은 신으로부터 와서 신께로 되돌아가는 것이다. 또 신의 사랑 외에는 사랑이 존재하지 않는다. 즉 신께서 우리에 대해 갖고 계신 사랑, 그리고 우리가 신께 대해 품고 있는 사랑의 풀 수 없는 결합 이외에는 사랑이란 존재하지 않는다. 이같은 사랑은 우리 생존 및 창조의 사역 일체를 정당화할 수 있다.
　사랑은 우리 특유의 것이요, 우리의 실재를 구성하는 것이다. 우리는 사랑의 역사에 의해 생존을 받아들이면서 그것을 사랑의 힘으로 받아들이는 것이다.

사랑은 신(神)을 대상으로 삼는다. 영혼의 일체의 힘은 신(神) 속에서 활동하고 그 속에서 융합한다. 사랑이 판단력에 영향을 끼칠 때, 묵상을 낳는다. 사랑이 의지력에 영향력을 끼칠 때 신과의 합일을 낳는다.

프랑소와 드 살은 우리 속에 있는 무한의 힘을 발견하려고 노력하였다. 인간의 의지력은 같은 뜻의 내적인 순일(純一)한 활동에 의해 그것을 이룰 수 있다. 각 사람이 스스로의 진실한 실존인 무한한 힘의 발로를 몸소 획득해 내는 것은 영적 생활 안에서 이다.

그의 주장은 우리에게 있어 긴요한 일은 영혼이 스스로를 의심하지 않도록 가르치는 일, 그리고 항상 위협받고 있는 영혼의 순수성을 지키기 위해서는 영혼에 내적 활동의 모자람이 없도록 하는 일이다. 이렇게 하면, 영혼은 모든 장애에 좌절되지 않는다. 그는 말하기를 "신께서 우리 마음 안에 계실 때는 깊은 밤도 대낮 같을 것이요, 신께서 우리 마음 안에 안 계실 때에는 대낮도 깊은 밤과 같다."고 했다.

16. 얀세니즘
(Jansenism)

얀세니즘과 콰이어티즘은 근세 로마 가톨릭 안에서 일어난 사상 활동 중 이색적인 주목거리였다.

"짐(朕)이 곧 국가다."라고 호언했던 루이 14세의 종교 정책은 유그노 교도들의 신앙의 자유를 빼앗고, 수천 개의 교회당을 불지렀다. 학대와 핍박을 피해 영국, 미국, 스위스 등 여러 나라로 망명한 신도들의 수만 해도 30, 40만 명이나 되었다.

루이 14세는 같은 방침에서 가톨릭 내에서 이색분자로 주목받은 얀세니즘과 콰이어티즘도 희생시켰다. 얀세니즘은 가톨릭 안에서의 어거스틴 신학의 부흥이었다. 따라서 로마교의 신학은 어거스틴에게서 기원한다고는 하나, 프로테스탄트 신학도 역시 어거스틴을 조종(祖宗)으로 삼고 일어났기 때문에 실제로 로마교 안에서는 비위가 틀려 어거스틴 사상은 세력을 잃었다.

트렌트 회의의 신조는 펠라기우스설 비슷한 것을 회피했다고는 하지만, 그 설은 이설(異說) 쪽으로 기울어진 것이다. 특히 제수잇파에서 가르치는 바는 반 어거스틴주의적이었다. 그 결과로 도덕상 여러 가지 폐해를 자아내게 되었으므로, 성실한 사람들은 이를 개탄하고 어거스틴에게로 복귀하기를 희구했다. 얀세니즘은 이런 필요에서 일어났다.

　코넬리우스 얀센(Cornelius Jansen)은 1585년 네델란드 북부에서 출생했다. 루반대학에서 배우며 그 학교 교수인 바이우스(Bajus)가 어거스틴의 사상을 받아 구원을 신의 은총에 의존한다는 주장에 공감하여 얀센도 어거스틴을 존경하고 스콜라철학을 미워했다. 그는 후에 루반대학의 학장이 되고 이브르의 감독을 하다가 1638년에 별세했다. 생전에 22년 걸려『어거스틴 대저』를 남겼다. 교황 우루바누스 7세는 1642년에 이 책을 금서목록(禁書目錄)에 넣었다.

　1705년 클레멘스 11세는 얀센파에 박해를 가해 여수도사는 분산되고, 수도원은 파괴되었다. 죽은 자의 뼈까지 발굴해 옮기는 등 18세기 중엽까지 박해가 계속되었다. 지금도 네델란드에는 가톨릭교도이면서도 교황의 무오설을 부인하는 얀센교도가 수천 명이나 있다.

17. 블레이즈 파스칼
(Blaise Pascal: 1623-1662)

파스칼은 비범한 천재로 수학과 물리학 연구에 몰두하여 12가지의 중요한 과학적 발견을 했다. 파스칼의 일가는 얀센파의 경건한 가정이었다. 1651년 부친이 별세하자 여동생이 수녀로 가 있는 수도원에 들어갔으나, 그 후 한 때 사교계에 출입하면서 세속 생활에도 끌려갔다.

32세 때 다시 회심하고 전에 얼마 동안 지냈던 보올 로와이야알 수도원으로 들어갔다. 그는 여동생이 검은 수도복을 입은 모습과 동정녀로 일생을 헌신하는 데 감복하였다. 1654년 11월 23일, 깊은 밤에 그는 신의 영광을 보고 법열에 빠지는 체험을 했다. 파스칼은 거기서 수도자의 서약을 한 것은 아니고, 고요히 도를 배우고 저술에 힘썼다.

파스칼은 그곳에서 『Lettres Provinciales』와 『명상록(Pensees)』을 썼다. 『명상록』은 본래 그가 기독교 변증론을 쓰려했던 것이었지만 그 노트가 사후에 발견되어 출판된 것이다. 첫번째 저서는 제수잇파를 풍자하고 공격하여 치명상을 입히고 그 멸망을 재촉하는 역할을 하였고, 『명상록』은 불후의 걸작이 되었다.

얀센주의자가 주장하는 구원예정설은 정통파 구원설과 반대되었기 때문에 로마 교회에서는 이단, 사설로 배척되었다. 이에 반하여 얀센파의 엄격한 도덕은 세속적이고 타협적인 제수잇파 도덕을 반대했었는데 파스칼도 저들의 세속성을 용서하지 못했었다.

파스칼은 인생의 연약함과 불완전과 비참을 보여주면서, 동시에 인성(人性)의 숭고하고 위대한 소이를 밝혔다. 이 모순을 해결할 빛을 줄 수 있는 것은 기독교 밖에는 없다고 말했다.

그는 인간의 이지에 대해서는 회의를 품고 철학의 무가치를 주장했으며, 인간의 성장과 내적 경험에서 종교를 찾았다. 이런 점은 슐라이어마허와 비슷한 데가 있다.

1656년 이후에는 주로 파리에 살았다. 그 당시 그의 건강은 좋지 못하였다. 1662년 8월 19일, 39세로 거기서 별세했다. "주여, 나를 버리지 마소서." 이것이 마지막 기도였다.

그의 사후에 그가 입고 있던 저고리 안쪽에서 그의 신앙선언문이 발견되었다. 이것을 파스칼의 부적, 또는 성취기(聖醉記)라 부른다. 그것은 다음과 같다.

"아브라함의 하나님, 이삭의 하나님, 야곱의 하나님.
철인과 현자의 하나님이 아니신 분.
안심, 감정, 환희, 그리고 평화!
예수 그리스도의 하나님!
내 아버지, 곧 너희 아버지. 내 하나님 곧 너희 하나님(요한복음 20:17).
당신의 하나님이 곧 내 하나님(룻기 1:16). 오직 하나님 뿐.
세계와 일체의 망각.
다만 복음서에서 가르친 길에 의해서만 찾을 수 있는 하나님.

위대한 인간의 영혼이여.
의로우신 아버지여, 세상이 아버지를 알지 못하여도 나는 아버지께서 나를 보내신 줄 알았삽나이다(요한복음 17:25).
환희, 환희, 환희, 눈물의 환희.
나는 지금까지 그와 떠나 있었도다.
생수의 근원인 진정한 나를 떠났었도다.
나의 하나님, 어찌하여 나를 버리시나이까(마태복음 27:46)
내가 영원히 당신에게서 떨어지지 않기를 원하나이다.
영생은 곧 유일하신 참 하나님과 그의 보내신 자 예수 그리스도를 아는 것이니이다(요한복음 17:3).
예수 그리스도, 예수 그리스도.
나는 지금 그에게서 떠나 있었도다.
나는 그를 피하고, 그를 버리고, 그를 십자가에 달았도다.
원컨대 내가 영원히 그에게서 떠나지 않기를 바라나이다.
하나님은 다만 복음서 가운데 가르친 길에 의해서만 내 마음에 영존하시옵니다.
완전하고 유순한 자아 포기, 예수 그리스도 및 나의 지도자에 대한 완전한 복종.
땅 위의 근행의 하루에 대해 영원히 환희 있으라.
주의 말씀을 잊지 아니하리이다(시편 119:16).

명상록에서 엿보이는 파스칼의 사상

인간은 날 때부터 쉽게 믿고 의심이 많고, 겁장이면서 또 대담하다. 따라서 자력 본원(自力本願)과 타력 본원(他力本願)의 양면을 가지고 있다. 그러므로 인간은 모순의 존재이다. 이 모순적 존재인 인간은 머리에서 발끝까지 정욕으로 꽉 차 있다.

인간은 누구나 행복을 구하지만, 한 가지 행복을 얻으면 곧 싫증이 나서 다른 행복을 찾는다. 이같이 인간은 이 행복에서 저 행복으로 전전하다가 만족을 못 얻고 권태에 빠지고 만다.
　인간은 최대·최소의 양극의 중간에 달려 있는 존재이다. 인간은 무한대의 것도 알 수가 없고 무한소의 것도 알지 못한다. 광대무변한 우주의 한 유성인 지구 한 구석에 꿈틀거리는 작은 존재가 인간이다. 이같은 소(小)로서 우주의 대(大)를 규명하려는 것은 주제넘은 짓이요 잘못이다.
　인간의 이성은 미약하기 때문에 인간은 자연 현상을 전부 규명할 수 없을 뿐 아니라, 인간 자체와 사물의 진상도 도저히 이해하지 못한다.
　우리의 사고 방법에는 기하학적 정신과 직관(直觀)의 두 가지가 있다. 기하학적 정신은 정의(定義), 공리(公理), 정리(定理)를 사용하여 명제를 증명하는 것이요. 직관은 이와 같은 원리를 사용하지 않고 한눈에 사물의 핵심을 알아채는 것이다. 기하학자에게 정확한 두뇌가 필요하듯, 직관자에게는 정확한 눈이 필요하다. 직관은 일종의 정신 작용인데, 이 정신 작용은 기하학처럼 방식을 쓰지 않고 암흑리에 순간적으로 행해지는 것이니까 그 활동 상황을 표현할 수 없다. 그리고 직관은 극히 소수인에 속한다.
　철학자들은 이성의 만능을 믿고 철학에서 안심 입명(安心立命)을 찾고 있는데, 이것은 큰 잘못이다. 데카르트의 철학은 방법론을 확립했을 뿐 조금도 인간의 내적 생활에는 만족을 주지 못한다. 그러므로 철학하지 않는 것이 참 철학이다. 철학으로 안심 입명을 얻으려함은 인간을 지적 존재로만 생각하는 철학자의 꿈에 지나지 않는다.
　정의(正義)는 이성 위에 기초를 잡고 있지만 정의의 기초 자체가 박약하기 때문에 정의에는 일관된 위력이 없다. 실제에 있어서 정의란 것은 강(江) 하나를 가운데 둔 것의 차이이다. 산을 하나 넘으면 이쪽에서의 부정이 저쪽에서는 정의로 변한다. 천하의 대죄인도 국경 하나 넘으면 대로를 활보한다. 따라서 정의란 거리의 문제요, 위도의 문제라 할 수 있다.

사회제도, 정치제도란 이같이 박약한 정의 위에 기초한 것이므로 모든 법제도에 절대 압력이 결여된 것도 또한 자연의 도리이다. 그러므로 위정자는 무력으로 정의를 부르고 무력에 복종하는 것을 정의라 칭하기에 이르렀다. 그리고 무력을 위장해서 정의로 삼기 위해 무력과 정의와의 제휴를 도모한다.

인간은 이성이 미력하기 때문에 고민하지만, 이성이 있기 때문에 자기의 가치를 알고 항상 향상의 기백을 갖게 되는 것이다. 또 이 본능력이 있기 때문에 인간은 진리와 행복에 도달하는 길을 찾을 수 있는 것이다. 그러므로 인간이 위대하다 할 수 있는 것은 이성 이외에는 없다. 인간은 생각하는 갈대이다.

인간은 참으로 괴상한 물건이다. 참으로 진기한 것, 혼돈, 모순의 주체, 참으로 경이스러운 존재이다. 만물의 비판자이면서 동시에 지구의 어리석은 구더기, 진리를 맡은 자인 동시에 불안과 오류의 쓰레기통, 우주의 영광이면서 동시에 우주의 찌꺼기이다. 그러므로 오만한 자여, 그대는 자신에 대해 얼마나 모순 바가지인가? 무력한 이성이여, 겸손하라! 어리석은 천성이여, 잠잠하라! 그리고 인간으로는 절대로 인간을 알 수 없다는 것을 깨달으라. 그리고 그대가 이해 못하는 인간의 실정을 그대의 주께 들으라. 신의 말씀을 들으라.

신앙으로 들어가는 데는 이성과 영감과 습관 등 세 길이 있다. 그러나 마음만이 신을 느낄 수가 있다. 이성은 신을 느끼지 못한다. 이것이 신앙의 본질이다. 신앙은 마음에 느껴지는 신이지, 이성에 느껴지는 신은 아니다. 때로 이성에 의해 신을 발견하는 수가 있어도 그 신은 신앙의 대상될 신은 아니다. 전혀 별개의 신이다.

그리고 신앙을 확립하는 것은 신앙의 습관이다. 우리가 죽음을 두려워하는 것은 습관의 힘에 의해 확립된 공포 때문이다. 이와 같이 부동의 신앙은 습관의 힘에 의하지 않으면 확립되지 않는다. 낙원 시대의 행복이 마음 안에 새겨져 있는 까닭에 현재의 비참을 지각하여 그 비참한 고통에 우는 동시에 죄를 통회하고 영원한 복을 찾는 것이다. 인간의 비참과 위대의 근원은 원죄에 있다.

파스칼은 자유 사상가들이 이성의 관점에 서서 종교나 신앙의 허망을 규탄하는 것에 분개해서 이성의 미약함을 논증했다. 파스칼의 근본적 의문은 이성론(理性論)이다. 그가 감각에도 상상력에도 속지 않고 그의 논리를 전개해낸 것도 또한 이성의 활동이 아니겠는가?

18. 리마의 로오사
(St. Rose of Lima: 1586-1617)

　로오사는 페루의 수도 리마에서 출생했다. 세례명은 이사벨라, 즉 작은 엘리사벳이라는 뜻의 이름이었다. 그녀의 얼굴이 매우 아름다워서 마치 한 떨기 장미꽃 같다고 해서 로오사(장미꽃)라 불렀다.
　그녀의 부모는 독실한 신앙인들로 본래는 재산도 있었으나 후에 가난하게 되었다. 로오사는 10여명의 자녀 중 맏딸이었다. 로오사는 다섯 살 때부터 예수님과 성모님과 성녀 카타리나, 수호천사와 대화를 하고 거룩한 기도생활, 희생 생활을 완수했다고 한다.
　그녀는 매일 작은 그리스도 성상 앞에서 "주여, 저로 하여금 당신을 알고 사랑하게 해주세요. 그리고 글을 읽고 쓸 줄도 알게 가르쳐 주세요. 꼭 가르쳐 주세요." 했다. 다섯 살짜리 로오사는 예수님이 글을 가르쳐 주셨기 때문에 글을 읽고 쓸 줄 알았다고 한다.
　철들기 시작할 때부터 그녀는 보통 처녀들처럼 세상 허영이 아니라 보속, 희생, 박애 등의 숭고한 일에만 마음을 썼다. 그녀는 "나는 희생을 하고 싶다. 그것이 내가 사람들에게 쓸모 있는 일이야. 그것이야말로 내가 이 세상에 난 보람인가 해. 그래서 나는 다른 사람을 위해서 기도하고 괴로움도 참아 보는 거야."라고 했다. 아직 어린 몸으로 대수술을 받은 일이 있는데, 그 때도 이를 악물고 고통을 참아가며 조금도 눈물을 흘리지 않았다고 한다.

　매주 3일간은 빵과 물을 조금씩 밖에 안 먹었고, 딱딱한 판자 위에서 잠을 잤다. 나이를 더하면서 이같은 고행수도를 더하여 갔다. 어떤 때에는 가시관을 만들어 머리에 쓰고, 채찍으로 자기 몸을 쳤으며 생석회로 자기 손을 태우는 고행도 했다. 그녀의 지도 신부는 이를 알고 금했다.

　성녀 카타리나가 수도원에 들어가지 않고 제3회원으로 살았던 것처럼, 로오사도 이를 본받아 자기집 마당 조용한 구석에 수실(修室)을 짓고, 거기 들어가 매일 기도와 묵상에 잠겼다. 그녀는 수도원에 들어가고 싶었으나 뜻을 이루지 못하고 하나님의 특별한 섭리 아래 독수(獨修)생활을 하였다. 그녀는 기도와 희생과 노동으로 일생을 가득 채웠다. 수실에서 매일 10시간을 보냈고, 남은 열 시간은 재봉, 자수 등 집안일을 돕고, 수면 시간이라곤 불과 두세 시간 밖에 되지 않았다. 이런 생활은 주님의 특별한 도움이 아니고는 감당해 낼 수 없는 일이다. 실제로 하나님께서는 그녀의 생활을 축복해 주셔서 주님의 묵시와 천사들과 성인들이 그녀에게 나타나서 위로와 격려해 주는 일이 한두 번이 아니었다.

　로오사의 큰 걱정거리는 자기의 얼굴이 너무 어여쁘다는 점이었다. 자기 얼굴의 미모가 남을 미혹시킬까 염려했다. 그녀는 돈이나 건강이나 공부 같은 일에 정신을 써서는 안되고, 얼굴에 관심을 갖는 것도 안된다고 평소에 생각했다. 그녀는 자신의 아름다운 머리털을 잘라버리고, 얼굴엔 후추가루를 비벼서 흠집을 만들었다. 그녀가 생각하는 일은 영혼의 사정뿐이었다. 어떻게 하면 영혼들이 지옥에 떨어지지 않고 주님을 기쁘게 해드릴까 하는 것뿐이었다.

로오사는 육신의 고행뿐 아니라 영적 고뇌의 시련도 겪었다. 그녀는 가끔 하나님으로부터 버림받은 것 같이 느꼈다. 그것은 마치 겟세마네 동산에서 예수께서 겪으신 고통과 비슷했다.

로오사의 부모는 신앙은 있었지만 딸을 시집보내려 애썼다. 고행을 집어치우고 시집가라고 강권했다. 로오사를 책망하고 때로는 매질까지 했다. 그래도 로오사는 결혼을 거부했다. 로오사는 그런 고통 속에서도 안색이 조금도 변하지 않은 채, 더욱 부지런히 집안 일을 살피면서 끊임없이 부모를 위해 기도했다. "내가 머리털을 잘랐을 때 약속한 것이 있습니다. 언제나 모든 사람과 모든 물질을 초월해서 하나님만 사랑하겠다고 약속했습니다. 살아 있는 동안 하나님의 영광만을 위하여 일하겠습니다. 남편이나 자식 같은 것은 싫습니다. 다만 하나님만이 나의 모든 것입니다."

20세 때, 그녀는 주님께 맹세한 순결 서원을 더욱 굳게 하기 위하여 도미니크 제3회에 입회했다. 이는 그녀가 부모의 슬하에 머물러 있으면서도 가장 완전한 수도생활을 하며 세인(世人)의 구령(救靈)을 위하여 자기 전부를 봉헌하려는 데 있다.

처음에는 그녀도 수녀원에 들어가 수녀가 되고자 했었다. 어느 날 도미니크 성당에 들어가 "어거스틴회 수녀가 되어 많은 영혼을 구원할 수 있게 해 주소서."하고 기도했는데 이상하게도 일어나려니 움직여지지 않았다. 함께 갔던 오빠가 일어나라고 하자 "정말 꼼짝도 못하겠어요. 어떤 힘이 나를 꼼짝 못하게 해요."했다. 그녀는 다시 기도했다. "제가 수녀원에 들어가는 것이 주님의 뜻이 아니라면 들어가지 않겠습니다. 가정에 있으면서 하나님께 잘 봉사하겠습니다." 그러자 즉시 일어설 수 있었다.

수녀원에 못들어 갔지만 로오사는 자기 집에 지은 수실에서 은수사 노릇을 했다. 꽃나무와 숲으로 인하여 수실이 비좁긴 했으나 그곳은 은혜 충만한 지상천국 같았다. 주위에는 아름다운 장미가 만발했고 새들은 두려움 없이 맘대로 그녀의 방 안을 들락날락하며 지저귀었다. 모기나 거미가 많아도 그녀는 한번도 죽이지 않았다. 그녀는 모기를 손님이라 불렀고, 모기는 그녀를 쏘지 않았다. 저녁 6시가 되면 로오사는 노래하는 새들에게 "이젠 돌아가. 우리 작은 합창대들. 마음대로 날아가요. 주님은 결코 너희들만 버려두시진 않으시니까."라고 했다. 그녀의 순결한 마음과 사랑은 금수, 곤충, 초목까지도 동화되게 했다.

그는 계속하여 주님의 모습을 따르고자 채찍과 가시관을 만들어서 그것으로 자기 몸을 괴롭히며 석회가루로 손을 태워 그 아픔을 하나님께 바쳤다. 그러면서도 로오사는 리마시 귀부인들의 주문을 받아 아름다운 뜨개질을 하였다. 겉으로는 일만 해도 그녀의 속마음은 더욱 그리스도를 닮아갔다. 그녀의 수도생활은 하나님의 넘쳐 흐르는 성총 속에서 이루어졌다.

그녀는 여러 번 탈혼 중에서 영계(靈界)의 진리를 맛보았다. 그녀가 성모상을 바라보며 기도할 때, 성모가 미소를 띠면서 오른팔에 안고 있는 성자에게 자애스러운 눈길을 돌리는 것을 보고 깜짝 놀랐다. 예수님도 여러 번 아기의 모양으로 나타나 "너는 나의 정배이다. 아무것도 무서워 말라."고 격려했다.

그녀는 자기가 죽을 날을 미리 알고 이렇게 말했다. "나는 성

발도로메오 축일에 죽을 거야. 매년 8월 28일이 돌아오면 내 가슴은 슬퍼져. 자기 생일을 기다리는 사람들도 있지만 나는 죽을 날을 마음으로 기다리고 있는 것이 얼마나 현명하다고 생각되는지 몰라. 죽는 날은 참으로 위대한 날일거야. 그 날은 참 생명이 시작하는 날이니까."

　로오사는 자기 어머니에게 "언젠가는 어머님도 수녀원에 들어가실 것입니다. 그리고 성녀 카타리나 수녀원에서 루치아씨의 손에 의해 도미니크회 수도복을 받으실 것입니다. 꼭, 약속합니다. 어머님이 임종하시면 제가 마중 오겠습니다."고 했다.

　겸손한 그녀는 자기가 겪은 영계의 체험을 타인에게 일체 비치지 않았다. 지도신부에게는 순명하는 뜻으로 그 일부를 밝혔을 뿐이었다.

　1615년 4월 30일, 로오사의 29회 생일이었다. 오란다 해적 연대가 가랴오 해협에 닻을 내리고 쳐들어올 기세에 놀란 군중들은 그녀가 있는 곳으로 몰려와 기도해 달라고 부탁했다. 그녀는 "걱정 마셔요. 오란다 사람들은 가랴오에 상륙하려 하지 않습니다."고 말해 주었다. 그날 밤 로오사는 도미니크성당에 군중들과 함께 들어가 기도했다. 리마시가 해적들에게 약탈되는 것을 하나님이 허락하신다면, 자기는 순교자가 되려고 했다. 이튿날 새벽, 해적들은 사라져 버렸다. 군중들은 "로오사의 기도로 우리는 살았다."며 함성을 질렀다.

　로오사가 기적을 행하고, 성인들이나 천사들과 대화를 한다며 많은 사람들이 그 집을 찾아왔다. 가난한 사람들이나 무식한 사람들만이 아니라 수도원장, 신부 같은 이도 찾아왔다. 그들은 로오사의 기도로 자기들의 큰 병이 완치되었다고 간증했다.

　몇 해 동안 그녀는 제3회원의 수건 속에다 가시관을 쓰고 지냈다. 그것을 본 신부는 놀라서 쇠로 만든 가시 끝을 둔하게 만들었다. 그녀는 또 허리에 쇠사슬을 칭칭 감고 움직이지 못하게 자물쇠를 잠그고 열쇠는 우물 속에 던져 버렸다. 고통이 너무 심해 울며 기도하니 즉시 사슬이 풀려 떨어지기도 했다.

알폰소 신부는 로오사에게 지나친 고행이나 기도를 너무 많이 하여 자신을 피로케 말라고 주의를 많이 주었기 때문에 다소 조심은 했으나 그래도 많은 영혼들이 지옥에 빠지지 않고 구원받게 하기 위해 자기 한 몸을 바친다는 것만은 잊어버린 때가 없었다.

그녀는 죄인들이 회개하고 돌아오게 하기 위하여 간단한 기도라도 바치지 않은 시간은 없었다. 화살기도를 수없이 했다. 그녀가 즐겨 외우는 기도는 "하나님이여! 속히 나를 건지소서. 여호와여! 속히 나를 도우소서"였다(시편 70:1).

1617년 4월 어느 날 아침, 그녀는 어머니에게 "제가 임종에 가까우면 입이 대단히 말라 괴로워할 테니 제가 물을 청하면 좀 주시겠습니까?"라고 말하고 자신의 매장 준비를 부탁했다. 매일 계속된 준엄한 고행 때문에 로오사는 건강을 잃고 중병에 걸렸다. 온몸이 타는 듯한 고통이 왔으나 아무리 치료해도 효과가 없었다. 그녀는 이 고통을 3년간이나 겪었는데, 그 고통이 세상 사람들의 보속을 위하여 주께 바치는 일로 믿으며 참았다.

최후가 가깝던 7월 말일, 그녀는 자기가 평생 수도하던 자기 집 뜰에 있는 수실로 옮겼다. 마지막이 가까워지자 의사들은 이 성녀를 건져보려고 갖은 애를 썼으나 그녀는 미소를 지을뿐 아무 말도 하지 않았다. 그의 얼굴에서 창백한 빛이 사라지고 전에 없던 아름다운 자태가 되었다. 그녀는 가는 목소리로 "이별을 슬퍼하지 마셔요. 오늘은 참으로 행복한 날입니다." 했다.

그녀는 사흘 동안 골고다의 예수의 수난을 묵상하다가 사흘째 되는 날, 곁에 있는 사람들을 둘러본 다음, 고요히 눈을 감고 신부가 주는 십자가 고상에 입 맞추면서 "예수여! 나와 함께." 성명(聖名)을 세 번 부르고 조용히 세상을 떠났다. 1617년 8월 24일, 그녀가 31세 되던 해였다.

로오사는 아메리카 최고의 성녀요 남미의 꽃이었다. 그녀의 사후에 많은 기적이 나타났다. 그녀는 자기와 가장 친했던 알퐁사 세라노에게 사후 즉시 나타났다. 그녀는 잠자고 있는 친구의 방에 도미니크 제3회 복장을 하고 태양 같이 빛나는 모습으로 나타났다. 방안 전체가 환해졌다. 그녀는 자기는 지금 천국에 가는 중이라고 했다.

죽은 로오사의 얼굴은 살았을 때보다 더 아름다워서 그 오두막을 찾아온 사람들의 가슴은 슬픔보다 즐거움으로 꽉찼다. 꺾어다 놓은 장미꽃 향기가 집안에 가득했고, 특히 로오사의 몸에는 백합화 향기가 배어 있었다. 로오사는 병상에서 죽을 즈음, 자기의 시신을 도미니크회 수도원 복도에 묻어 달라고 유서했다.

장례식 날 사람들이 구름처럼 모여들어 장례식을 못할 형편이었다. 사람들은 이 성녀의 유물을 얻으려고 열광적으로 달려들어 그 옷을 조금씩 베어가기도 하고 화관의 꽃잎을 따 가기도 했다. 나면서부터 앉은뱅이였던 소년이 그녀의 유해를 만지고 즉석에서 일어났다. 군대가 지키고 있어도 사람들은 가위를 숨겨 가지고 와서 그녀의 옷을 잘라 갔기 때문에 시신에 입힌 수의(수도복)를 여섯 번이나 갈아 입혔다.

19. 야콥 뵈메
(Jacob Boehme: 1575-1624)

야콥 뵈메는 독일의 프로테스탄트 신비가로 인류 역사의 기적이라 불리는 인물이다. 1575년 부유한 농민의 아들로 탄생하여 14세 때 겔리츠에서 구두점 직공으로 있다가 직접 구두점을 차렸고, 결혼하여 가정을 이루었다. 별로 외부적 영향이나 감화가 없었는데도 그의 천성이 종교적, 철학적 능력이 신속히 발달하면서 어느새 신과 세계에 관한 신비적, 견신적(見神的) 견해를 품고 서투른 문장으로 "태초의 새벽"이란 원고를 써서 친구들에게 배포하다가 지방의 주교 그레고리우스 리피텔에게 크게 미움을 받았다.

1612년 주교는 지방 행정관과 백성들을 선동해서 그의 저작을 중지시켰다. 뵈메는 5년간 글을 쓰지 않았으나 그 후 다시 저작생활을 하면서 약 30편의 저작을 남겼다. 그의 친구들이 그의 글을 "감각 이상의 생명", "참된 참회"라는 이름으로 출판했다.

이로 인하여 리피텔과 행정관은 뵈메를 그곳에서 추방시켜 버렸다. 뵈메는 드레스덴으로 쫓겨 갔다가 다시 실레지아에 갔으나 병이 심하여 고향에 돌아가 1624년에 세상을 떠났다.

그가 죽은 후, 사람들은 뵈메의 저작을 모아 출판하고 독일어로 번역했고 영국과 기타 많은 나라의 사람들이 애독했다. 세월이 흘러가면서 뵈메의 명성은 더욱 높아가고, 그의 사상은 오늘의 신학에도 현저한 감화를 끼치고 있다.

뵈메의 신비설의 특색은 일종의 종교 철학에다가 자연계의 비밀을 탐구하는 경향으로 흐르는 것을 들 수 있다. 인간의 자연적 성품과 새로 태어난 성품이 상대적임을 발견하고, 인간의 마음 속에서 발견한 것으로서 세계의 기원을 설명하려 했다.

"만물의 암흑한 태원(太原)을 일컬어 신의 자연의 성(性), 즉 아직 태어나지 않은 신이라 부르고, 이같은 암흑한 태원이 자기 스스로를 나타내고 스스로를 알려고 하는 충동에 의해서 비로소 활동하는 신이 된다. 그래서 그가 스스로를 아는 자와 알려지는 대상자로 분열을 한다. 이와 같이 모든 활동, 모든 존재는 스스로 서로 대치하는 것으로, 분열하는 일로 말미암아 생긴다. 서로 대치하는 것이 없을 때는 모든 것은 단일한 무(無)이다. 이와 같이 신이 스스로를 보는 데서 성부와 성자로 나눠지고, 그래서 성부가 성자를 보는 활동이 생기는 것이 성령이다. 이로써 삼위일체 신이 신의 원성(原性)에서 나온 것이다."

뵈메는 또한 세계의 창조를 7단계로 나눠 만유가 생기는 최초의 단계에서 점차 진보하여 감각과 지식 작용이 생기기까지를 설명했다.

뵈메는 "신의 계시에 의해 자기가 본 것만 글로 썼다."고 했다. 그는 어떤 사상이라도 그것이 상(像)이 되며 논리적 과정은 산 사진처럼 되어지는 마음을 소유하였다. 그는 사물의 핵심을 투시할 수 있었고, 자기의 영적 시력에는 신의 본질까지 열려져 있다고 말했다.

뵈메는 하나님과 세계에 대해서 설명할 때에 존재의 법칙으로서 대우(對偶, Antithesis)를 고조했다. "만물은 '옳다'와 '아니다'로 성립됐다."면서 밖에 나타나지 아니한 신성의 숨은 생명 안에서조차 인력(引力)과 그 반발력이 대립 역사하는 것을 발견했다.

"이 두 개의 힘이 합치는 것으로 말미암아 신성 중에서 느껴지는 현현(顯現)의 요구가 생기는 것이고, 이 요구를 느끼는 것으로서 신성은 암흑이 된다. 이 암흑을 비추는 빛은 아들이다. 이 두 개가 합쳐서 성령이 된다. 성령 안에 창조의 원형이 생긴다."

그는 또한 육체가 심령과 정신을 정(正, Thesis), 반(反, Antithesis), 합(合, Synthesis)으로 설명했고 똑같은 방식을 써서 선과 악과 자유의지를 설명하고, 천사와 악마의 세계도 그런 방식으로 설명했다. 그러면서 우주적 과정이 목적하는 바는 결국 선이 악을 이기고 사랑이 미움을 이긴다는 사실임을 보여 주려고 했다.

뵈메는 시간적으로 하나님에게 진화가 있다는 학설을 부인한 점은 주목할 만하다.

"나는 자연이 곧 하나님이라고 말하지 않는다. 하나님 자신이 전부요, 다만 그 힘을 모든 자기 작품 속에 전하는 것이다."

다른 프로테스탄트 신비가들과 마찬가지로 뵈메도 그리스도의 내재에 대해서 역설했다.

"단지 그리스도의 고난과 죽음과 만족으로 스스로를 위로하고 그것을 신의 자비로운 선물로 누리고저 할 뿐이요, 자기 자신은 아직도 새 사람으로 나지 않은 채 짐승같이 살고 있는 사람은 결단코 그리스도인이라 할 수 없다…만일 그리스도의 이같은 희생적 죽음이 내게 도움이 되려면, 그것이 내 속에서 역사하지 않으면 안된다. 아버지께서 나의 신앙의 요구 안에서 아들을 낳지 않으시면 안된다. 이는 나의 신앙의 갈망이, 그의 약속의 말씀 속에서 그를 붙잡기 위해서이다. 그때 나의 내적 본바탕에서, 그가 의로 인정하시는 모든 과정에서, 나는 그를 옷 입는 것이다. 여기서 즉시 그리스도의 죽음이라는 내적 힘에 의하여 악마, 죽음, 지옥의 진노의 죽음이 내 안에서 시작된다. 나는 내적으로 죽고 그가 나의 생명이 된다. 그때 나는 그의 속에서 살고 자기 안에 살지 않는다. 나는 신이 쓰시는 도구가 되어 신께서 그 뜻대로 쓰신다."

뵈메의 사상에 공명하고, 그의 해설자로 자처한 윌리암 로우도 이와 비슷한 말을 했다.

"우리를 '위하여' 주어지신 그리스도는 우리 안에 주어지신 그리스도와 하등에 다를 것 없다. 그리스도께서 완전 무결한 우리의 속죄주시라는 의미는 그의 본질과 정신이 우리 속에 탄생되고 형상지어졌다는 의미에 지나지 않는다."

윌리암 로우는 그리스도의 속죄는 하나님의 진노의 결과가 아니라 사랑의 결과라고 주장했다. 그는 말하기를, "이성으로 생각해 보아도, 성서로 보아도 그는 다만 변함이 없는 넘치는 사랑 그 자체이시다. 하나님을 진노하는 신이라 보는 일은 용서 못할 일이다."고 했다.

"진노는 죄가 소멸함과 동시에 속함 받는 일이다."

그리스도의 죽음이 배상과 형벌 인수를 의미한 것이라 보는 법리적(法理的) 속죄설에 대한 이 반항은 프로테스탄트 신비주의의 특색을 이루는 것이다.

영혼의 미래의 상태에 대해서 뵈메는 다음과 같이 말했다.

"영혼은 육체를 떠날 때 멀리까지 갈 필요가 없다. 그 까닭은 육체가 죽는 곳 그곳에 천국이 있고 지옥이 있기 때문이다. 거기에 하나님이 계시고 악마가 있다. 각각 자기 나라를 거느리고 있다. 거기에는 또 낙원이 있다. 영혼은 다만 그 중심의 깊은 문을 통과하여 안에 들어가기만 하면 된다."

여기에 대하여 윌리암 로우도 주장하기를, "천국도 지옥도 장소가 아니라 상태이다. 지옥에 떨어진다는 것은 우리 자신의 무질서한 본성의 마땅하고 또한 본질적인 상태이다. 사물의 본성으로 보아 현세도 미래도 우리 자신의 지옥이지 그 이외의 아무 것도 아니다."고 했다.

자연의 법칙이 곧 하나님의 법칙이다. 그러므로 자연법(自然法)은 파괴되는 일도 없고 함부로 중지되는 일도 없다. 속(贖)한다는 일은 인생의 법칙이다.

뵈메는 "백합꽃이 피는 시절이 오리라. 그때 모든 자연은 속박에서 해방될 것이라." "기독교의 구속의 계획 내용은 하늘에 속하지 않는 모든 것, 야비한 것, 어두운 것, 노하는 것, 문란한 것 등등을 이 타락한 세계의 어떠한 부분에서든지 제거하는 일이다."고 했다.

윌리암 로우는 교회의 외면적 형식적 의례·의식에 대하여 비판하면서(모든 신비가들이 이 점에 있어서 공통적이다), "인간 속에 있는 마음의 성전만이 하나님의 지성소요, 영원한 보배이다. 거기에서만 우리는 신령과 진정으로 하나님을 예배할 수가 있다. '신령으로'라는 것은 우리의 영이 하나님과 하나가 되어 하나님께 매달리고 거기서 신의 영의 역사를 우리 위에 받아 들일 수 있는 우리 안에 유일한 예배이기 때문이다. '진정으로'라는 것은 신령으로 예배하는 일이 그 진리요 실재여서 외부적 형식이나 의식 같은 것은 잠시 동안의 비유에 지나지 않는 것이요, 신령으로 예배하는 것만이 영원한 것이기 때문이다. 따라서 내적 지성소의 예배를 힘쓰라."고 했다."

"내적 지성소에서는 그리스도의 탄생, 생애, 고난, 부활, 승천 등을 단지 기억만 하고 마는 것이 아니라 그리스도를 따라 부활한 우리 심령의 진상으로서 그런 모든 과정이 내적으로 발견되고 즐겨지는 일이다. 우리가 한번 이같은 내적 예배를 연단한다면 우리는 시공을 초월하여 하나님 안에 늘 사는 것을 배우게 된다. 그때 우리에게는 매일 매일이 즐거운 안식일이요, 어디로 가든지 제사장과 성전과 제단은 우리와 함께 있을 것이다."

윌리암 로우는 신앙과 사랑의 교훈을 말하면서 다음과 같이 말했다.

"전 인류에게는 오직 하나의 구원이 있을 뿐이다. 그것에 이르는 길도 오직 하나, 즉 하나님께 향한 영혼의 열망이다. 이 열망은 영혼을 하나님에게까지 인도하는 동시에 하나님을 영혼 안에 맞아들여 하나님과 합일하고 하나님과 협력하고 하나님과 함께 하나의 생명이 된다. 오, 올바르고 참되신 나의 하나님이여! 인류에 대한 당신의 사랑과 은혜의 풍성함이여! 하늘은 이제 우리가 가는 곳 어디나 열리고, 이로써 그리스도는 마음의 소원을 당신께로 향하는 모든 사람의 구주가 되셨나이다."

"어떤 피조물이라도 그 생명이 사랑의 정신이 되기까지는 하나님의 선과 융합할 수도 교통할 수도 없다. 이것이 하나님과 피조물 사이의 유일한 합일의 유대이다".

"사랑이 소원하는 것은 한 가지뿐, 사랑 그 자체가 더해지는 것 외에는 다른 아무것도 바라지 않는다. 어떤 물건이든지 사랑의 불길을 부채질하는 기름이 된다. 사랑의 정신은 보상이나 칭찬받기를 바라지 않는다. 그 유일한 요구는 자기 스스로를 더욱 증가시켜 사랑을 구하는 모든 이의 축복과 행복이 되기를 갈망하는 것뿐이다."

윌리암 로우는 신적 불티에 대해서는 다음과 같이 이야기했다.

"만일 그리스도께서 모든 사람 안에 주님 자신과 같은 새 생명을 일으키시는 것이 목적이라면, 각 사람은 본래 자기 생명의 가장 깊은 영혼 속에 그리스도의 씨를, 다른 말로 말한다면 하늘의 씨앗으로서의 그리스도를 가지고 있었음이 틀림없다. 그것이 무감각 상태 속에 잠복해 있지만 실제 그리스도의 중보의 힘에 의하지 않고서는 거기서 씨앗은 싹터 일어날 수 없는 것이다…만일 인간 속에 나 아닌 다른 것이 없다면 대체 무엇이 자아를 부정하기 시작해낼 수 있겠는가? 하나님의 말씀은 모든 인간의 영혼 속에 숨은 보화여서 혈육 밑에 갇혀 있는데 끝끝내는 그것은 새벽별같이 우리 마음 속에 떠올라 땅에 있는 아담의 자녀를 하나님의 자녀로 변하게 하는 것이다."

1624년 11월 주일날 오전 2시, 49세 때 야곱 뵈메는 자기 아들에게 "토피야스야, 네게도 저 아름다운 음악 소리가 들리느냐?"고 물었다.
"안 들립니다."
"저 문을 열어 보렴. 그러면 잘 들릴 것이다."
"지금 몇시냐?"
"세시입니다."
"내 시간은 아직 안되었다. 오, 전능하신 만군의 아버지 하나님이시여! 당신의 뜻대로 나를 구원하소서. 오, 십자가 위에 못 박혀 돌아가신 예수여! 나에게 긍휼을 베푸소서. 나를 당신 나라에 인도하소서."

아침 6시에 그는 처자에게 마지막 작별의 말을 남기고 이 세상을 떠났다. 그는 "나는 지금 이곳을 떠나 낙원으로 간다."고 말했다.

20. 죠지 폭스
(George Fox: 1624-1690)

죠지 폭스는 퀘이커파의 시조이다. 그는 런던 근처 페니 드레이튼에서 1624년에 출생하였다. 그의 부친은 제조업자로 정직한 크리스천이었다.

폭스는 젊어서 구두 제조업과 목축하는 집에서 고용살이를 했었다. 19세 때, 평소에 그가 훌륭한 신앙인이라 보았던 삼촌과 또 한 사람의 종교 교사가 폭스를 억지로 술집으로 끌고 갔다. 술을 마시고 취한 그들의 모습을 보고는 그들의 행동이 신앙과 직분에 어울리지 않아 절교하고, 몹시 양심에 고통을 느끼면서 기도했다. 그리고 "나는 모든 삶과는 다른 길로 가야겠다."고 결심했다. "캠브리지나 옥스포드 대학에 앉아 있는 것만으로 하나님의 사람이 된 것은 아니다. 산 그리스도에게서 직접 가르침을 받아야 한다"고 생각했다.

그때 그는 신의 계시를 느꼈다. "너는 이 세상을 어떻게 보느냐? 청년들은 손에 손을 잡고 허영에 몰려가고, 노인들은 늙어 무덤으로 들어가도다. 너는 마땅히 노소 모든 사람에게 이방인 같이 될지어다."라는 소리를 들었다.

이에 폭스는 세상과의 관계를 일체 끊고 성경 한 권만 품고 수 년 동안 영국 각지의 산과 숲을 돌아다니면서 명상에 잠겼다. 때로는 고향에 돌아가 부모를 만나기도 하고 각지에서 유명하다는 사람을 찾아 가르침을 구했으나, 만족을 얻지 못하고 비애와 고뇌와 유혹에 시달리며, 영혼의 안심을 얻지 못했다.

3년이 지난 후 성경만 들고 산중으로 가서 금식기도를 하다가, 드디어 마음을 열고 신으로부터 진리와 새 빛의 계시를 얻고 딴 사람이 되었다.

"너의 속 깊은 진정을 풀어 줄 자는 오직 한 분 예수 그리스도뿐이다."

이 순간 그는 마음에 광명이 차고 새로운 세계에 들어선 자아를 발견했다. 그는 신이 수도원이나 성전 내에 계시지 않고 사람의 마음에 계시다는 것을 깨달았다. 그리하여 그는 "내적 광명, 내적 조명"의 체험을 강조했다. 기독신자인 증거는 이 내적 광명을 얻어야 하는 것이다. 그래서 그는 자기 파의 신도들을 "빛의 자녀"라 불렀다.

25세인 1647년부터 그는 순회 설교를 시작했다. 시장, 들, 혹은 가두에서 설교를 했다. 그리고 자기를 따르는 제자들을 가르쳤다. 나중에는 "프렌드(Friends)"파라는 건실한 신앙 단체를 조직했다.

1649년 노팅검 어느 교회의 예배에 참석하여 설교를 듣고 있던 중에 그는 갑자기 일어나서 "성경을 바로 이해하고 진리를 깨닫기 위해서는 위로부터 빛을 받지 않으면 안된다."고 연설을 했다. 이 때문에 그는 잡혀 투옥되었으나 얼마 후에 놓여났다.

그 후에도 자주 그런 일이 있었고, 여러 번 투옥되었다. 사람들이 보기에 기이한 행동을 많이 했다. 어떤 때는 예수님처럼 나귀를 타고 입성하는 흉내도 냈다. 어느 때는 베네렛트라는 재판관에게 답변할 때, "주의 말씀에 대해서는 떨어야 한다."고 말한 데서 "퀘이커(Quaker)"라는 별명이 붙게 되었고, 이 별명이 그 후 이 단체의 통칭이 되었다. 혹은 그들이 예배 때에 몸을 떠는 데서 이렇게 부르게 되었다고도 한다.

그는 국법을 어기고 예배를 한다는 혐의로 여섯 차례나 투옥당했고, 때로는 몹시 매맞아서 빈사 상태에 빠지기도 했으나 그는 다시 일어나 "한번 더 내 가슴과 머리와 뺨을 치라."고 외쳤다.

재상 크롬웰과 시인 밀튼 등이 그를 도왔다. 그는 크롬웰장군 앞에서도 모자를 벗지 않았다. 크롬웰은 감탄하면서 "내가 이제야 사람다운 사람을 만났다."고 말했다.

신체적으로 폭스는 장대한 사람이고, 그의 눈은 날카로워 사람들을 꿰뚫어 보는 듯하였다. 그의 목소리는 우뢰 같았다. 용기는 뛰어나고 성품은 온화했고, 그의 설교는 쉬우면서도 힘이 있었다. 그의 일기는 유명하다. 저서로는 『서간집』 『복음의 진리』 등이 있다.

그는 40년간 입으로, 붓으로 열심히 활동하여 잉글랜드, 웨일즈, 스코트랜드, 아일랜드, 네델란드, 미국 등지까지 순회하며 교세를 폈다. 1656년에는 그와 함께 전도에 나선 이가 56명이나 되었고, 1666년까지는 아직 조직된 단체는 이루지 않고 있었다. 이 해까지를 프렌드교회 역사의 제1기로 삼는다. 그 후 1688년까지를 제2기로 조직시대라 한다.

1668년에 폭스는 그의 운동에 있어 유명한 두 협조자를 얻었다. 웰리암 펜(Wlliam Pen)과 로버트 버클레이(Roert Barclay)이다. 웰리암 펜은 폭스의 설교에 감동을 받고 그 단체에 가입하여 교사가 되었고, 자기 문벌과 재산으로 그 교단을 위해 공헌한 바가 크다. 펜실베니아에 식민지를 개척하여 퀘이커교도를 이주하게 하여 자유로이 그들의 주의를 시행하게 했다. 버클레이는 퀘이커파 신학자로서 『기독교 신학을 위한 변증』을 써서 이 파의 사상을 계통적으로 썼다. 폭스는 열정의 사람이요, 영감의 사람이었는데, 이제 정치가인 펜과 신학자인 버클레이를 얻어 양쪽 날개를 갖춘 셈이다.

퀘이커 교리에 있어서 가장 중요한 것은 내적 광명의 교리이다. 성령을 받아 내적 광명을 얻게 될 때에 비로소 성경의 참뜻을 깨닫게 되는 것이며, 또 이 내적 광명은 성경의 가르침을 보충할 진리까지 줄 수 있다고 주장했다. 이런 것들은 성경의 진리를 보충하는 것이지 반대하는 것은 아니다. 그들은 믿음으로 의롭다함을 얻는다는 교리도 사랑하지만, 마음 속에 그리스도를 받아들여 그리스도와 신비적인 연합을 못한다면 이신득의(以信得義)의 교리도 무익하다고 가르쳤다.

폭스의 생애와 함께 이런 교리 주장에 있어서 퀘이커는 신비주의적이다. 또 그들에게는 율법적인 점도 있다. 또 산상수훈은 문자 그대로 지키려 하기 때문에 전쟁을 반대하고 맹세를 하지 않는다.

퀘이커교회에는 세례가 없고 성찬식도 없고 아무런 의식이나 예전도 없다. 예배에는 미리 정한 순서가 없고 누구나 영감이 오면 기도하고 찬송도 부르고 메시지도 전한다. 영감을 느끼는 자가 없으면 침묵하면서 기다리며 생각한다.

그들은 소박한 의복을 좋아하고 사치나 화려한 색은 쓰지 않는다. 영어의 월명(January, February 등)과 요일명은 다신교 시대의 신들의 이름이기 때문에 사용하지 않고 제1월, 제2월로,

혹은 주의 제1일, 제2일이라 부른다. 그들은 신을 예배할 때 외에는 모자를 벗지 않는다.

이같은 신앙 때문에 그들은 세인의 조소와 박해의 대상이 되었다. 처음에는 자기들을 "빛의 아들"이라 불렀으나, 후에 "우회도(友會徒)"라고 고쳤다. 세인들은 대개 "퀘이커(떠는 사람)"라고 불렀다.

그들은 교회의 세금 납부의 의무를 거부했기 때문에 박해를 받아 투옥되어 어떤 때는 한꺼번에 40명의 교도가 옥에 갇힌 때도 있었다. 집회소는 파괴되고, 신자들은 폭도들에게 괴로움을 받고, 옥중에서 옥사한 이도 많았다. 이것은 영국에서 뿐만 아니라 미국에서도 마찬가지였다. 그러다가 1687년 제임스 2세의 신앙자유령이 발표되면서 비로소 자유를 얻었다.

퀘이커파는 지금도 폭스의 정신 그대로 검소, 자선, 봉사, 구제에는 열심이지만, 그 신학에 계통이 없고 한 시대의 사상을 지배할 힘이 없고, 그 정치에 큰 조직이 없으며, 소극적인 반동적 분자가 많기 때문에 세계에서 큰 세력은 되지 못했다. 그러나 기독교사상 특이한 현상이었음은 분명하다. 현재 영국, 미국, 프랑스, 독일 등지에 도합 수십 만명의 교도를 가지고 있다.

21. 콰이어티즘
(Quietism)

콰이어티즘(靜寂主義)은 정정(靜定)을 존중하는 신비주의이다.

스페인에는 신비주의의 흐름이 지속되었다. 성녀 데레사 시대로부터 후일 "광명을 받은 자(Alombrados)"라 부르는 일파가 있었다. 이들은 "가톨릭의 퀘이커"라고 불리웠다.

17세기에 이르러 "미겔 드 몰리노스(Miguel de Molinos; 1640-1697)가 콰이어티스트의 개조(開祖)가 되었다. 몰리노스는 스페인 사라곳사 부근에서 출생했다. 1669년 로마에 와서 설교자, 또는 청고해자(聽告解者)로 사람들의 존경을 받았다.

1675년에 『심령의 인도(Spiritual Guide)』라는 저서를 냈는데, 이 책은 신비적 신앙서로서 여러 나라 말로 번역되었다. 교황 인노센트 10세 등 유력자들이 처음에는 이 책을 칭찬했다. 그러나 후에 제수잇파가 몰리노스의 사상이 세력을 얻는 일은 자기 파에 불리함을 깨닫고 루이 14세를 선동해서 교황에게 무고하였다. 이로 인해 몰리노스는 옥에 들어가게 되었고, 그의 저서는 검열을 받아 그 중에서 68가지의 말은 교황에 의해 부인되었다. 몰리노스는 그 부분을 취소했으므로 사형은 면하고 종신금고를 선고받고, 수년 후에 도미니크파의 수도원에서 사망했다.

몰리노스의 사상은 다음과 같다.

"완전하기를 원한다면 마음이 고요해야 한다. 누구와 논쟁도, 동정도 말고 아무 능력도 활동시키지 말아야 한다. 자기를 완전히 잊어버리고 신에게만 마음을 빼앗기는 일, 이것이 영적 생활의 가장 고상한 상태이다. 우리 영혼이 그 뿌리, 그 근원에 돌아가기를 원한다면, 가지를 멸하고 변화하고 개조하고 신화(神化)되지 않으면 안된다. 그러나 이런 상태를 성취하기 위해서는 정신능력이 정지하여 수동적이 되고, 바른 생각을 하는 일에 있어서 신에 관한 좋은 생각까지도 가지지 않는 것이 필요하다. 영혼의 작용은 순전한 부동 묵상의 상태에 따라서 하늘의 빛이 비춰옴을 받는 데 있다."

그는 하나님과의 신비적 연합은 의식이나 예식이나 로마교회의 헌법 따위는 무용한 것이라고 생각하는 경향이 있었다.

"신을 아는 데는 두 방법이 있다. 사념(meditation)인 추론적 사색(推論的 思索)과, 정관(靜觀;contemplation)인 순수한 신앙이다. 정관에는 능동적인 것과 수동적인 것이 있다. 능동적인 정관보다도 수동적인 정관이 더 높은 경지에 이른다."

그는 사념을 "외적(外的)인 길"이라고 부르고, 이것은 초심자에게는 유효하나 결코 완전에까지 인도하지는 못한다고 한다. "내적(內的)인 길"은 신과의 합일을 목적으로 삼는다. 그것은 신의 의지에의 완전한 복종, 모든 자아 의지의 멸절, 영혼의 문란하지 않은 정밀(靜謐), 즉 수동성을 이루어 신비적 은총의 초자연적인 조명과 감화를 받는 데 있다.

콰이어티스트 중에서 가장 유명하고 대표적 인물은 기욘 부인과 프랑소아 페넬론(Francois Fenelon)이다.

1) 기욘 부인 (Madame Guyon: 1648-1717)

기욘 부인은 파리 남방 몬타르기라는 도시에서 태어났다. 어려서부터 경건하고 성경을 많이 읽었다. 재색(才色)을 겸비한 그녀는 어린 나이에 부호에게 시집을 가서 자녀를 낳았다. 남편은 부호이긴하나 학식도 슬기도 없는 각박한 성질이었기 때문에 기욘 부인은 괴로움이 많아 기도로 위로를 얻으며 살았다. 젊고 아름다웠을 때에는 화장도 하고 파리 거리를 돌아다니면서 신앙 생활을 게을리하였다.

남편이 파산하여 고민하다가 1676년에 별세하자, 기욘 부인은 28세에 과부가 되었다. 세 자녀를 길러야 할 책임을 짊어지게 된 것이다. 얼마 후 자녀들도 죽고, 자기도 천연두에 걸려 그 미모를 잃어 버리고 말았다.

이런 환란 속에서 그녀의 신앙은 단련되어 갔다. 그녀는 다음과 같이 말하였다. "신과 교통하려는 소원이 강하고 싫지 않았기 때문에 기도하기 위해 매일 4시에 일어났다. 내게는 기도하는 일처럼 쉬운 일은 없다. 기도하고 있는 몇 시간은 몇 초처럼 지나고 말아서 기도하는 일 외에는 아무 일도 할 수 없었다. 사랑은 마음에 쉬지 않고 타올랐다. 이 기도는 환희의 기도였다. 몰아(沒我)의 경지였다. 신을 맛보는 순간은 절묘하여 순결하고 쉬지 않고 심령의 힘을 흡수하여 깊은 지경에 들어가게 한다."

그녀는 시도 짓고, 『간이 기도 방법』이라는 저서와 그 속편인 『급류』를 써서 많은 사람들이 읽었다. 그 내용은 인간은 자기 의지를 전적으로 신의 의지 속에 몰입하고, 영혼을 신(神)께 위탁해야 하며, 기도는 처음에는 자기가 노력하기 시작하지만 점차 기도가 깊어지면 힘쓰지 않아도 자연적으로 신으로부터 오는 은혜를 받는 경지에 나아간다는 것이다.

스페인에서는 몰리노스를 박해했기 때문에 신비주의 운동의 불이 꺼졌으나 프랑스에서는 기욘 부인의 정적주의 운동이 기세를 얻어 새로운 부흥 바람이 휩쓸었다. 기욘 부인은 생전에 몰리노스와 서로 사귄 일도 없고 면식도 없었으나 그들의 사상은 대체로 비슷하였다.

기욘 부인이 사사(師事)한 사람 중에 라 콤브(La Combe)라는 인물이 있었다. 기욘은 이 사람에게서 사상적 감화를 적지 않게 받았다. 그는 인망이 높은 설교자였지만 그 사상이 몰리노스와 비슷하다는 이유로 국왕에게 고소당하여 1687년에 체포되어 바스티일성과 또 다른 곳에 갇혀 27년간 옥살이를 하다가 별세했고, 기욘 부인에게도 화가 미쳤다.

1688년 기욘 부인은 제수잇파의 반대로 어떤 수도원에 유폐되었으나 국왕의 은총을 받은 어떤 부인의 구호로 같은 해 8월에 풀려났다. 그 해 그녀는 처음으로 페넬론과 서로 알게 되어 사상적 사귐을 맺었다. 1695년 왕명으로 그녀는 다시 옥에 갇혔다. 그리하여 4년 동안이나 바스틸(Bastile)성의 탑에 갇혀 지냈다. 그러나 놀라운 믿음을 가진 그녀는 옥중 생활을 왕궁 같은 생활로 여겼다.

1702년에 블로와(Blois)로 추방되어 거기서 말년을 보냈는데 국왕의 명으로 다시는 파리로 돌아오지 못하고 말았다. 그녀는 그곳에서 완전한 평화와 기쁨과 희망 속에 1717년 69세를 일기로 별세했다.

2) 프랑소아 페넬론(Francois Fenelon: 1651-1715)

페넬론은 프랑스 페리코롬의 샷도오 드 페넬론에서 출생하여 파리의 제수잇회 학교에서 공부했다. 처음엔 선교사가 되어 캐나다로 가려했으나 건강이 좋지 못하여 그만두었다. 프로테스탄트에서 로마교로 개종한 부인의 보육을 위하여 설립한 노벨 가톨릭을 감독하면서 조용한 생활을 보냈다.

그는 온화하면서도 약하지 않은 외유 내강한 사람이었고, 사랑이 깊고 고결한 인격자였다. 이 무렵부터 기욘 부인과 알게 되었는데 처음에는 경계했으나 점차 의혹이 풀려 깊은 우정을 가졌다.

1689년엔 황태자의 사부가 되고 유명한 그의 저서 『Aventures de Felemaque』는 황태자의 교육을 위하여 지은 것이라 한다. 1694년 감브레에의 대감독이 되었다.

"사람은 영의 실재요 실체이며 동시에 그 생명이다."라는 페넬론의 주장은 프랑스 가톨릭 교회의 최대의 신학자요 통솔자인 보수에와 대립되었다. 교황은 12명의 위원에서 조사시켜 페넬론의 저서 중에서 23개 부문이 잘못되었다고 결정했고, 페넬론은 여기에 굴복했다. 그는 기욘 부인보다 2년 먼저인 1715년에 별세했다.

그의 유명한 저술 『성도의 금언』 속에서 그는 "무아의 사랑(無我愛)"과 "수동적 정관(受動的 靜觀)"의 2대 교리를 말했다. 하나님께 대한 사랑에 자기 이익이란 것이 있어서는 안된다. 자기애(自己愛)는 악의 근원이기 때문이다.

하나님께 대한 다섯 종류의 사랑

① 순전히 계집종과 같은 사랑: 하나님 자신과는 전혀 관계 없고 하나님이 주시는 선물만 사랑한다.
② 단순한 탐욕적 사랑: 하나님의 사랑을 단지 자기 행복의 조건으로만 본다.
③ 희망의 사랑: 아직도 그 속에 자기 행복을 구하는 마음의 주가 되어 있다.
④ 이기적인 사랑: 아직도 자기를 생각하는 동기가 섞여 있다.
⑤ 몰이기적(沒利己的) 사랑.

신비가의 세 가지 생활

① 정죄적 생활: 이 단계에서의 하나님께 대한 사랑에는 지옥에 대한 두려움이 섞여 있다.
② 광명적 생활: 천국의 희망이 섞여 있다.
③ 최고 단계의 생활: 이 단계에 이르면 우리는 비로소 순수한 사랑을 평화에 부어 넣어 하나님과 합일한다. 이 상태의 영혼은 비록 하나님이 그를 지옥에 던져 넣는다 해도 하나님을 사랑하는 힘은 덜해지지 않는다.

그러나 "섞여진 사랑"도 죄는 아니다. 거룩한 영혼들도 현세에서는 아직 완전한 무아애(無我愛)에 도달하지는 못했다.

참 신비주의의 거짓 신비주의를 구별하는 기준

① 영구적인 행위, 즉 하나님과의 허물어지지 않는 융합 상태라는 것은 태만과 내적 혼수에 빠지는 해로운 근원으로 알아 벌해야 한다.

② 모든 덕을 명백히 반드시 실행할 필요가 있다.
③ 영구적인 정관은 불가능하다.
④ 수동적 기도는 자유 의지와의 협력을 물리치는 것이 불가능하다.
⑤ 성령으로부터 받는 평화를 제하고 적정(寂靜)이라는 것은 있을 수 없다.
⑥ 순수한 사랑의 교리를 적정주의자가 빠지는 잘못의 피난처로 삼지 않기 위해 우리는 바울이 말한 것같이 소망이 항상 있지 않으면 안된다.
⑦ 순수한 사랑의 상태는 극히 드물다. 더구나 그것은 간헐적인 것이다.

페넬론은 무아의 사랑에 대하여 말하기를 "사람의 자아(自我)는 자기 자신의 최대 십자가이다. 그러므로 우리는 자아, '나'에 대하여 문외한(門外漢)이 되지 않으면 안된다." "고통하는 것을 사랑하기에 이르러야 비로소 순수한 사랑이다."라고 했다.

22. 엠마누엘 스웨덴보리
(Emanuel Swedenborg: 1688-1772)

　독일의 철학자 칸트는 스웨덴보리를 평(評)하여 "인류사상에서 이같은 인물이 있으리라고는 생각할 수 없다. 또 장래에도 나타나지 않으리라 생각된다. 그의 이상한 능력에 관해서는 놀랄만하다."고 했다.
　스웨덴보리는 스웨덴의 수도인 스톡홀름에서 출생했다. 그의 가정은 경건한 기독교 가정이었다. 부친은 루터파의 목사였으며, 궁정 목사, 신학 교수, 감독직을 역임한 학식 있는 인물이었다.
　스웨덴보리는 어렸을 때부터 이미 신비적인 경향을 갖고 있었던 듯하였다. 그는 신(神), 구원, 인간의 영적인 열정 등을 명상하였다. 열 살이 되기 전에 이미 그의 언행은 사람을 놀라게 할 정도였다. 비범한 지식과 지혜, 그 중에도 물리학과 수학에 뛰어났다. 웁사라대학을 졸업하고 21세 때 철학박사 학위를 받았는데 그의 천재적 소질에 교수들은 놀랐다.
　여러 나라를 여행하고 난 후에 귀국하여 국왕 찰스 12세의 초빙을 받아 광산대학에서 교편을 잡았다. 전쟁 때는 수송기를 발명하는 것을 비롯해서 제염기, 잠수함 등도 발명했다.

1719년에는 귀족으로 서품을 받고, 수십 년간 귀족 위원으로 정치계에서도 활약했다. 과학자, 수학자, 어학자, 음악가, 해부학, 기계학, 지질학, 화학에도 깊은 지식을 가지고 있었다. 그의 연구의 범위는 더욱 확장되어 우주의 해석과 사물의 기원에까지 이르렀다. 또한 그는 해부학을 연구하여 영혼의 성질을 밝히려고 독일, 이탈리아, 프랑스 등 여러 나라를 여행했다.

그가 55세 되던 해, 주님의 계시로 영안(靈眼)이 열려 정신상 일대 변화가 왔다. 그가 스스로 쓴 말에 의하면, "내가 지금까지 말한 모든 것은 그다지 중요하지 않은 것들이라 본다. 1743년, 신의 예배, 말씀의 영적 의의 및 구원과 지혜를 낳게 하는 많은 중요한 일에 관계된 것이다."고 했다.

처음 신께서 그에게 나타났을 때, "나는 주이며, 세계의 창조주 구원자이신 하나님이다. 나는 성서의 영적 의미를 밝히기 위해 너를 택했다. 내 친히 네가 기록한 바를 네게 일러 주리라."고 말했다고 했다.

1747년 그는 거룩한 연구에 전념하기 위해 광산국과 모든 공직을 사면하고 들어 앉아 기도와 성경 연구에 몰두했다. 소년 시절에 배운 히브리어를 연구하여 구약을 원어로 읽으면서 『천국 비밀』, 『우주 안의 제지구(諸地球)』, 『새 예루살렘과 그 천적 교설』, 『백마론(白馬論)』, 『최후 심판』, 『천계와 지옥』 등을 썼다.

그는 실로 정체를 잡을 수 없는 거대한 인물이었다. 그는 일생을 독신으로 지냈고, 생활은 극히 단순하게, 식사는 빵과 우유와 야채였다.

그의 초기 28년간은 대과학자로, 중기 28년간은 대철학자로, 말기 28년간은 대종교가로서의 일생이었다. 그는 84세까지 장수

했는데, 그의 후반 생애의 28년은 다른 모든 학문을 내버리고 그가 말하는 하늘의 계시를 따랐다.

그의 교령(交靈) 능력, 천리안적 능력은 굉장했다. 1759년 7월 19일에 스톡홀름에 대 화재가 발생한 일이 있었다. 당시 그는 영국에서 돌아오는 도중 곤덴베르히에서 친구의 저녁 초대를 받고 있었는데, 6시경 방을 나가더니 파랗게 질려 들어오면서 "지금 스톡홀름에 불이 났는데 이대로 가면 우리집이 위험하다."고 했다. 얼마 후 다시 나갔다 들어오면서 "불은 우리집 앞에서 셋째 집까지 와서 진화되었다."고 하면서 저녁식사를 계속했는데 그 후 알아보니 정말 그가 말한 대로였다.

스웨덴보리는 스웨덴, 네넬란드, 런던 사이를 왕래하면서 계속 저서를 내었는데 무려 60여 권이나 되었다. 그는 자기가 죽을 날도 주께 미리 예고를 받아 알고 있었다.

그의 대저서인 『천국과 지옥(영계의 현상)』은 서양 제일의 기서(奇書)이다. 그는 그 책에서 주장하기를, "이것은 전부 내가 몸소 영계에 들어가 견문하고, 혹은 영들과 사귀면서 알아온 지식을 기초로 하고 있다."고 공언했다. 그 서문에 다음과 같이 썼다.

"나는 과거 20년간에 걸쳐 육체는 이 세상에 그냥 둔 채 영이 되어서 인간의 사후 세계인 영의 세계를 출입해 왔다. 그리고 거기서 많은 영들 사이에서 여러 가지 사실을 보고 들었다. 내가 그곳에서 견문한 것은 너무도 많다. 그러므로 나의 이 수기는 방대한 것이 될 것이다. 그런데 내게는 이 세상에서 살 시간이 얼마 없다. 나는 명년 3월 29일에는 이 세상을 버리고 영의 세계로, 두번 다시 돌아오지 않을 나그네 길을 떠나지 않으면 안되기 때문이다."

그는 이 서문에 기록한 그 날짜에 런던에서 사망했다.

스웨덴보리의 사상은 자연과학과 종교 사상의 이상스런 결합이라고 평하는 이들도 있다. 그는 "응대의 법칙(Correspondence: 일치, 부합, 통신)이 있음을 말한다. 우주에는 형체가 있는 세계에 대응하는 내부적(영적) 세계가 있다고 말한다. 이런 점은 옛날 영지주의와 비슷한 데가 있다. 성경에도 문자적, 외부적, 의미 외에 내부적, 영적 의미가 따로 있다고 주장한다. 서로의 대응 관계는 마치 사람의 속 마음과 겉 얼굴의 대응과 같다고 했다.

삼위일체 신관의 교리에 관해서는 3인격적 삼위일체설의 삼신이주성(三神二主性)을 밝혔다. 그의 해석은 하나의 인격이 나타나는 현현의 구별뿐이라고 말했다. 예수 그리스도 외에 다른 하나님은 없다고 지적했다. 천지창조 이전에는 삼위의 구별이 없었다는 것이다. 그는 또한 믿음으로만 구원을 얻는다는 교리를 받아들이지 않았다. 신의 말씀에 순종하는 생활에 의해 구원을 얻는다고 말했다.

창세기 해석에 있어서 창조의 6일간은 인간의 영적 생활의 발전의 단계를 의미한다고 해석하고, 인간을 남녀로 짝지어서 결혼하게 하신 일은 인간에게 지(智)와 의(意)를 부여하여 일치하게 하시는 뜻이라 했다.

처음 1783년 12월 5일 런던에서 스웨덴보리 학도의 집회가 열렸을 때 모인 숫자는 5명뿐이었다. 1787년 5월에 그들은 기성 교회에서 분리하여 새 교회를 세우고, 특별한 신조, 예배, 정치를 하게 되었다. 이 운동은 마침내 영국, 미국, 이탈리아, 서독 등지로 퍼져 갔다. "새 예루살렘 교회"라고 부르나 지금은 보통 "새교회"라고 부른다.

23. 로렌조
(Lauretinus: 1614-1691)

 로렌조 수사는 프랑스 "뚤"교구 헤리메닐에서 출생했으며, 본명은 "니꼴라 헬망"이라고 불렀다. 젊어서 군인으로 종군하여 독일군에게 잡혀 간첩으로 오인을 받았으나 무죄로 인정되어 석방되었다.
 로렌조가 21세 되던 해인 1625년에 프랑스와 스웨덴 간의 전쟁에서 부상하여 집으로 돌아왔다. 그 해 8월 10일부터 두 달 동안 하나님께 헌신하고 과거의 행실을 고치려고 결심을 하게 되었다.
 그 후 5년이 지난 1640년, 그가 26세 되던 때에 파리의 "선족(跣足) 갈멜회"에 평수사, 즉 노동 수사로 입회해서 "부활의 로렌조" 수사로 불리게 되었다. 그는 매우 열심히 수도생활에 정진했고, 성모 마리아를 "나의 착하신 모친"이라 불렀다. 특히 염도와 하나님의 현존을 생각하는 수업(修業)에 정신을 다하며, 엄한 고행을 추구했다. 처음부터 그는 수도원 내에서도 가장 비천한 역을 담당하였고 수련장의 배려로 많은 시련을 받았다.
 1642년 8월 14일에 서원(誓願)을 했는데 그때부터 10년간 그의 영혼을 정화하기 위한 내적 시련이 시작되었다. 로렌조는 염도 중에서도 특이한 성총을 받았는데, 자기의 과거 생활의 죄를 회상할 때에는 이런 은총을 받는 것이 부당하다고 여겨 착각이 아닌가 하고 두려워했다. 이런 심리 상태는 점점 더 고민을 가져와 지옥의 고통에 견줄만큼 심각했다.

쓴 맛과 어둠 속의 공포와 고난은 10년간 그칠 사이 없이 계속됐다. 이 무서운 상태 속에서 오직 순수한 신앙만이 그에게 용기를 주었다. 가장 고통이 심할 때면 기도와 "하나님 현존 수업(現存修業)", 모든 덕행의 실천, 육체적 고행 등으로 밤이 새도록 성체 앞에 머물렀다.

어느 날 여러 가지 고뇌에 대해 생각하는 중 이는 자기가 주님을 배반할까 두려워서 오는 것이라 깨닫고, 이것이 신의 뜻이라면 자기는 죽을 때까지 이를 인내하리라 결심했다. 이것이 바로 신께서 성총으로 그를 채우시기 위해 그에게 원하시는 영혼의 상태였다.

이때 신적인 광명이 그의 정신을 비추어 온갖 두려움을 없애고 그의 고민을 제거해 주었다. 그가 받은 성총은 과거의 고민과 비애를 보상하고도 남음이 있었다.

로렌조는 후반 생애 40년 동안 "하나님 현존의 수업"에 자기를 바쳤다. 그의 말대로 하자면, 하나님과의 친밀한 침묵의 평화 중에서 지냈다. 이 점이 그의 생애의 특징이었다.

이 "현존 수업(現存修業)"은 하나님이 그에게 주신 특별한 은혜이지만 동시에 이 수업(修業)을 위한 그의 충실과 노력의 결과이기도 했다. 그는 이 실천에 익숙해지기 위해 오랜 세월 노력했다. 처음에는 너무나도 어려움을 느꼈다. 잡념에서 벗어날 수 없었고, 온갖 부질없는 생각이 억세게 마음을 점령하고 있었다. 그는 결코 덤비지 않고, 언제나 중용을 지키면서 가장 마음을 산란하게 하는 일상적인 일 중에서도 정신을 하나님께 집중하려고 애썼다.

그는 수도원 안에서 부엌에서 일하면서 낡은 신발을 수선하는 일, 수도원을 위하여 구걸하러 가는 등 비천한 일을 도맡아 했다.

그는 본래는 성격이 거칠어 무엇을 잘 깨뜨리는 일이 많았고, 무뚝뚝하고 얼굴도 그 성격같이 생겼으나, 성총을 받고 나서는 섬세하고 비상한 슬기가 있게 되었다.

큰 시련을 겪은 다음부터 그의 인격은 주변에 있는 사람들에게 큰 영향을 끼쳐 나갔다. 그의 특징은 놀라운 단순함(Simplicity)이었다. 그는 학자들은 좋아하지 않았다. 그래서 책과 거리가 멀었다. 단순하고 솔직했으며 본질적인 것으로 접근하는 예민한 초자연적인 상식이 그에게 있었다. 온화한 얼굴, 다정한 친근미, 공손한 태도는 그를 대하는 모든 사람들로부터 존경을 받을만 했다. 언제나 솔직하게 행동하며 남에게 보이려고 하는 일은 없었다.

하나님께 대한 신앙과 사랑 속에서 사람들에게는 알려지지 않은 숨은 생활을 하려고 힘썼다. 그가 겪은 많은 고통 중에서도 육체적으로 어려웠던 것은 좌골신경통이었다. 이 때문에 그는 절름발이가 되었다. 25년간이나 앓으면서 다리에 궤양까지 생기게 되어 고통이 격심했으나 그는 큰 인내를 나타냈다. 만년에 또 다른 병을 세 가지나 앓았는데 세번째 병을 앓을 때에 자기가 죽을 때가 가까운 줄 예감하고 기뻐했다.

그에게는 한 가지 소원밖에 없었다. 그것은 주님의 사랑을 위해서라면 어떠한 고통이라도 달게 참겠다는 것이었다. 이후에 연옥에 가서 자기 죄의 보속을 위해 무슨 괴로움이든 당하리라 결심했던 만큼 이 지상에서 그것을 위한 보속의 좋은 기회를 맞이했을 때, 이 기회를 놓치지 않고 영성생활로 이용했다. 그는 병중에서도 일부러 오른쪽으로 눕혀 달라고 부탁했다. 그쪽으로 누우면 괴로움이 더 심했기 때문이다. 간호하는 사람이 좀 편하게 눕혀 주려고 하면, 그는 "사랑하는 형제여! 고맙습니다. 하나님의 사랑을 위해 좀 고통을 받도록 허락해 주세요."라고 했다.

로렌조 수사는 자기의 죽음을 예언했다. 죽기 네다섯 달 전부터 옆에 있는 사람들에게 그 해 2월 말이 되기 전에 죽을 것이라고 말했다. 수도원 내의 아주 건강한 평수사에게는 자기가 죽은 뒤에 그도 죽게 될 것이라고 예언했는데, 실제로 그 수사는 로렌조가 매장되던 날에 죽었다.

1691년 2월 12일 오전 9시, 로렌조는 아무런 고통도 없이 모든 성사를 다 받고 동료 수사들의 기도 속에서 잠들듯이 고요히 세상을 떠났다. 그는 죽음이 임박하자 의사를 보고 "아, 선생님. 선생님의 약은 지나치게 효력이 있습니다. 그러나 이 약은 저의 행복을 늦추어 줄 뿐입니다."고 했다.

그의 마지막 유언은 다음과 같았다.

"나는 영원히 내가 할 바를 하고 있습니다. 즉 주님을 찬미하고 흠모하고 사랑하며 다른 것을 걱정하지 않는 것이야말로 우리의 본분입니다."

로렌조의 신비주의는 다음 말 속에 잘 표현되어 있다.

"나는 하나님께 관한 온갖 아름다운 설교를 듣거나 글을 읽고, 그것에서 느끼는 것으로 만족할 수 없다. 완덕에 있어서 무한하신 하나님을 말로서는 표현할 수 없고, 하나님의 위대함에 대해 완전하게 표현할 수 없다. 그러므로 나를 통하여 역사하시는 하나님을 완전하게, 하나님 그대로를 인식하는 것이 믿음이다. 나는 하나님께 대해 이러한 믿음의 방법으로 학교에서는 몇 년 동안 배우게는 것보다 훨씬 더 많은 것을 짧은 동안에 배운다."

그는 하나님께 대하여 사랑에 넘치는 전적 위탁을 함으로써 자기에게서 해방되고 그리스도께서 약속하신 참된 복을 받았다. 그의 영혼 안에 하나님께서 현존하신다는 사실은 마치 하나님의 손을 잡고 있는 듯했다. 이와는 반대로 이 세상이 그의 눈에는 마치 꿈처럼 보였다. 이와 같은 순간에 주님과 그의 영혼 사이에는 놀랄만한 친밀감이 생기고, 그는 마치 친구를 대하듯이 주님께 말씀드렸다.

어떤 때 매우 괴로운 생활을 기대했는데 큰 평안을 맛보게 되면 "당신은 저를 속이셨습니다."고 하기까지 했다. 어떤 때는 하나님께서 그를 하늘나라 영혼의 가족에게 보이시려고 그의 손을 이끄시듯이 천국 주민들 앞으로 데리고 가시기도 했다.

로렌조가 다른 일에 정신을 쏟고 있을 때면 하나님께서는 그의 현존을 환기시키려고 한층 더 강하게 느끼게 하시고, 어떤 때는 마치 시샘을 부리시듯 더욱 강하게 그를 부르시는 때도 있었다. 하나님의 사랑이 몹시 강하게 그를 태우실 때면 그는 소리를 지르면서 미친 사람처럼 뛰고 노래하였으며, 심한 충동에 사로잡혀 날뛰었다.

그의 신앙은 그가 보는 모든 것이나 부딪히는 모든 것 속에서 하나님을 보게 했다. 그러나 그는 눈에 보이는 사물에만 머물지 않고, 보이지 않는 것을 발견하려고 모든 것을 지나쳐 버렸다. 또한 자기가 방금 먹은 음식이 무엇이었는지조차 모를 정도였으며, 또한 자기가 할 일을 먼저 계획하거나 생각하는 일도 전혀 없었다.

마치 그는 이 지상에서 하나님과 단 둘이 있는 것처럼 살려고 했다. 기술적으로 신의 임재를 만들어 내는 것이 아니라 신앙 중에 그것을 의식했다. 산 신앙에서 끊임없이 하나님의 현존을 생각하고 만사를 통해 하나님과의 사랑의 담화를 추구했다.

그는 "생각한다는 것은 가치가 적다. 사랑이 모든 것을 다한다."고 했다. 신의 현존을 머리로 추구하기보다 마음과 사랑으로 영혼 안에 보존하도록 하는 것이다. 학자적 추리나 조직적 관념은 사람이 주도적인 입장이 되기 때문에 내적 생활에 있어서 자유롭기를 원하시는 성신의 활동에 해를 끼친다. 주님께서 주도하시는 성의 문을 닫는 결과가 되기 때문이다. 주께서는 우리의 두뇌가 아닌 심장과 마음을 점령하시려 한다.

그는 전적으로 하나님에 대한 위탁과 의뢰만을 생각했다. 죄도 죽음도, 내세도 지옥도 생각하지 않고, 작은 일도 하나님을 사랑하기 위한 것만 생각했다.

그는 임종 때 "형제들이여! 다른 것은 걱정하지 마십시오. 오직 주님을 흠숭하고 사랑하는 일, 이것이 우리가 할 일의 전부입니다. 만일 내가 설교자였더라면 아마 하나님의 현존 수업 밖에 다른 것은 설교하지 않았을 것입니다."고 했다.

하나님 현존을 습득하는 방법

① 생활의 큰 순결을 지킬 것.
② 내재하시는 주님께로 향하는 마음의 시선을 보내는 일에 충실하고 마음의 산란과 불안을 갖지 말 것.
③ 내적 시선을 주님께 보내는 일이 습관화 되도록 모든 일의 시종에서 내적 시선이 언제나 외적 행동보다 앞서도록 애쓸 것.

④ 주님께 대한 짧은 사랑의 말을 자주 드릴 것.
⑤ 오관을 억제할 것. 피조물에서 즐거움을 찾는 영혼은 하나님 현존을 얻기가 불가능하다.

24. 분도 라브르
(Labre: 1748-1783)

분도 라브르는 걸인 성자로 알려진 사람이다. 그는 프랑스 북쪽 아메떼라는 조그만 마을에서 태어났다.

어려서부터 고행과 극기 생활을 열망하여 추운 겨울 밤에도 난로를 쬐지 않고 맛있는 음식을 먹지 않았다. 의복과 음식에는 전혀 관심이 없었다.

한번은 그가 이웃 집 곳간에서 벌레를 잡아 가지고 노는데, 아메떼 보좌신부가 이를 보고 농담으로 라브르를 좀도둑이라 했더니 오랫동안 근심했다고 한다. 어머니가 시장에 가서 물건값을 깎으면 라브르는 그러지 말라고 말렸다.

자라면서부터 라브르에게 사상적으로 가장 큰 영향을 준 것은 소경 신부가 쓴 책이었다. 그 책에는 "지옥에 빠진 영혼이 하나만 있어도 그것을 자기 일처럼 여기고 두려워해야 한다.", "만일 네 부친이 너로 하여금 십자가의 예수께 가지 못하게 막거든 너는 부친도 넘어가라."고 기록되었다고 한다.

라브르는 장자로 출생했으나 부모의 유산을 버리고 수도(修道)생활을 하려고 수도원에 일곱 번이나 찾아다녔으나 번번이 거절당하였다. 이로 인하여 실망한 끝에 수도사가 되려던 생각은 버렸다.

　그가 찾아갔던 수도원은 트라피스트회에서 세운 성 베르날드 수도원이었는데 수도원의 대문에는 "여기로 들어온 자여, 이 문 앞에서 네 육신을 버려라. 이곳은 영혼의 나라이므로 육신은 쓸 데없다."고 쓰여 있었다.

　라브르는 순례자가 되기로 결심하고 긴 수도복에 새끼띠를 매고, 가슴에 십자가를 걸고, 구멍이 뚫린 큰 구두를 신고, 지팡이를 들었는데, 지팡이 끝에 자루를 걸고 그 자루 속에 신약전서, 『준주성범』, 성무일과, 바느질 갑, 문서, 빵조각 얼마를 넣어 메고 다녔다. 이렇게 13년 동안이나 프랑스, 스페인, 독일, 스위스, 이탈리아 등 유럽 천지로 거지 행각을 하며 순례하였다. 춘하 추동도 없이 옷이라고는 다 떨어진 외투에 홑겹 옷 단벌이었다. 찢어진 바지 가랑이에서 다리가 절반은 드러났다. 누가 옷을 주면 반쯤 밖에 안 받고 그나마 새옷은 남에게 주어 버렸다. 단벌옷이 다 헤져야만 갈아 입었다.

　그는 청빈(淸貧)을 보배로 보존하기를 간절히 원했다. 일부러 세수를 하지 않았고 머리털은 자르지 않았다. 전신에서는 냄새가 나서 예배 때에는 그를 성인으로 존경하는 여성들이라도 곁에 오지 못할 정도였다. 머리에서 발바닥까지 이와 벼룩이 득실거렸다. 기도 때에는 아무리 가려워도 움직이거나 긁지 않았다. 거지 중에서도 이런 거지는 없었다.

　길을 걸어갈 때는 언제나 주님의 갈보리로 올라가는 마음으로 눈을 내리뜨고, 가슴에 손을 얹고 성가를 불렀다. 큰길은 되도록이면 피하여 좁은 길로만 다녔다. 산중으로 다닐 때는 나무토막으로 큰 십자가를 만들어 메고, 자루 속에 무거운 돌멩이를 넣어 메고 다녔다. 항상 마음 안에 계신 하나님만 생각하고 하나님과 끊임없이 대화했다. 남과 만나는 것을 피하고 언제나 광야를 지나듯 세상을 살았다.

집도 없고 찾아갈 데도 없었다. 밤이 되면 잘 곳도 없고, 먹을 것도 없어서 땅바닥, 굴, 바위 밑, 차거운 돌, 혹은 성당문 앞에서 개처럼 누워 잤다. 여관이나 주막집은 절대로 들어가지 않았다. 어느 곳이라도 주위에 있는 사람들이 예의 없이 상스런 말을 한다든지 시끄럽게 하는 사람들이 있으면 미련없이 그곳을 떠났다. 자기의 마음 속에 있는 신심(信心)이 깨져서 죄를 짓는 기회를 만날 것을 두려워했기 때문이다. 성당 안에서 지낸다든지 창고, 밀짚 속에서 밤을 지낼 때는 밤새도록 자지 않고 기도하며 하나님과 대화했다.

로마를 순례할 기회가 있었는데, 이 때는 순교자들이 피를 흘리던 콜로세움 굴 속에서 밤마다 지냈다. 춥든 덥든 일부러 날씨가 좋지 않은 날을 택하여 더욱 여행을 했다. 비바람을 피하지 아니했다. 마치 비도, 추위도 모르는 사람 같았다.

추운 겨울에 남들이 친절을 베풀어 불을 쬐게 해주면 그들의 호의를 거절하는 것이 미안해서 잠깐 쬐다가 곧 다른 사람에게 양보했다. 보통 날도 성당에 가서는 저녁 때 문을 잠글 때까지 종일 성당 안에서 기도하여 무릎에 멍이 들기도 했다. 그의 몸은 극도로 쇠약해져갔다. 다리가 상하고 부어도 기어서라도 성당에 와서 깊은 밤중에도 자지 않고 통회성영을 외면서 탄식했다.

"나로 생전에 여호와의 집에 거하여 여호와의 아름다움을 앙망하여 그 전에서 사모하게 하실 것이라 여호와께서 환난 날에 나를 그 초막 속에 비밀히 지키시고 그 장막 은밀한 곳에 나를 숨기시며 바위 위에 나를 높이 두시리로다" (시편 27:4-6)

라브르는 보통 하루에 저녁 한끼만 먹었다. 누가 그에게 좋은 빵을 주면 "이것은 거지에게는 너무 좋은 것입니다."면서 남에게 주었다. 그리고 야채나 남이 먹다 버린 것, 밟힌 것들을 먹었다. 쓰레기통에서 실과 껍질이나 우거지를 주워 먹기도 했다. 좋은 음료는 마시지 않고, "거지가 해갈하기 위해선 개천물이면 넉넉합니다."고 했다. 간혹 누구 집에 가서 구걸하는 경우에는 묵묵히 서서 기다리기만 했다. 구걸해도 자기에게 꼭 필요한 만큼만 얻고, 필요 이상을 얻게 되면 곧 남에게 주었다.

그는 철저히 겸손했다. 자기를 없는 것으로 여겼다. 하나님 앞에 자기는 무용지물이요 자기의 죄가 막대한 줄로 알았다. 매일 성경을 읽으면서도 아무것도 모르는 자같이 어디에 가나 말석에 앉았다. 외모가 불결하고 헌옷과 몸에서 냄새가 났기 때문에 성당에 가서도 남과 떨어져 앉았다. 어떤 이는 그를 문둥병자처럼 기피했다. 그래도 그는 그것이 좋았다.

남에게 모욕당하는 것을 기뻐하고, 욕먹을 때에는 고개 숙여 "예."하고, 다른 사람이 자기에게 돌을 던져 상하게 하면 그 돌을 주워 입을 맞추었다. 억울한 일을 당함을 기뻐하고 감옥과 매맞는 때에는 기뻐했다. 누가 자기를 보고 성인이라거나 성인 대우를 하면 그만 기겁을 하며 도망쳤고, 칭찬을 들으면 괴로워하고, 다시는 그곳에 오지 않았다. 어느 때 그를 성자로 알고 그의 손에 입맞춘 사람이 있었는데 그는 분개했다. 기도를 부탁하는 이가 있으면 "이 죄인더러 기도를 부탁하다니…"하고 황송해 했다.

"만일 여자가 나를 만진다면 나는 즉시 내 살가죽을 도려내겠다."고 했다. 이만큼 극기했기에 그는 정욕의 유혹을 느끼지 않았다. 그는 육을 이긴 자였다. 정신력이 육신보다 강하지 않으면 악습을 이기기 어려운 것이다. 누구에게나 극기가 필요하다.

남들이 그를 존경하고 칭찬하면, 그는 자기가 예수님의 존경을 대신 받는 독신죄(瀆神罪)로 알고 벌벌 떨었다. 거짓말은 한 마디도 하지 않았다. 남에게 해가 되지 않는 거짓말도 못하게 했다.

라브르가 하나님의 사람인지 아닌지의 여부를 알려고 어느 신부가 그를 불러다가 고해시켰는데 그는 예리한 칼로 자기 가슴을 찌르는 것 같아서 얼굴이 창백해지고, 겸손을 잃을까 두려워 떨면서 대답했다. 죄도 아닌 것을 회개하느라 떨며 울었다.

라브르의 생활은 순례자의 삶이어서 더욱 세상을 이탈했다. 아무것도 알려고 하지 않았다. 뉴스라든지 자기 고국이나 고향의 소식도 다 쓸데없는 이야기로 여겼다. 다만 어디에나 계시는 하나님을 더욱 사랑하고 끊임없이 기도하면서 예수의 성심 속에 쉬려고만 갈망했다. 천국과 하나님만 사모할 뿐 육체는 전혀 돌보지 않았다. 사는 것도 그리스도를 위해서만 살고, 입는 것도 그리스도를 위해서만 입었다.

주를 향하는 불타는 마음, 그의 심장과 근육은 바이올린 줄과 같이 그리스도의 생각만 하면 진동했고, "하나님"이라는 말만 들어도 일어섰다. 신을 향한 열심이 불타듯 끓었다. 누가 하나님을 모욕하는 말만 해도 그는 그 자리에서 일어나 나가버렸다. 가톨릭교인인 그는 신교인들이 많이 사는 고장에는 지나 다니지 않았다. "세속은 죄의 기회가 너무 많기 때문에 위험하기 짝이 없다."고 했다. 그는 예수님께 대한 사랑으로 가슴이 불타 올라 겨울에도 가슴을 헤치고 다녔다.

하나님의 현존에 대한 생각이 잠시라도 그에게서 떠난 적이 없었다. 그는 항상 자기 마음 안에 계신 하나님만 생각할 뿐, 다른 사람들과의 상종을 피하고 살았다. 세상에서 지내는 것이 광야에 외로이 사는 사람 같았다.

그의 기도는 마치 분수처럼 힘있고 세찼다. 그에게는 기도가 곧 기쁨이요 휴식이었다. 모든 초대는 불응하고 아침에 성당문을 열자마자 들어가서 저녁까지 종일 기도했다. 사람들은 라브르를 향하여 "끊임없이 하나님과 말하고 있다."고 했다. "그는 성신만 섭취하고 사는 천신이다."고도 말했다. 누구나 그를 한 번 쳐다만 봐도 감동과 통회심이 일어났다.

"오소서, 내 주여 오소서. 나 당신을 갈망합니다. 나 당신을 고대합니다. 나 당신을 그리워합니다. 당신을 기다리는 잠시동안이,내게는 천 년과도 같습니다. 오소서, 주 예수여. 지체하지 마소서." 그는 늘 이렇게 기도했다.

라브르가 아무도 없는 빈 성전에서 혼자 밤중에 기도하고 있으면 그의 온몸에서 광채가 났고, 머리에서는 현란한 불꽃이 튕기고 있었다. 어떤 때는 기도하고 있던 몸이 허공으로 떠오르기도 했다. 그에겐 기적이 많았으니 탈혼, 투시, 예언, 동시양소존재(同時兩所存在)의 기적도 나타났다.

어느 날 병자 집에 초대되어 갔다가 앓아 누워 있는 환자를 보고 "오히려 기뻐하십시오. 예수께서 특별히 사랑하셔서 이 고통을 주셨습니다. 지금 당신의 처지는 탄식할 처지가 아니라 탐날 처지입니다. 많은 성인들이 이런 것을 사모했어도 얻지 못한 자가 많습니다."고 했다.

어떤 사람이 "하나님을 사랑하려면 어떻게 해야 합니까?" 하고 물었다. 이에 대하여 "삼합일심(三合一心)이 되어야 한다. 즉, 화심(火心: 하나님을 향한 불 같은 마음), 육심(타인을 향한 동정심), 철심(鐵心: 자기를 끊고 극기하는 마음이 삼합일심으로 합해져야 신을 사랑할 수 있다."고 했다.

어느 때 그는 환상 중에 고해자의 세 행렬을 보았다. 첫줄은 흰옷 입은 사람들이었는데 수가 적었고, 둘째 줄은 수가 조금 많았는데 붉은 옷을 입은 사람들이 있었으며, 셋째 줄은 수가 대단히 많았는데 검은 옷을 입은 사람들이 있었다. 첫째 줄은 천국으로 가는 순결하고 죄가 없는 사람들이었고, 둘째 줄은 연옥으로 가는 조금은 깨끗하지 못한 영혼들이었고, 셋째 줄은 회개하지 못하고 지옥으로 떨어져 가는 죄인들이었다. 그는 가끔 지옥을 보았다. 그곳으로 떨어지는 영혼은 얼마나 많은지 겨울날 눈발이 쏟아져 내리는 것 같았다고 했다.

라브르는 거지였지만 그의 얼굴에서 빛이 도는 것 같았다. 엄숙했다. 그는 분명히 하나님과 동행하는 사람이라 느껴졌다.

그의 말년이 가까워 올 때 길에서 아는 사람을 만나면 자기는 본국으로 가겠노라고 말했다. 그에게는 하늘이 본국이다.

그는 자기의 죽음이 가까운 줄 알고 십자가 위에서 고통하신 예수님을 본받아 식초 한 병을 사서 다 마셨다. 얼마 후 또 마셨다. 몸이 극도로 쇠약해서 걸을 수 없었지만 도중에서 죽을 각오를 하고 사람들의 만류를 뿌리치고 성당으로 갔다. 부축되어 예배를 드리고 나오다가 졸도했다.

임종시에 "양심에 걸리는 게 없느냐"고 묻자 "하나님 은혜로 없습니다."고 했다. 이것이 그의 마지막 말이었다. 35세의 젊은 나이였다.

사람들이 그의 헌옷을 벗기고 수의를 입히려고 하니 전신에 스스로 채찍질한 흉터와 고행의 상처뿐이었다. 그날 밤, 로마 거리에 아이들이 "성인이 죽었다, 성인이 죽었다."하고 다녔다.

25. 썬다싱
(Sadhu Sundar Singh: 1889-?)

썬다싱은 인도가 낳은 근세의 대성자요, 기독교 사상에서도 보기 드문 대신비가이다. 그는 북 인도 빠치아라주 씨믈나에서 출생했다. 부친은 지방의 부유한 지주였고, 모친은 일찍 별세했지만 사랑이 많은 여성이었다고 한다. 모친이 교훈하기를 "너는 자라서 반드시 훌륭한 사두가 되어라." 했다.

썬다싱은 자기를 크리스천 사두라고 부르면서 "나를 믿게한 것은 그리스도요, 사두가 되게 한 것은 어머니이다."라고 했다. 그는 자주 입신의 체험을 통하여 영계에 드나들며 『죽음의 저편에서』『주의 슬하에서』 등의 책을 써서 신비로운 소식과 영계를 소개했다.

그는 신비가적 소질에 대하여 말하기를, "종교의 성질은 예술을 감상하는 능력과는 다르다. 종교성은 사람이 갈증을 느끼는 것과 비슷하다. 갈증을 느끼지 않을 자가 어디 있겠는가. 갈증이 사람을 물가로 인도하듯, 종교적 갈망은 사람들로 하여금 신께로 찾아 나오게 한다."고 했다.

"사람의 육체에는 크고 작은 차이가 있다. 두뇌도 큰 사람이 있고 작은 사람이 있다. 그러나 사람의 영혼에 있어서는 모든 사람의 수용력이 같다고 본다. 어거스틴 같은 사람은 그 수용력을 잘 발달시킨 사람이다. 그는 자기의 영적 향상을 더하기 위해 남보다 더 많은 시간과 노력을 아끼지 않은 분이다. 누구든지 기도와 명상에 더 많은 시간을 바쳐 살아 계신 주님과 교통하는 생활을 한다면 영적 진경을 보게 될 것이다.

"신비가라는 말이 안개를 연상하게 하는 몽롱한 것을 의미하듯 생각한다. 참 신비가는 신인 합일의 경지에서 신을 아는 사람이다. 대성자라고 할지라도 신비의 깊이에 들어간 자는 극히 드물고, 나 같은 것은 그 초보에 지나지 않고 영적 어미에게서 젖을 빨고 있는 정도이다. 나는 영적 어린이에 불과하다. 감히 신비가라는 이름조차 듣기를 주저한다. 인도에서 나를 스와미(人)라고 부르는 것을 나는 싫어한다. 차라리 순수한 사두(종교인)라고 불러 주기를 원한다.

"그리스도는 역사적 과거의 도덕가가 아니라 살아 계신 신이요, 신비적 최고의 모범인이 아니라 구주이시며, 각 사람의 정도에 따라 나타나시는 인격적 신이다.

"그리스도는 신비가가 아니라 신비가의 구주이시다. 그 분은 역사상의 인물일 뿐만 아니라 지금도 살아 계셔서 활동하신다. 그 분은 성서 중에서 뿐 아니라 우리의 마음 가운데 살아 계시다."

썬다싱은 동양류의 범신론을 부정한다. 신비적 신인 결합에 대해서도 신과 인간의 경계를 엄격히 구분한다. 자신이 신비가이면서 신비주의를 경계했다.

"사람들은 말하기를 구원이란 신 안에 결합되는 것이요 곧 황홀한 하늘에 사는 일이라고 한다. 우리가 그의 안에 사는 일은 그가 우리 안에 사는 일이다. 쇠가 불 가운데 들어가면 발갛게 달아오른다. 그때 쇠는 불 가운데 있고, 불은 쇠 가운데 있다. 그러나 쇠는 불이 아니요, 불은 쇠가 아니다. 우리가 그리스도 안에 있고, 그리스도가 우리 안에 계시는 이치도 마찬가지이다. 신과 인간이 합일되었다고 하여도 우리가 신은 아닌 것이다."

"우리의 호흡이 바로 생명이다. 그러나 사람이 바로 생명이 아니요, 호흡이 곧 사람이 아니다. 이와 같이 우리는 신의 영을 호흡하나 우리가 신은 아니다. 사람이 호흡하는 공기를 마시는 것같이 우리는 기도로 성신을 호흡한다. 인간은 신에게 가까울 뿐만 아니라 신과 합체(合體)가 된다. 단지, 결합만이 아니라 그 생명을 받는다. 이 신적 생명을 가지게 되면 놀랄만한 사실을 체험하게 된다."

"그리스도는 항상 교회에 임재하신다. 그러나 보이지는 않는다. 그리스도의 현재를 조금 자각하면, 우리 마음에 언제라도 숭배심이 일어난다. 그러나 그리스도는 결코 우리의 자유를 속박하면서까지 자기의 실재하심을 우리에게 알려 주시려고 하시지는 않는다. 다만 우리가 받아내는 정도에 따라 감당해 낼 수 있는데 맡길 뿐이다."

썬다싱은 입신에 대하여 말하기를, "진주를 캐는 사람이 바닷속 깊이 들어가지 않고서는 진주를 캘 수가 없듯이, 입신은 영적 세계의 깊이에 잠기는 일이다. 그것은 실신한 상태이나 황홀한 상태가 아니다. 그것은 마치 잠수하는 것과 비슷하다. 물 속으로 들어갈 때에 숨쉬는 것을 중지하는 것같이, 입신한 자도 그 순간은 외적 감각을 쉬지 않으면 안 된다."고 했다.

"거기는 과거도 미래도 없고 모든 일이 현재이다. 입신을 영어로 엑스타시(무아적 황홀경에 들어간다는 뜻)라고 번역하나 이 용어는 입신을 정확하게 표현한 것이 못된다. 그것은 불교의 삼매(三昧, Samadhi)엔 해당될른지 모르나 입신의 경지는 그와 다르다. 입신은 바울의 체험(고린도후서 12:3)과 똑같은 것이다. 그것은 자력이나 인간의 요구에서 나오는 것이 아니요, 그리스도의 계시로 나타나는 존귀한 선물이다."

썬다싱은 입신체험에 대해서 "나는 결코 입신 상태에 들어가려고 애쓰지 않을 뿐만 아니라 타인에게 이를 장려하지도 않는다. 입신은 주님께서 주시는 선물이므로 인간은 그것을 받을 뿐이지 구할 것은 못된다. 그러나 이 은사를 받는 사람에게는 그것은 실로 값진 진주이다. 나는 사두로 사는 14년간의 생활에서 많은 고통과 핍박을 겪었으며, 이런 생활을 버렸으면 하는 유혹도 당했지만 입신의 체험을 생각할 때는 전 세계를 줄지라도 나는 결코 이것을 중지할 수는 없었다."고 했다.

부친이 결혼을 권할 때에도 썬다싱은 입신의 기쁨은 세상 향락에 비할 바가 아니라고 했다.

썬다싱에게 입신의 신비적 체험이 처음 생긴 것은 그가 티베트 전도를 떠났다가 눈에 막혀 길을 가지 못하고 코드칼이란 동네에서 눈이 녹기를 기다리는 동안 매일 기도에 전심하던 중이었다. 어느 날 그는 자기가 이 세상이 아닌 이상한 세계에 들어가 천사들에게 둘러싸여 있는 것을 지각했다. 처음에는 자기가 죽어서 영혼이 하늘에 온 줄로 알았으나 후에야 그것이 입신 상태였음을 알았다.

처음에는 이런 입신 체험이 드물었으나 후에는 거의 매일 겪었다. 기도와 명상에 잠겨 몇 십 분만 지내면 어느 사이 이런 상태에 잠기곤 했다. 이런 상태가 몇 시간이나 계속되기도 했는데, 그 동안은 바깥 사정을 전혀 감각할 수 없었다. 어떤 때는 산중에서 왕벌이 쏘아도 몰랐다. 설교를 약속해 놓고도 시간이 다 지나도록 깨어나지 못하는 때도 있었다. 이 상태에 들어간 동안, 그의 육신은 앉은 채 두 눈을 뜨고 미소를 띄웠으며 누가 곁에 가도 몰랐다.

그러나 입신에는 여러 가지로 위험이 따르니 경계해야 한다.

썬다싱은 교령술(交靈術)에서 영매를 통해 교제하는 영들은 낮은 영계에서 오는 것이라고 말했다. 어떤 입신은 악마로부터 오는 수가 많다. 무당, 영매, 혹은 선(禪)에서 만나는 영은 사령(邪靈)이거나 저급한 영이다.

썬다싱도 입신 상태에 처음 들어가려 할 때는 항상 무슨 빛, 음성, 음악, 촉감 같은 것을 받았다. 그러나 그는 직각적으로 그것이 신으로부터 오는 것이 아니요 악마로부터 오는 것임을 깨달았다. 또 어떤 때는 이런 속삭임도 들렸다: "너는 나쁘다. 이것은 도가 아니다. 너는 진리를 버렸구나. 너는 죄인이다. 결코 구원을 얻지 못한다." 이런 사단의 유혹쯤은 기도로써 쫓아 버리지만 어지간한 사람은 미혹받기 쉽다.

그는 말하기를, "기도와 묵상은 모든 사람을 위하여 필요한 것이다. 그러나 보다 깊은 신비에 들어가는 일이 신의 뜻이라면, 신께서 그 사람을 그 길로 인도하실 것이다. 그렇지 않은 경우에는 보통의 기도로 만족해야 한다."고 했다.

신비가들의 체험 중에 "영혼의 암흑"이라 불리우는 시기가 있다. 신과의 사귐에 장벽이 생긴듯 감응이 막히고 캄캄해지며, 외로움을 느끼는 때인데 이 기간은 사람에 따라 몇 주일, 혹은 수 개월간 계속되는 경우가 있다.

썬다싱은 말하기를 "어떤 때는 두세 시간 그러한 때가 있으나 며칠이나 몇 주간씩 계속되는 일은 없다. 이것은 일종의 사랑의 유희이다. 그것은 항상 빛 가운데 계속 있는 것보다 잠시 어둠을 겪는 일이 도리어 기쁨을 더 크게 하고, 신과 인간의 영이 같지 않음을 알게 하는 일이 된다. 그렇지 않다면 어떻게 분간해 낼 수 있겠는가? 그러나 신은 결코 그를 버리지는 않는다. 잠깐 자기를 숨기는 일이다."고 했다.

썬다싱의 『영계의 묵시』와 스웨덴보리의 『천국과 지옥』 사이에는 공통점이 많다. 그러나 썬다싱은 과거에는 스웨덴보리의 책을 본 일이 없었고, 훨씬 뒤에야 읽었다고 한다. 썬다싱은 남에게 오해받을 것을 주저하지 않고 말했다: "스웨덴보리의 천국에 대한 기록은 정확한 것이다. 나는 기도하는 가운데 몇 번이나 존경하는 스웨덴보리를 보았다. 그가 영계에 대하여 기록한 것과 내가 본 것이 여러 가지 점에 있어서 거의 같다는 것을 발견했다."

26. 곤솔라따(1903-1946)

　　곤솔라따는 1903년 4월 6일, 이탈리아 사룻소 마을에서 태어났다. 그녀의 어렸을 때 이름은 "삐에리나 삐도로네"이다. 13세 때 "마리아의 자녀회"라는 신심회(信心會)에 가입했는데 그 날 예수님은 그녀의 마음에 "너를 특별히 선택했노라."는 은혜의 말씀을 들려 주셨고, 그녀가 영성체(靈性體)를 받은 후에는 신비의 말씀이 들려오는데 "너는 온전히 내 것이 되어라." 했다.

　　수녀원에 들어가고 싶었으나 부모의 맹렬한 반대로 뜻을 이루지 못하다가 1924년 요한 보스꼬 성인의 묘비에 쓴 "부름을 받은 자는 많으나 택함을 입은 자는 적다."는 기록을 읽는 순간 번개같이 하나님의 빛이 그녀의 마음을 비추었다. 지금 용감하게 수녀원에 들어갈 허락을 받으려고 노력하지 않으면 다시는 은혜가 내리지 않으리라 깨달았다.

　　그녀의 일생 표어는 "나는 예수님을 열렬히 사랑하고 싶다. 지금까지 아무도 사랑하지 못할 만큼 예수님을 사랑하고 싶다." 였다.

　　그 후 곤솔라따는 여러 가지 특별한 은혜를 받는 중에 현시와 하나님께서 친히 말씀하시는 것을 듣는 은혜를 받았다. 그녀는 소화 데레사처럼 "사랑의 가장 작은 길"을 실행하고자 다음과 같은 생활 실천 기준을 만들었다.

① 끊임없이 사랑하는 마음을 발할 것.
② 어느 사람에게서든지 예수님을 보고, 그 사람을 예수님같이 대우하며 적극적으로 사랑의 미소를 보낼 것.
③ 만사에 감사하는 마음을 가지고, 그것을 하나님의 은혜로 알 것.

이를 위해서는 마음을 항상 예수님과 일치하게 하는 끊임없는 사랑의 마음이 소중함을 알았다. 이런 마음을 발하는 사랑의 기도를 예수님께서 친히 곤솔라따에게 가르쳐 주셨다.

"예수, 마리아, 당신을 사랑합니다. 영혼을 구하소서." 이렇게 할 수 있는 대로 끊임없이 기도하는 것을 예수님은 원하셨다. 이 사랑의 마음은, 영혼이 사랑의 감미로움이나 기쁨을 감득하고 황홀함을 얻기 위해서가 아니었다. 다만 진정으로 사랑하겠다는 열망과 언제나 그 마음을 유지하겠다는 노력뿐이다. 그것이 바로 끊임없는 사랑이다. 이러한 곤솔라따의 마음과 예수님은 항상 감미로운 사랑의 말을 교환했다.

1931년 4월 6일, 그녀의 첫 서원이 있기 전 피정 때부터 주님의 음성이 들리기 시작하여 1935년 12월 16일 미사 때, 성체축성 후 예수님의 목소리는 사라졌다. 그녀는 몹시 슬퍼했다. 그 후 곤솔라따의 심중에서 예수님의 말씀은 사라졌다. 그리고 그녀에게 갈보리 산길로 십자가의 자취를 따르라는 성소(聖召)를 받았다. 수난과 죽으심, 즉 "하나님, 하나님. 어찌하여 나를 버리셨나이까?"라는 지옥의 암흑의 절정까지 경험하게 하셨다. 예수님은 그녀에게 "나는 구원의 사정만 생각하고 너를 희생물로 삼아 모든 슬픔, 공포, 고통의 못 속에 넣어 두노라. 그리고 나는 너의 사정은 조금도 생각하지 않고 불쌍한 영혼들을 구원할 것만 생각한다."하셨다.

그녀에게 병이 왔다. 체중은 10kg나 줄어들었다. 몸이 점점 쇠약해져서 원장이 쉬라고 명령했지만 그녀는 글을 쓴다든지 바느질하면서도 항상 기도하며 일 분도 놀지 않았다. 1945년 봄, 병환과 고난으로 그녀는 불쌍한 모습이 되었다. 허리를 쓰지 못하여 절름발이가 되고 전신이 아프지 않은 데가 없었다. 그래도 "저는 약을 별로 신용하지 않습니다."면서, 그녀의 얼굴이 창백하다고 하면 "내 얼굴이 고상하지요."하고 미소를 머금은 채 얼굴을 톡톡치면서 농담을 했다.

1945년 10월 28일, 그녀의 일기의 마지막 장에 그녀의 유언이 담겨 있었다.

> "잠에서 깨어 저녁에 잘 때까지 사랑의 행위를, 게으르지 않는 영웅심을 다할 것을 결심합니다. 예수님, 정말 굳게 결심합니다.
> 모든 사람 안에서 당신을 보고 모든 사람을 당신과 같이 깊은 이웃 사랑으로 대접할것을 결심합니다.
> 예수님, 당신과 함께 사랑, 고통, 구원의 정상에 오르기를 진심으로 원합니다."

사레스신부는 10년간 곤솔라따의 영적 지도를 했지만 그녀를 직접 대하지는 않았고, 만나더라도 응접실의 창 밖에서 편지를 나눈 것뿐이었다.

최후가 가까워졌을 때 지도신부가 자주 오곤 해도 그녀는 "이제는 안 오시는 것이 더 좋을 겁니다. 죽을 때가 가까왔으니 이제는 모든 사람과 모든 일에서 벗어나렵니다. 모든 것을 해탈하는 것이 나 자신을 강하게 할 수 있다고 생각합니다."고 하면서 손을 십자형으로 모으고 하늘을 쳐다보았다. 그녀의 영웅적 성화가 감정을 초월하고 이기심도 포기하게 한 것이다.

병원으로 떠나는 날, 자매들이 한 사람씩 그녀의 머리 맡에서 이별을 고하려 하자 그녀는 침대에서 내려와 자기가 남에게 괴로움을 끼쳤다든지 나쁜 본을 보인 것이나 그 밖에 잘못된 모든 점을 용서해 달라고 했다.

곤솔라따는 항상 깨끗한 몸차림을 했지만 내의나 겉옷은 다 낡고 깁고 해서 외출할 때는 입을 수 없는 옷뿐이었다. 심장병으로 병원에서 고문을 받는 듯했고, 열이 과도하여 육체는 소모되고 기침이 나면 더욱 고통이 심했다. 하늘에서나 땅 위에서 그녀를 위로할 것이 전혀 없는 중에서 하루 종일, 또는 밤새도록 "예수여, 당신을 사랑합니다."하고 사랑의 마음만 만발하고 있었다.

그녀가 병중에서 쾌활하고 인내하는 것을 보고, 같은 병실에 입원해 있던 여자 공산당원은 감격했다. 그 공산당원이 처음엔 자기의 사상 선전도 하고 난폭한 말도 했지만 곤솔라따는 그것을 조금도 나쁘게 생각지 않고 언짢은 표정도 짓지 않으며 미소해 주었다. 어느 날 밤 그 당원이 각혈을 하고 있을 때, 곤솔라따는 침대에서 내려와 그 환자 곁에서 인자하게 위로해 주고 안정될 때까지 친절하게 대해 주었다. 그 당원은 곤솔라따보다 먼저 세상을 떠났는데 죽는 순간 평화에 가득차 있었다.

그녀는 횡경막 수술을 했으나 환부가 부어서 마취제도 쓰지 못하고 수술을 했다. 수술이 끝나자 그녀는 신음했다. "예수님, 이 이상 참을 수 없습니다." 혓바닥은 바싹 말랐고 얼굴과 온몸은 주름살 투성이가 되었고, 목도 아주 타버려 바싹거리는 소리가 날 정도로 말랐고, 얼굴과 온몸은 주름살 투성이가 되었다. 그래도 그녀는 고통이 조금도 완화되기를 원치 않았고, 자기를 위해서는 아무것도 바라는 것이 없었다. 코는 뼈만 남고 얼굴에는 얇은 가죽만 덮히고, 이빨은 돋아나 보이고 눈만 반짝 거렸다. 주님께 바쳐진 하나의 희생물이 된 것이다.

그녀가 지도 신부에게 보낸 최후의 편지에는 "사랑의 마음은 좋은 것이다. 저의 작은 힘으로 무엇 하나라도 태만하지 않으려고 노력하고 있습니다. 그 밖의 모든 것은 주님이 생각해 주십니다. 제 사명은 사랑으로 정상에 도달하는 것뿐입니다."고 했다.

그는 고통 속에서도 끝까지 미소지었고, 탄식이나 고통을 무서워하는 말은 한 마디도 안했다. 고통이 그치면 또 미소짓곤 했다. 묻지 않는 말은 하지 않았고, 그저 주위 사람에게 미소지을 뿐이었다. "내 영혼을 정결하게 하기 위하여 하나님은 내게 믿음만 남겨두셨습니다."고 했다.

한 수녀가 "저는 곤솔라따가 당하는 고통을 위로해 달라고 기도했습니다."고 말하니, "아니오, 아니오. 결코 그렇게 하지 마세요. 갈보리에만 구원이 있어요" 했다. 끝까지 묵주를 손에 들고 충심으로 끊임없이 "예수여, 당신을 사랑합니다."하고 기도했다.

"곤솔라따"라는 뜻은 "위로자"이다. 그녀는 건강했을 때 원장에게, "저는 꼭 성인이 되고 싶습니다. 교회에서 시성식을 하리만큼 성인이 되고 싶습니다."고 자주 말했었다.

임종이 가까왔을 때 원장이 그녀에게 "지금도 그 희망을 갖고 있는가"라고 묻자 "예, 그렇습니다. 예수님의 약속 대로 모든 사람의 위로자가 될 것입니다."고 했다.

1946년 7월 18일 목요일 아침 6시, 그녀는 수녀원의 모든 수녀들에게 자기가 잘못한 것들을 용서해 달라고 하고, 책상 위에 놓인 예수님과 마리아 상본을 똑바로 보면서 신음같이 "예수님, 도와 주세요, 저는 이 이상은 정말 못 참겠어요" 했다.

조금 후에 죽음의 장막이 고요히 그녀의 얼굴을 덮었다. 원장이 그녀의 얼굴을 들여다보며 "곤솔라따, 곤솔라따. 순명의 서원으로 이제 천국으로 가거라. 순종의 공덕을 네게 준다." 하자 그녀는 얼굴을 조금 끄떡였고, 원장이 그녀의 입가에 내밀어 주는 십자가 고상에 고요히 마지막 입을 맞추었다. 43세, 그녀가 첫서원한 때로부터 16년째 되던 날이었다.

그녀의 무덤에 만든 대리석 비석에는 이탈리아어로 다음과 같이 새겨 있다. 그녀가 일생 끊임없이 드리던 사랑의 기도문이다.

『GESU MARIA VI AMO SALVATE ANIME!』
"예수, 마리아, 당신을 사랑합니다.
영혼을 구하소서."

예수님의 사랑의 이야기

곤솔라따에게 예수님께서 말씀하신 사랑의 이야기 몇 가지를 간추려 본다.

"나를 사랑하라. 나만을 사랑하라. 사랑은 모든 것이니까. 나를 사랑하면 내게 모든 것을 준 셈이 된다.

"항상 나를 사랑하라. 나를 깊이 사랑하라. 나는 너한테서 사랑만을 요구한다. 잠깐 동안이라도 정신을 다른 곳에 두지 말라.

"나는 모든 마음이 사랑하는 마음으로 봉사하기 바란다. 형벌이 무서워서 죄를 피하는 일을 나는 싫어한다. 나를 사랑할 때 그때는 벌써 범죄로 나를 노엽게 하지 않으리라. 두 사람이 진심으로 사랑에 합치할 때는 상대편을 노엽게 하지 않는다.

"열심보다 사랑을 더 많이 가지도록 하라. 나는 사랑을 목말라 한다. 사랑이야말로 모든 일 중에서 내가 가장 바라는 것이다. 나는 네게서 큰 일을 요구하지 않는다. 작은 일을 요구한다. 그러나 그 작은 일에 한없는 사랑을 다 다 바치기 바란다."

예수께서 곤솔라따에게 하신 말씀

어느 날 주님은 "곤솔라따, 오늘 범한 죄를 내 놓아라."고 말씀하셨다. 곤솔라따가 "예수님, 생각나지 않습니다."고 대답하니, 주님은 "나도 역시 다 잊어버렸군" 하시면서 "너는 나를 사랑한다고 하고서 안심하고 살아 가거라. 벌써 죄는 다 없어졌으니 말이다."라고 말씀하셨다.

그 밖에 주님이 하신 말씀은 다음과 같다.

"곤솔라따야, 만일 네가 네 자신을 없애버리고, 어떤 생각이든지 밖에서 네게 들어 오지 못하게 한다면 그때 내가 네 안에서 생각하게 되고, 네가 말하지 않는다면 내가 네 안에서 말하게 될 것이며, 네가 네 뜻을 따르지 않으면 내가 네 안에서 작용하게 될 것이니 그때에는 이미 네가 내 안에서 사는 것이 아니라 네 안에서 내가 살게 되는 것이다."

"풍성한 결실 맺기를 열망한다면 기억할 복음서 중에는 "만일 네가 특별한 고신극기를 해야 많은 결실을 맺으리라."라고 쓰여진 것이 아니라 다만 "저가 내 안에 내가 저 안에 있으면 이 사람은 과실을 많이 맺나니(요한15:5)라고 했으니 포도나무인 나와 꼭 일치하여 떨어지지 않도록 노력하라. 단 한 가지 생각이나 무익한 말 한 마디로 "예수님만"이라는 생각에서 벗어나가서는 안된다. 내가 모든 것을 생각해 줄테니 안심하라."

"자포 자기는 어떻게 달성할 수 있을까. 계속적인 사랑으로만 되는 것이다. 끊임없는 사랑의 기도로 네 것이란 아무것도 없게 되어 모든 것이 내것이 되고 모든 것이 나를 위한 것이 되리라."

"깊은 데로 들어가라. 세상 모든 것과 모든 피조물을 영원히 이탈하고 끊임없는 사랑의 기도로 넓은 바다에 전진하라. 저 영원한 언덕을 향해서 전진하라. 계속적으로 하는 사랑의 기도는 네 군기다. 네 생명을 걸고 그 군기를 적으로부터 꼭 지키고 있어야 한다.

"곤솔라따. 눈앞에 있는 한 순간을 사랑으로 살아야 한다. 하루라면 네게는 너무 긴 시간이니까.

"사랑의 길을 걷는 모든 사람을 나는 용서한다. 아무리 심한 독성죄를 많이 범했다 해도 만일 그 사람에게 나를 사랑하겠다는 표가 하나만이라도 있다면 내 성심은 그를 거부할 수 없어 그를 용서해 줄 것이다."

"곤솔라따, 사랑과 고통은 동일한 것이다. 사랑의 절정을 향해서 올라감에 따라 고통의 절정에도 올라가는 것이다. 그것을 잊어서는 안된다."

예수님과의 대화.

곤솔라따: 예수님, 당신은 같은 요구만 하시는데 다른 새로운 말씀을 하실 때 단어가 부족하지는 않습니까?

주　님: 나는 전능하니까. 영원토록 같은 요구를 하더라도 항상 새로운 말을 할 수 있는 거야.

곤솔라따: 항상 같은 말씀만 하시니 싫증이 나지 않으세요?

주　님: 아니 싫증은 나지 않아. 언제까지나 싫증이 안 날거야. 내가 바라는 것은 하나뿐이니까. 나를 사랑해 달라는 것이니까 말이다.

곤솔라따: 저는 끊임없이 예수님과 일치하고 있으므로 예수님도

이제는 긴 묵상이나 독서를 요구하시지 않습니다. 독서는 제게 있어서는 시간 낭비에 불과합니다. 제게 중요한 것은 많은 결실을 내는 것인데 끊임없이 사랑하는 것이 없어서는 안될 일입니다."

그녀는 어느 날 일기에 다음과 같이 썼다.

"그날 밤, 감실 앞에서 잠깐 기도하고 있었는데, 저의 약한 심장은 사랑의 큰 불로 다 타버린 것 같아서, 폭발하는 사랑의 열망이 맹렬하고, 내 작은 심장은 감당할 수 없어 심한 고통을 당했습니다. 나를 열렬히 사랑하시는 예수님을, 나도 그와 같이 열렬히 사랑하겠다는 강력한 충동을 받아, 사랑의 원의(願意)를 여러 번 거듭 말했을 때, 내 속에 다른 마음이 또 하나 생긴 것을 느꼈습니다. 아, 심장이 또 하나 생겼어요. 예수님의 성심이! 그 성심의 사랑이 내 심장을 아프게 하지 않고서도 무한히 흘러내릴 수 있었던 것입니다."

27. 실루안
(Stratez Silouan: 1866-1938)

　실루안은 그리이스 정교회의 성자요 신비가이다. 러시아인으로서 속명은 시메온(Simeon Ivanovich Antonov)이었다.
　본래 가난한 농부였던 그는 방탕한 생활 속에 빠져 어떤 여성을 속이기도 하고, 자기를 비웃는 친구에 격분하여 거의 죽을 지경으로 몰아 넣을 정도로 큰 부상을 입히기도 했다. 26세 때 그리스 아토스 반도에 있는 아토스 성산에 들어가 1938년 9월 24일 세상을 떠날 때까지 그곳에서 남의 눈에 띠지 않는 평수사로 살았다.
　그는 아토스산에서 처음 얼마 동안은 혼자서 살면서 독수(獨修) 수련을 쌓았다. 후에는 아토스 최대의 러시아인 공동체인 성 팡테레이몽 수도원에서 회계, 구매 관계, 농사, 제분(製粉) 노동 등을 하였다. 놀라운 일은 하나님을 향한 그의 영성의 급격한 성장이었다.
　그는 아토스에서 처음으로 소명에 전념하는 열렬한 생활을 체험했다. 그러나 곧 수도생활에 따르는 고독과 무력감에 부딪혔고, 더구나 자기가 저지른 죄악의 추악함을 뉘우치면서 끊임없이 멸망의 불 속에 싸여 있는 듯한 느낌에서 벗어날 수 없었다.

온갖 힘을 다해 그 시달림에서 벗어나려고 애썼지만 하나님은 마치 안 계신듯 침묵하셨고 실루안은 버림받은 것 같았다. 수도생활을 단념할까도 생각해 보았고 절망 속에서 하나님을 원망하고 마침내 멍청이같이 되어 버렸다. 마음의 평화는 완전히 사라졌다.

이와 같은 절망과 고민의 날이 계속되다가 마침내 그는 주 예수님의 출현을 보았다. 그때의 주 예수님의 부드러운 눈길을 그는 평생 잊을 수가 없었다. 그동안 모질게 시달리던 모든 의혹과 절망을 결정적으로 극복할 수 있었다. 이 때로부터 그는 넘치는 주의 빛의 조명을 받으며 영적 생활을 섬세히 실천하며, 항상 깨어 죄를 경계하면서 "예수기도"를 창안해서 끊임없이 외우며 겸손한 마음으로 하나님을 섬겼다.

예수기도는 "살아 계신 하나님의 아들 주 예수 그리스도시여, 죄인인 저를 불쌍히 여기소서."라고 기도하는 것이다. 이 단순한 기도를 실루안은 40년 동안 매일 매시 외우면서 지냈다. 이 한 마디 속에 기독교의 모든 중요한 요소가 다 포함되어 있다고 한다.

그가 기도할 때 얼마나 심각한 태도로 기도했는지 손목시계는 풀어서 서랍에 넣어버리고 머리에 쓰고 있던 털모자도 어깨까지 내리쓰고 눈도 귀도 막고 기도했다고 한다. 실루안은 기도하다가 한밤중에 커다란 빛에 둘러 싸이는 일도 있었다. 그러나 그런 환상은 그를 교만하게 하는 악마의 시험일 수 있었다. 때때로 악마들이 이러한 환상으로 현혹했지만 실루안은 오직 주님의 도우심만을 간청하며 눈물로 주께 간구하면서 시험을 물리쳤다.

어떤 날 밤에는 주님께 눈물로 기도하면 하나님은 "…의식하며 지옥의 고통 속에 머물러라 그러나 결코 절망해서는 안된다."고 대답하셨다.

　그는 겸손과 내적 침묵의 평화를 결정적인 것으로 만들었다. 그의 영성은 더욱더 성숙해 갔으나 그는 자기를 드러내는 일 없이 침묵 속에서 숨은 생활을 했다. 그의 죽음까지도 고요한 정적, 바로 그것이었다. 하나님 안에서 마음의 수련에 힘쓴 그는 "살아 있는 기도", 그 자체가 되었다.

　그의 영성은 다른 형제들과 함께 수도 생활을 할 때에 자기의 영성을 지키기 위해 간격을 두면서도, 언제나 타인에 대한 사랑으로 불타고 있었다. 그러므로 다른 수사들은 그를 그리스도처럼 존경하고 따랐다.

　실루안은 온 세상의 고통을, 특히 하나님을 모르고 그리스도를 적대시하는 사람들의 고통을 짊어지고 살았다. 마음에 한없는 인자와 사랑으로 가득찬 그는 남의 고통을 위해 기도할 때는 마치 자기가 그런 고통을 실제로 겪는듯이 심각한 태도로 기도했다. 그가 중보기도를 드리는 모습은 곁에서 보는 사람에게 엄숙한 마음을 일으켰다. 그는 눈물로 주께 간구하며 모든 사람들의 용서를 빌었다.

　그는 자기 자신을 밑바닥까지 낮추어 전 인류와 우주 만물과의 연대감을 깊이 느끼고 살았다. 실루안의 수기 중에 가장 대표적인 것이 『아담의 비탄』이다. 하나님으로부터 분리된 아픔과 하나님과의 사귐을 갈망하는 간절한 호소가 소박한 말로 엮어져 있다.

　동방 정교회의 신비가들은 사변적인 방법, 변증법적인 논법이나 철학적인 용어를 전혀 쓰지 않으면서, 뛰어나게 깊은 영적 체험, 내면적 깊은 체험을 한다.

　"교부들의 모든 영적 서적이 다 없어진다 할지라도 아토스 성

산에는 그와 같은 가르침을 기록할 수 있는 사람이 언제든지 있다"고 실루안은 말했다.

 "형언할 수 없는 하나님의 자비로우신 사랑을 맛본 사람은 지상의 것을 생각할 수 없게 되며, 항상 그 사랑에 이끌리게 된다."

 "주님께서 우리 마음을 먼저 움직이시기에 우리는 그 분을 알게 된다. 우리는 마음에 들어오시는 손님이 어떠한 분인지를 알고 있다."

 "주를 알게 되면서부터 그 분에게 사로잡힌 나의 마음은 전혀 달라졌다. 나는 이제 세상을 원하지 않는다. 나의 마음은 주께서 거처하시는 세계를 끊임없이 찾고 있다.

 "진실로 하나님을 사랑하는 사람은 끊임없이 기도 속에서 은총을 체험한다. 내적인 기도는 항상 우리 자신의 내부에 있다.

 "죄의 용서함을 받았다해도 우리는 일생 동안 통회와 회한을 가지고 그 죄를 상기하지 않으면 안된다 그렇게 하지 않기 때문에 통회와 뉘우치는 마음을 잃었고, 악마로부터 많은 고통을 받았으며, 나에게 일어났던 모든 일들을 이해할 수가 없었다.

 "겸손한 사람만이 성령 안에서 주를 본다 겸손은 빛이신 하나님을 보기 위한 빛이다."

28. 기독교 신비주의 단체

 11세기 경에 독일과 네델란드 지방에 퍼져 서민층에게 큰 감화를 끼친 신비 단체들이 있었다. 베기니, 베가즈, 신우회, 공동 운명의 형제 등이 그것이었다. 신우회의 교도가 쓴 것으로 짐작되는 저자 불명의 책 『독일신학(Deologia Germanica)』은 유명한 책이다.

1) 베기니

 베기니(Beguini)는 부인 단체였다. 그들은 공동 생활을 하고, 조의(粗衣)를 입었으며, 때를 정하고 기도회로 모였다. 그리고 빈민과 병자 위문에 힘썼다. 1250년 경에는 쾰룬 시내에만 해도 그 인원수가 수천 명을 넘었으며, 그들은 공동식사를 했다.

2) 베가즈

 베가즈(Beghards)는 베기니와 같은 성질을 띤 남자 단체로서

1220년에 루뱅에 세워진 것이 가장 오래된 것이다. 이 단체에 속한 사람들은 방직업자와 서민층이 많았다.

이들은 엄격한 도덕 생활과 자선 사업에 힘썼다. 그러나 어떤 무리는 지나친 점이 많았으니, 자기들의 주관에 치우쳐 꺼리는 것이 없고, 교직에 반항하고, 예전에 불참하기도 했다. 그 중에는 수행(修行)에 미급한 자들이 있어 14세기 초에 이르러서는 잡혀서 화형을 받는 자도 생겼다. 1311년에 교황 클레멘스 5세는 령을 내려 이 단체를 금했다.

3) 신우회

신우회(Gottesfreunde)는 공동 생활을 하는 단체는 아니었다. 그들은 서로 목표와 뜻을 같이하여 경건의 생활을 상부 상조하는데 목적을 두었다. 14세기 전반 독일 내에 전란이 있고 흑사병이 전 유럽을 휩쓸었을 때, 사람들은 불안에 떨어 신자들의 결속을 갈망하여 이 단체가 생겼다. 독일 서남 지방, 스위스, 네델란드에 거쳐서 도미니크과 프란치스코 양파의 수도원에 속하는 자가 많았다.

4) 룰만 멜스윈

룰만 멜스윈(Rulman Merswin)이라는 스트라스부르그의 부유한 상인이 회심하여 세속을 버리고 재산을 털어 자선사업에 힘썼다. 그가 1366년 스트라스부르그 부근에 있는 "일" 강가의 한

섬에 있는 낡은 수도원을 얻어 이곳을 동지들의 거주지로 삼았다. 타울러를 경계했다는 니콜라스도 이 파에 속했다. 그는 이단으로 몰리는 것을 피하려고 행동을 은밀히 하면서 노후를 보냈지만, 혼자서 프랑스에 들어가다가 잡혀 1382년에 비안누에서 분살(焚殺)당하고 말았다.

5) 공동 운명의 형제

공동 운명의 형제(Brethren of the Common Lot)는 공동 생활의 형제라고도 부른다. 루이스브랙의 제자 게하르드 그투트(Gerhard Groot)가 시작했다.

이들은 유익한 서적들을 많이 보급하여 청년들의 교육에 힘쓰는 것이 목적이었다. 이 파에 속한 어느 집에는 큰 방이 있었다. 한 사람의 송독자(誦讀者)에 여러 명의 필사생(筆寫生)이 있었다. 읽는 대로 필사해서 민간인들에게 유포시켰다.

그들의 학교 중에는 디벤터(Deventer)에 있는 것이 가장 유명하며, 한 때는 이천 명의 학생을 수용하기도 했다. 이 학교 출신 중에 데시데라스 에라스무스가 있다. 이 단체에 속한 사람 중에서는 토마스 아 켐피스(Thomas A Kempis)와 요한 웨쎌(John Wessel)이 기억할 만한 유명한 인물이다.

6) 독일 신학

독일 신학(Theologia Germanica)은 저자 불명의 책으로 14세기경에 신우회의 교도가 쓴 것이라 짐작된다. 그 내용으로 보아 엑하르트의 영향을 받은 것임이 명백하다. 이 책은 토마스 아 켐피스의 『그리스도를 본받아』과 함께 중세 신비사상을 낳은 쌍벽을 이룬 책이다. 이 책이 신앙 문서 중에서 가장 가치가 있는 보배, 『그리스도를 본받아』보다도 더 낫다고 말한 사람도 있다.

마틴 루터는 이 책을 발견하여 1516년에 출판했다. 그 서문에 "이 존귀한 책은 그 언어에 있어서는 빈약하고 소박하지만, 신께 대한 지식과 지혜에 있어서는 매우 풍부하고 귀중하다. 성경과 어거스틴의 책을 빼놓고는 내 손에 들어온 책 중에서 신과 그리스도와 인간과 모든 사물에 관하여 이보다 더 많은 것을 배우게 한 것은 없었다."고 했다.

루터의 종교개혁이 이런 신비 사상의 영향을 받았음은 어김없는 사실이다. 루터는 특히 이 책 11장에서 큰 감동을 받았는데, 하나님은 전적 선(善)이시니 인간은 사심을 버리고 신을 위해 신을 사랑할 것이라 강조했다.

"온전한 것이 올 때에는 온전하지 못한 것은 폐한다." 어떠한 피조물이라도 온전한 것을 인식도, 이해도 못한다. 온전한 자를 알기 어렵다는 약점은 온전한 자에게 있는 것이 아니라 우리에게 있기 때문이다.

최고의 선이신 신은 피조물 중에서 정화되고 경건한 영혼을 발견하실 때, 자신을 그들에게서 숨기시려 하지 않는다. 우리는 창조자를 입을 수 있다. 피조물을 벗는 만큼 창조자를 입을 수 있다.

온전한 자에게서 유출한 것은 참 실재(實在)가 아니다. 참 실재는 온전한 자 속에 있다. 유출한 것은 우연이거나 빛이다. 혹은 눈에 보이는 상(像)이지 참 실재는 아니다.

제2부 기독교의 신비주의 259

  우리는 모든 것을 내던지고 모든 것에서 자기를 벌거벗기지 않으면 안된다. 그 무엇이든 우리 자신의 것이라고 주장하는 일은 억제하지 않으면 안된다. 만일 인간이 이 세계의 요소와 단편, 그 중에도 특히 자신에게 집착하고, 그것들과 교섭을 계속하고, 또 그것들을 계속 존중시하는 한, 인간은 속고, 미혹당하고 있는 것이다.
  빛을 더듬지 않는 자는 더듬는 자의 상태를 이해하지 못한다. 빛을 더듬는 우리는 그 상태는 알고는 있어도 말할 수 없기 때문에 표현할 수는 없다.
  온전한 것이 알려질 경우, 그것을 몹시 동경하고 사랑하지 않으면 안되는 것이어서 인간이 자기와 남의 모든 것을 사랑하던 일체의 다른 사랑은 여기서 동시에 사라져 버릴 정도의 것이다.
  죄라는 것은 피조물이 불변의 선에서 이탈하여 변하기 쉬운 것에게 자신을 맡기는 일이다. 다시 말하면, 온전한 자에게서 떠나 부분자와 불완전자에게로 가는 것이다. 그 중에서도 가장 흔히 범하는 것은 자기 자신에게로 전거(轉去)하는 일이다. 피조물이 선을 자신의 것이라고 주장할 때, 그 피조물은 사로(邪路)에 빠지는 것이다.
  그리스도는 보수를 바라고 그런 생활을 하신 것이 아니다. 그것은 전적으로 사랑으로 하신 일이다. 사랑이 아니고 보수를 위해하는 자에게는 그리스도의 생활은 고역이 되고 염증이 된다. 그러므로 그는 그 생활에서 벗어나려고 할 것이다. 자기가 하는 일이 속히 끝나기를 바라는 것은 그가 삯군인 증거이다. 신은 천명의 삯군보다 참으로 그리스도의 생활을 사랑하는 한 사람을 찾는다.
  영적으로나 자연적으로나 신께 반항하는 것을 남겨 두어선 안된다. 사랑으로 해야지 공포로 해서는 안된다. 만물에게서도 신의 영광과 찬미만을 희구해야 한다. 영적인 것이거나 자연적인 것이거나 자기의 것을 구해선 안된다.

29. 근대 기독교 신비가

1) 마리 로즈 페론
   (Marie Rose Ferron: 1902-1936)

　로즈는 1902년 5월 24일 캐나다에서 출생했다. 소녀 시절에 어려운 병을 앓고 난 다음 오른손과 왼발이 마비되어 걷지 못하고 늘 병상에 있었다.
　그녀는 어려서부터 고난을 배웠고, 단식과 탈혼 상태를 계속했다. 탈혼 상태에 빠질 때에 그녀는 휠체어에 앉은 채 잠자는 듯했다. 아무 감각도 없고 호흡조차 하지 않는 듯했다. 몸은 차고 돌 같이 굳었다. 이런 상태에 있는 동안은 몸이 움직이지 않았다. 모포도 벗길 수 없고, 의자도 움직이지 않고, 몸은 석상 같고, 중력의 현상에 따라 마루에 못박아 놓은 듯 초자연적 힘의 지배를 받았다. 탈혼 상태가 깊어갈수록 무게도 더했다. 곁에 있는 사람이 그녀의 오른손에 손을 얹으면, 경직(硬直)된 것이 팔에 전해져 오는 것이 느껴졌다. 동시에 차가운 감촉도 전해져 왔다.
　이같은 탈혼은 단지 카리스마(特能), 혹은 사물(賜物)에 지나지 않는 것이요, 그 자신이 성화(聖化)된 것은 아니다. 성화나 성성(聖性)에 관하여서는 덕, 그 중에서도 영웅적인 덕을 보지 않으면 안된다.

  탈혼할 때에 마리 로즈의 지성과 의지는 한층 더 활발해지고, 그 신체는 영혼에 반응하고 봉사했다. 이런 때 그녀는 사랑의 대상인 신께 도달하려고 애쓰고, 그것이 찬미의 노래가 되어 흘러 나왔다. 그녀는 아름다운 미소 속에 신과 대화했다. 그럴 때의 마리 로즈의 모습은 가장 아름다웠다. 그녀는 잘 아는 찬미가를 부르는 것이 아니라, 감정을 말로 표현하는 리듬있는 산문을 노래했다.

  어떤 때는 머리를 치켜들고 무엇인가 매우 아름다운 것을 바라보듯이 빛나는 얼굴로 세 시간 동안이나 미소했다. 이런 때의 용모의 아름다움은 형언할 수 없었다. 그 황홀 상태 안에는 현세적인 것은 전혀 없었다. 신의 보좌 앞에서 관상하고 있는 천사 같은 청순함만이 있었다.

  마리 로즈의 탈혼 때에 경직 증세가 일어나는 것은 병적인 것이 아니었다. 그 상태는 다른 경직 증세처럼 지성과 의지의 활동을 방해하지는 않았다. 그녀의 탈혼을 악마에게서 오는 현상과 비교해볼 때 그 현상이 도덕과 모순되고 그 목적이 신앙과 도덕이 파괴되거나 의심스러운 성격의 사람에 의해 공언된다면, 그리고 탈혼 후에 당사자가 육체적으로나 도덕적으로 약하고 피로해진다면, 이상의 결점 중 단 하나에 의해서 상처입는다 해도, 또 부양(浮揚), 중력, 광휘적 변용(光輝的 變容)등과 같은 초자연적 현상이 아무리 있다 해도 그것은 신으로부터 온 것이 아니라 악마에게서 온 것이라고 판단할 것이다.

  신비 신학은 세 종류의 환시(幻示)를 말한다. 즉 대상이 상상(想像)에 나타나는 상상적 환시와, 대상이 당자의 외부에 나타나는 현실적 환시와, 그 대상이 지성에 있는 지적 환시이다. 마리 로즈에겐 이상 세 가지의 환시가 다 있었던 듯하다.

그녀가 눈을 감고 탈혼 상태에 있을 때 주님이 그녀의 상상에 나타나신다. 어떤 때는 법열경(法悅境)에서 갑자기 침대에서 일어나 손을 내밀어 누군가를 잡으려고 애쓰고 있었다. 그녀의 환시가 지적일 경우에는 바울처럼 "사람이 가히 이르지 못할" 비밀의 말을 들었다.

신비가는 여러 방법으로 사물의 속을 꿰뚫어 안다. 어떤 때는 묵시로 가르침을 받기도 하고 어떤 때는 직관을 얻기도 한다. 마리 로즈는 자기를 찾아오는 사람들의 숨은 비밀을 적발해내는 일도 자주 있었다. 남의 속에 있는 본심을 읽어 내었고, 또는 집안에서 말하고 있는 것을 모조리 들을 수 있다고 했다. 이것은 성녀 카타리나나 기타 신비가들도 남의 감정을 읽어내고, 수도원 구석에서 자기를 반대해서 속삭이는 불평을 들을 수 있었던 것과 맥을 같이한다.

1929년 4월 13일, 증인 다섯 명과 그녀의 지도 신부가 마리 로즈의 곁에서 그녀가 하는 말을 기록했다.

그녀가 주께 "얼마 동안이나 고통을 겪지 않으면 안되느냐?" 물으니 "7년간"이라고 반복했다. 그리고는 그녀는 손가락을 꼽아보며 자기 연령에다 그 수를 더해 33에서 멎었다. 당시 그녀는 26세였는데 33세에 죽었다. 주님은 그녀에게 그 기간이 너무 길다고 생각하느냐 물어본 듯하다. 그녀는 즉시 "아니요. 주님의 뜻인 때에 오셔서 저를 데려가 주십시오. 주님의 소원이라면 저는 백 년이라도 기쁘게 고통을 참겠습니다."고 대답했다.

마리 로즈는 때때로 "분신(分身; 동시에 여러 곳에 존재하는 것)"이라고 부르는 은사도 받은 듯하다. 탈혼 중에 먼곳에 사는 사람의 이야기를 했다. 주님이 그녀에게 거기에 가고 싶으냐고 물어 그녀가 그렇다고 대답하면, 그녀는 멀리 떨어진 그 장소에서 되어지는 일을 말할 수 있었다. 이런 회화는 때때로 전화로 확인되어 사실임을 입증했다.

몬트리올에 사는 베라르씨가 후두암으로 별세 직전에 성체배령(聖體拜領)을 원했으나 삼킬 수가 없었다. 신부를 통해 마리 로즈에게 부탁했더니 그녀는 "별세하기 전에 배령됩니다."는 대답을 보냈다. 1930년 2월 15일 토요일, 베라르씨가 깨어 있을 때 곁에 흰옷 입은 수녀가 있는 것을 보았다. 더 자세히 보려고 돌아앉으니 그녀는 공중으로 사라져 버렸다. 그날 오후 1시에 베라르씨는 성체를 받고 아무 거리낌없이 두 잔의 물을 마시고 나서 세상을 떠났다.

마리 로즈는 영적 여행도 하고 방언도 했다. 노래도 방언으로 했다. 그 밖에도 카리스마적인 달콤한 향기도 있었다. 이 향기는 그녀가 받은 왼손의 성흔에서 발산하여 그의 상처에서 흐르는 피에 배어 있었다.

그녀의 지도 신부는 "그녀의 손에 감긴 붕대를 풀었을 때 나는 왼손의 성흔을 보았습니다. 상처에서 흐르는 피에는 내가 알 수 없는 향기가 있어 향수처럼 여겨졌습니다. 내 손에도 그 냄새가 배어 나와 친구들에게 맡아보게도 했습니다. 그 향기는 이튿날 아침까지 남아 있었습니다."고 말했다.

신비가들 중에 참으로 성흔을 받은 자들은 모두 탈혼자들이었다. 탈혼은 참 성흔의 표준이 되는 듯했다. 탈혼이 하나님께로 온 것이 분명하다면, 진정한 성흔의 기초는 거기에 있는 것이다. 그리고 일반적으로 성흔을 가진 자에게는 원수를 사랑하는 마음, 그리스도의 고난에 참여하고자 하는 갈망이 있다. 팔복의 경험에 살고, 갑자기 전쾌하는 이상한 병에 시달리고 환시나 묵시도 받는다.

성흔을 가진 자라고 해서 십자가 상의 구주의 상처를 그대로 그 몸에 받는 것은 아니다. 대부분은 그 중 두 세 군데의 상처를 받는데 지나지 않는다. 성 리타(St. Rita)는 이마의 성흔 뿐이었고, 천주의 요한은 가시관뿐이었고, 프란치스코 회원인 존 크레이는 발의 성흔뿐이고, 예수의 성 프란시스는 어깨에, 프랑시스 도로시는 손과 발에, 성 베드로의 카타리나는 심장과 어깨에 성흔을 받았다. 그 중에 주님의 오상과 가시관의 성흔을 가진 자는 서른 명 정도 밖에 되지 않는다.

그런데 마리 로즈는 이상의 것을 모조리 갖고 있는 데다가 태장(笞杖)의 상처, 어깨의 성흔을 가지고 있었다. "엑세 호모(Ecce Homo)를 꼭 닮았다. 그녀는 완전한 성흔을 가진 신비가의 반열에 낀다.

마리 로즈가 편타(鞭打)의 성흔을 받았을 때(1921년), 팔 바깥 쪽에 약 반 인치 폭의 적색 줄이 간 열상(裂傷)이 있어 물집이 생겨 있었다. 아프냐고 묻자 화상처럼 아프다고 대답했다. 거기서 피가 흐를 때는 옷이 팔에 붙어서 떼기가 몹시 어려웠다.

두 손의 성흔은 근육이 찢어지듯 아팠다. 거기서 흘러나오는 피에는 향기가 났다. 오른손은 약지가 함께 상해 있었다. 그것은 마치 눈에 보이지 않는 못이 손바닥을 뚫고 있는 듯했다.

발의 성흔은 최대의 고통의 원인이었다. 그녀의 어머니는 탈지면으로 상처를 쌌지만 뼈 몇 개는 살가죽을 뚫고 내밀고 있었다. 발가락과 발톱이 빠져나왔다. 그래도 곪지 않고 불쾌한 냄새도 나지 않았다. 그 두 발은 서로 접근하여 당기고 십가상의 주님처럼 무거웠다.
 심장의 성흔은 극도로 고통스러울 때는 상처가 벌어지고 더욱 커졌다. 고통이 심할 때는 의식을 잃기도 했다. 그녀가 무의식 중에 웃음을 웃으면 심장에 날카로운 통증이 오고 기절도 하기에 이르렀다. 덮은 헝겊 사이에서 많은 피가 나왔다.
 그녀의 눈에서도 피가 흘러 나왔다. 어떤 때는 잔등에 고통을 느꼈다. 마리 로즈는 그것이 창이 멎은 자리인 것 같다고 말했다. 그녀의 이마에는 가시에 찔린 자리인듯 네 개의 구멍이 생겼다. 앞이마에 두 개, 양쪽 귀 위에 두 개씩이었다. 그 고통은 머리가 쪼개지는 듯했다. 그래도 그녀는 한 순간도 불쾌한 기색을 얼굴에 나타내지 않았다. 그 밖에도 머리에 가시관 쓴 자리, 어깨와 이마에, 코끝에까지 둘로 쪼갠 상처도 있었다.
 이같은 상처 중에 오상이나 가시관의 성흔은 영속적이었지만 다른 상처는 금요일에 나타나 다음날이면 자취없이 사라졌다. 홀연히 나타나고 또 홀연히 사라졌다. 금요일이면 언제나 상처가 눈에 띄게 돋아나고 피가 흘렀다.
 사순절 중의 성주간과 성 금요일이 가까워지면 고통은 한층 더 심하고 출혈도 심했다. 인내의 한도를 넘는 고통 속에서도 그녀는 불평없이 미소했다. 엑세 호모 현상이 날 때는 두 눈에서까지 출혈하여 뺨으로 흘렀는데 그 모습은 십자가 위의 주님 같았다. 마치 거룩한 성화(聖畵) 같기도 했다. 그럴 때면 주위 사람들은 계속 시간을 묻고 축복을 부탁했다. 고뇌 그대로의 표정, 그녀는 순교자의 표정이었다.
 그러면서도 그녀는 극히 겸손했다. "나는 사람들 눈앞에서 주목을 끌고 싶지는 않습니다. 내가 어떻게 될지 알 수 없기 때문입니다. 내게는 자신이 없습니다."고 했다. 오만심은 성흔을 시들게 하고 신비 생활을 더럽힌다는 사실을 그녀는 잘 알고 있었기 때문이다. 많은 신비가는 오만 때문에 정신이 무너져 타락한 천사 같이 되고 만다.

그녀의 방은 문을 잠그고 함부로 열어주지 않았다. 그녀가 엑세 호모를 일으켜 탈혼 상태에 들면 오른편 팔을 뻗었다. 십자가형이었다. 곧 몸부림치고 괴로워하고 입술을 깨물고 떨었다. 팔이 관절에서 빠져나가는 듯이 소리를 냈다. 얼마 후엔 자세가 뻣뻣이 곧아졌다. 허리가 어깨와 함께 움직이기 시작했다. 머리가 뒤로 처지고 헐떡거리며 숨쉬는 동안, 뿌드득 뿌드득하는 소리가 허리 쪽에서 들려왔다. 마치 갈보리산에서 그리스도 고난의 메아리인 듯 여겨졌다.

죽음의 느낌은 그녀를 떨게 하고 식은 땀을 흘리게 했다. 그때 그녀는 "내가 목마르다."고 했다. 곁에 있는 사람들이 마실 물을 주면 그녀는 해면에 적셔 마시려는 듯 입술로 물을 뱉았다. 그녀는 두번째 "내가 목마르다." 하고, 세번째는 "나는 많은 영혼을 위해 목마르다."고 덧붙여 말했다.

최후엔 그 코가 우뚝해지고 턱이 떨어져 내려앉고 입은 벌린 그대로요, 얼굴은 창백하여 시체를 암시해 주는 듯했다. 그녀의 엑세 호모를 통해 보여진 모습은 언제나 슬펐다. 머리 위의 후광도 확실하게 보였다. 그녀의 얼굴이 평상시 모습으로 되돌아오는 것은 대개 토요일이었다. 피가 마르면 벗겨진 상처는 나았다.

불행하게 사람들은 신비가를 의사에게 맡기고 간호를 부탁하며, 그들에게서 신의 일에 대하여 설명 듣기를 기대하는 경우가 많았다. 신비가들은 그냥 고요히 두고, 의사나 약품에서 벗어나게 하는 일이 중요하다. 어떤 이는 카리스마를 히스테리 현상이라고도 한다.

　그녀의 부모는 초조하여 의사를 불러오는 때가 있었다. 의사는 와서 마약인 모르핀을 주고 갔다. 이를 안 지도 신부는 몹시 나무랐다.

　신비적 상처는 사람을 죽이지 않는다. 그녀의 생명은 위험하지 않다. 탈혼 중에 죽었다는 이야기는 없다. 모든 신비적 고통의 전후에는 신비적 위로가 따라오는 법이다.

　1936년 사순절 전에 마리 로즈는 그 모친에게 "동정 성 마리아는 저에게 이제 의사는 필요없다고 말씀하셨습니다."고 알려주었다.

　그녀가 별세한 후, 품에서 자기를 순교적 희생으로 몸을 드리려는 결심을 적은 것이 발견되었다. 그 내용은 다음과 같다.

> "저는 변치 않는 사랑 속에 살 수 있도록 나 자신을 희생으로 바칩니다. 오, 예수님. 제가 당신의 사랑의 순교자가 될 수 있도록 끊임없이 애써 주시고, 이 순교로 인해 죽게 해주시기를 원합니다. 나의 영혼은 당신 사랑의 불길 속에 즉시 날아오를 수 있게 해주소서. 오, 내 영혼이 사랑하는 그대여! 만물이 그림자처럼 사라져 없어질 때, 저는 영원히 얼굴과 얼굴을 서로 마주대고 당신에게 저의 사랑을 나타낼 수 있게 저의 마음의 고통, 하나하나 모두 이 봉헌을 한없이 자주 새롭게 해주시기 바랍니다."

　그녀를 죽게 한 것은 십자가에 대한 갈망 때문이었다. 탈혼 중에 주님은 그녀를 보고 언제 세상을 떠나고 싶으냐고 물었다. 그녀는 "당신께서 좋다고 생각하시는 때"라고 대답했다.

　십자가라는 말의 의미를 바로 아는 이는 하나님과 희생자들뿐이다. 신비가들의 마음에서 부르짖는 고통은 연옥의 부르짖음과 같다. 마리 로즈가 신을 향해 울 때, 그것은 주의 섭리에 대한 불평이 아니라 주님이 나타나기를 애소함이었다.

평소 그녀는 청순하고 아름다웠다. 때로는 빛나는 것 같았다. 매력있고 화기가 넘쳤다. 그의 아름다움에서 빛을 발하는 듯 느껴질 때는 그것은 인간적인 것은 아니었다.

그녀의 사후 어느 사설(社說)에 "세상에는 잊을 수 없는 일들이 있다. 우리는 마리 로즈 페론의 빛나는 얼굴을 잊을 수 없다. 그녀의 아름다움은 자연미가 아니라 신비적인 것이었다. 그 천사 같은 얼굴에서는 끊임없이 은근한 빛이 발하고 있는듯 느껴졌다."고 했다.

그녀가 담화할 때는 신의 사랑이 끊임없이 타올라 매우 인상적이었다. 그녀의 말은 성령의 전으로 화한 영혼을 통과해서 나오는 것이었다. 그녀가 예수의 이름을 말할 때는 주님이 바로 곁에 계신 듯이 느껴졌다. 더구나 그녀가 탈혼 중에 황홀하여 예수님께 기도하고 있을 때의 아름다운 모습은 형언할 수 없었다. 별로 교육을 못받은 그녀이었지만 그녀의 말은 성혼과 기적 이상으로 사람들을 놀라게 했다. 그녀의 성격은 겸손하고 관대하며 유머를 이해하는 마음을 가졌었다. 자기를 자랑하지 않았고, 천박하고 비속한 방문객의 호기심을 억제시키고 성혼이나 탈혼을 신중하게 했다. 안 믿는 듯, 꿈 얘기인듯 말했다.

신비가들마다 적이 있기 마련인데, 그녀는 자기를 반대하는 적에게도 도량이 컸다. "만일 저를 반대하는 사람들을 미워하든가 비난한다면 저는 잘못을 저지른 것입니다. 나는 한층 더 그 사람들을 사랑할 줄 압니다. 그 분들을 위하여 기도하기에 나는 쉴 틈이 없습니다."

마리 로즈는 자기가 고통하고 있는 동안에도 병자나 번민하는 사람을 만나면 언제나 미소했다. 그녀는 사물의 우스꽝스러운 면을 보는 데 민감했다. 그러나 웃을 때면 대개 통증이 심장을 찌르기 때문에 몹시 조심했다. 통증이 심할 때에는 때로 기절도 했다. 예수님과 함께 있을 때는 어린애처럼 웃고 울고 했다.

별세하던 해 4월에는 고뇌가 전에 없이 극심하여 보지도, 듣지도, 말도 할 수도 없었다. 많은 피를 흘리고, 용모도 점점 변해가고 이전의 모습은 전혀 없었다. 얼굴은 추해지고 이그러졌다. 반쯤 감은 눈가에는 진한 피가 모여 있었다. 그녀는 순교의 성취를 기다리며 십자가 상에 죽으려 하는 것 같았다.

그녀는 7년 전 예수님의 예고대로 33세 되던 5월에 별세했다. 죽은 그녀의 얼굴에는 고민의 표정이 깊이 새겨져 있었으나 부인들이 와서 씻기니 평소의 안색으로 되돌아왔다. 아름다운 모습 그대로였다. 숨진 후 24시간이 지나도 시체가 아니라 잠든 사람의 모습이었다. 금방이라도 미소할 것 같았다.

장례 때 모인 조문객이 이만여 명이었다. 생전에 어느 부인에게 "저의 입관 때에는 예수님을 위해 될 수 있는 대로 아름답게 꾸며 주세요."라고 부탁했던 대로 수의는 신부처럼 옷을 입혔다. 그녀는 무덤 속에서도 아름다운 모습이기를 원했다. 그녀의 사후에 많은 기적이 나타났다. 많은 병자들이 완전히 회복된 것이다.

2) 에드가 케이시(1877-1945)

미국 버지니아 비치에 사는 "버지니아의 현자" 또는 "잠자는 예언자"로 불리우는 금세기의 대예언자가 "에드가 케이시"이다. 그는 1877년 3월 18일, 켄터키주의 농촌에서 태어나 1945년에 사망했다.

그의 예언은 수면 중에서 행해졌다. 많은 초능력자가 무아 중에 의사를 표현함과 같은 것이다.

장로교도인 그는 어려서부터도 다른 아이들과 함께 장난하지 않고 아무도 보지 않는 구석에서 성경만 탐독했다. 7, 8세 쯤이었던 어느 날, 집에서 성경을 읽고 있는데, 어디선가 벌레가 윙윙거리는 듯한 소리가 들려오는 듯 느껴지면서 자기가 읽고 있는 성경이 강한 빛에 조명되었다. 얼굴을 들어보니 흰 옷을 입은 한 사람이 대낮 같이 눈부신 빛 속에 서 있었다. 그는 "그대의 기도를 들었다. 그대는 내게 무엇을 구하는가? 내가 할 수 있는 일이라면 그대의 소원을 성취시켜 주리다."고 했다.

케이시는 "저는 괴로움을 느끼는 사람들을 도와드리는 힘이 필요합니다. 특히 병으로 고생하는 아이들, 그리고 저의 동무들에게 애정을 베풀고 싶습니다."라고 대답했다. 케이시가 말을 마치자 흰 옷 입은 사람은 어디론지 사라지고 말았다.

이튿날 밤 11시 경, 케이시는 책상머리에 앉아서 졸고 있었다. 짧은 시간이었다. 그 사이에 케이시는 꿈 속에서 소리를 들었다. 그것은 어제 오후에 들었던 것과 같은 소리였다. 그 소리는 몇 번이고 되풀이해서 "잠을 자라. 그러면 나는 그대를 도와주겠다."했다. 케이시의 마음에 이상한 힘이 생겨난 것은 실로 이 순간이었다.

그는 국민학교를 졸업하고 농장에서 일하다가 구두 직공이 되었다, 다시 책방 점원이 되었다. 그때 그는 이웃 처녀인 겔트루드 에반스와 연애하다가 결혼했다. 그녀는 케이시를 잘 이해하여 주었다. 그에게는 종교적인 일이 적성이라고 깨달은 그녀는 그에게 주일학교에 나가 성경 공부를 하라고 권했다.

그는 설교를 듣다가 목사가 되고 싶었으나 고등 교육을 받지 못했고 학비도 없어 엄두를 내지 못했다. 한번은 순회 부흥사인 무디에게 그 문제를 상의했더니, 무디는 "하나님께 봉사하는 일은 아무 데에서나 할 수 있다. 돈이야 있든 없든 그런 건 문제가 안된다."고 격려해 주었다.

　그런데 케이시는 결혼 얼마 전에 음성 상실병이 걸려, 아주 벙어리가 된 것은 아니지만 가는 소리밖에 나오지 않았다. 그의 모친은 걱정이 되어 최면술 치료사인 알 레인에게 아들을 데리고 가서 부탁했다. 알 레인은 케이시를 침대에 눕히고 최면을 시키지 않은 채 "그대로 잠을 자 보시오." 했다. 자기 최면에 빠져 보라는 것이다.

　그가 잠이 들자 레인은 보통 최면의 경우와는 반대로 "당신은 알지 못하는 사이에 자기 몸을 보고 있다. 그것은 당신의 목이다. 당신이 실성(失聲)한 원인은 그 목에 있다. 그러므로 그 목을 치료하면 된다. 당신은 어디가 나빠졌다고 생각하는가?" 하고 물었다. 수면 중이던 케이시는 "성대의 상태가 나쁜 것이겠죠." 라고 대답했다. "그렇다. 그 부분의 피의 순환이 나쁜 것이다."

　그랬더니 이상한 일이 일어났다. 부모가 보고 있는 앞에서 케이시의 목은 점차 붉은 빛이 짙어지더니 나중엔 새빨갛게 충혈됐다. 케이시의 자기 암시에 의한 것이다. 그는 잠든 중에 "목부분의 혈액 순환이 정상으로 돌아온 듯합니다." 했다.

　얼마 후 케이시는 몸을 일으켜 눈을 비비며 "도대체 어떻게 된 것입니까?" 하는데 목소리가 분명하게 나왔다. 케이시도, 부모도, 치료사 레인도 기뻐했다.

　레인은 그에게 "당신에게는 당신 자신만 아니라 타인의 병을 진찰할 수 있는 가능성이 있을지 모른다. 당신이 잠자고 있는 동안 남의 병의 원인, 상처의 모양, 전염병의 근원 따위를 쉽게 판단할 것 같다. 보통 의사는 손 댈 수 없는 난치병도 말이다."라고 말해 주었다. 레인은 케이시의 놀라운 능력을 발견해 준 것이다.

케이시의 소문은 퍼져갔다. 그는 병자들의 병인(病因)을 잠 속에서 투시하여 "잠의 치료"로 유명했다. 그러나 그의 진가는 병의 투시만이 아니었다. 1945년에 죽기까지 40여년 동안이나 그를 세계적 유명인으로 만든 것은 그의 예언이었다. 그가 예언한 것은 모두 1만 4천 건 이상인데 적중률이 백 퍼센트에 가까왔다고 한다.

에드가 케이시의 놀라운 점은, 그는 "과거의 투시(미지의 과거 사실에 대한 투시)"와 아울러 "미래에 대한 예언"이었다. 그는 "옛날 북 대서양을 중심으로 현재의 유럽과 소련을 합친 만큼의 아틀란티스 대륙이 있었다. 그곳에 최초로 인간이 살기 시작한 것은 지금으로부터 적어도 1천 5백만 년 전의 옛날이었다. 그 고도의 문화는 현재 사하라와 고비사막인데, 그때의 두 사막은 풍요한 낙원 같은 장소였다. 에덴 동산은 이란 근처일 것이다. 그때의 아메리카 대륙, 현재의 미시시피 평원은 바다밑이었다. 그러나 앞으로는 이 모두가 지난날의 제 위치로 되돌아가게 된다. 그래서 현재의 한냉 지대는 점차 따뜻해지고, 나중엔 열대권이 될 것이다. 뉴욕시는 1998년 경에 멸망한다. 일본 영토의 대부분은 1958년에서 1981년 사이의 언젠가 해저에 침몰하고 만다."고 예언했다.

제 3 부
타 종교의 신비주의

1. 유대교의 신비주의

유대교 신비주의의 본질적 성질은 예언자들의 영감 및 기도의 우월성에 있다. 첫째, 유대교에 있어 예언이란 신의 소리를 전달하는 일이다. 예언자는 정신적인 성격을 띠고 있기 때문에 점성술사와는 구별된다. 점성술사는 꿈, 천체 운행, 빛의 작용 등의 활동의 도움을 빌어 물질적 미래를 예견하는 술법을 터득한 사람을 말한다. 다시 말하면, 점성술사는 마술사 같아서 아무런 정신적 성격을 가지고 있지 않다.

그러나 예언자는 그 본질적 사명이 정신적인 데 있다. 사랑과 정의 속에 배양된 이상적인 유일신에 대한 종교적 희망을 향하여 나아가는 자이다. 예언자는 나비(nabi)라 부르는데, 그 어원에 관하여는 여러 가지 설이 있다. 일반적으로는 앗카드어(語)의 "나부"("부른다, 부르짖는다, 말한다"는 뜻)라는 말이 동사적 용법으로 쓰일 때는 "열광하다"는 의미로 쓰여졌는데, 이 말이 "신의 말씀을 선포한다"는 의미로 사용하게 된 것은 기원전 6세기 후반 이후의 일이다. 그 전에는 예언자를 "선견자(先見者)"라 불렀다(사무엘상 9:9).

이런 예언자적 상태란 어떤 것이었을까? 그것은 몰아적(沒我的) 열광 속에서 마음에 뜨거운 활력을 주는 신비적 힘에 사로

잡히는 일이다.

"나비"란 말의 어원처럼 사자같이 부르짖는 상태이다. 이같은 황홀 상태 속에서 때로는 환희가 일어나고, 때로는 참담하게 울부짖기도 한다. 이스라엘의 "춤추는 사람", "울부짖는 사람"은 곧 신께 속한 사람이다. 이들 예언자의 가르침과 행위는 단지 고취된 것이 아니라 탁월한 정신적 능력을 가지고 있었다.

그러나 시대가 변천하면서 신비주의도 다른 양상을 띠게 되어 금욕주의적 형태로 바뀌어 갔다. 그 중에 대표적인 것으로 레갑파와 엣세네파가 있다. 레갑파는 기원전 9세기 중엽에 결성된 구약을 중심으로 한 종교 단체로서 가나안 땅의 비옥한 문화에 반발하여 사막의 생활 양식을 고집했다. 엣세네파는 사해 근처에서 은둔하며 집단 생활을 했다.

이런 운동 속에서 영감은 순수히 신탁적인 형태를 띠게 된다. 이제 성령은 육체에 붙어 있으면서 그를 흥분하게 하는 일은 없고, 다만 단순히 정신을 감화, 감동하게 하여 그것을 빛나게 하는 것뿐일 것이다.

예언자에게 오는 영감은 환시(幻視)와 꿈이라는 두 가지 방법을 통해 나타난다. 환시는 완전히 깨어 있는 사람에게 오고, 꿈은 잠잘 때 일어나는 것인데, 외부 세계에는 아무런 변화가 오지 않는다.

신탁에는 내용과 형태가 있다. 그 내용은 도덕적 교훈, 위협, 혹은 위로를 주는 데 목적이 있다. 형태라 함은 예언자의 영감에 의해 주어지는 심상(心象)이요, 형틀이요, 연출이다.

그러나 영적 심오한 사고(그 본질은 계시임)는 신적 압력 하에 의식의 밑바닥에서 분출하는 것이다. 예언의 참 의미는 도덕적, 정신적 경고로서 그 외의 것은 단지 분식(粉飾)에 지나지 않는다.

　이 신비주의의 종교적 의미 속에는 신과 결합한 인간 존재의 내적 움직임이 포함되어 있다. 어떤 의미에서 예언자의 영감은 하나의 발명이라 볼 수도 있다.

　신탁, 혹은 성자가 가진 초사고적(超思考的)인 것은 역시 그 속에 이런 초사고적인 것이 존재한다는 학자의 발견과 비슷한 성질을 띠고 있다. 다른 점이 있다면, 학자의 그것은 전적으로 지적인 것이어서 그의 소질적인 데서 또는 학식에 근거한 잠재의식의 활동에 종속되어 있다는 것이다. 그러나 예언자의 의식 속에서 분출하는 명지(明智)는 전혀 다른 것이어서 예언자 자신은 그런 요구를 낳은 것이 무엇이었는지 감지하지 못한다. 그러면서도 그것이 의무인양 예언자를 엄격히 몰고가는 하나의 요구인 것이다.

　예언이나 신비주의는 어떤 때는 참인지 거짓인지 구별하기가 어렵다. 참과 거짓의 구별에 대한 실례는 갈멜산에서 엘리야와 바알 선지자들을 구별하던 예에서 볼 수 있다(열왕기상 18:20-29).

　모세 이후 이스라엘 예언자들의 예언은 좀스럽고 지엽적이고 세부적인 일에는 구애받지 않았다. 그것은 순수히 정신적인 성격을 띠고 있다는 점에서 그 유래가 드물다.

　둘째, 이스라엘 종교에 있어서 기도는 매우 높은 신비적인 의미를 내포하고 있다. 구약의 시편에 있어서나, 하시디즘(경건파)운동에서나 영감을 받는 자는 기도에 잠길 때, 스스로의 마음 속에 일어난 환상, 혹은 어떤 말을 아주 감동적인 도취의 노래로 읊으며 만족해 한다.

　신탁과 성시(聖詩)는 둘 다 신을 밝혀 주는 것이다. 신탁은 신의 보증의 전조로서, 성시는 충신자(忠信者)의 마음 속에 신이 나타남으로 생기는 실재적인 효과에 의해 신을 밝히는 것이다. 고대의 예언자는 감동의 부르짖음으로 자기의 열광을 표시할 수 없어도 신의 직접적인 작용 밑에서 몸을 떨었다. 그들보다 더욱 우수한 예언자인 성시 작가 다윗왕은 자기의 기쁨을 진술하고 자신이 깊이 느끼고 있는 내적 신을 노래했다. 그것은 가장 독창적이고 신비한 양상을 우리에게 보여준다.

유대인의 신앙은 매우 내면적인 것이어서 회개, 희망, 도취 등을 서정적으로 노래하는 데 국한되어 있다. 시편은 특히 신비적인 시가(詩歌)로서 영혼과 신이 주고 받은 열렬한 대화이다. 바벨론의 최고의 신인 "벨"이나 앗시리아 최고신 "앗스르"의 찬가(讚歌)를 유대인의 성시, 그 중에서도 찬미(시편 중에 신을 특히 찬미한 부분) 속의 성시를 비교해 보면, 둘 사이에는 전혀 유사점이 없다.

아가서도 역시 매우 신비적인 시가(讚歌)이다. 인간과 신 사이의 이같은 친밀함은 다른 종교에서는 발견할 수 없다. 그것은 감각의 흥분이나 사고력을 잃은 일종의 자아 망실에 의해서는 얻을 수 없는 신성한 결합이다. 이같이 신비주의의 경향이 다른 도취는 광대 무변한 신전(神殿)에서 망연 자실한 일이 아니라 사랑으로 말미암은 환희였다.

1) 엣세네파

유대인의 신비적 특질은 그들 영혼의 고유한 것인데, 그 중에도 엣세네파 사람들에게 있어서는 더욱 현저했다.

엣세네파는 기원전 160년에서 143년 사이에 있었던 옛날의 예언자들을 본받으려는 운동이다. 그들은 팔레스틴 시골, 혹은 거리에서 살면서 금욕과 기도의 생활을 하던 단체이다. 특히 사해 근처에서 집단 생활을 했다.

세례 요한과 주의 형제 야곱은 엣세네파에 가까운 생활을 했다. 그들은 공동 생활을 했고, 정결을 상징하는 흰옷을 입고, 노동하여 얻은 삯은 균등하게 분배했다. 그들은 상업은 할 줄 모르고, 주로 농사를 지었다. 그 밖에 약간의 직업은 가졌으나 창칼, 투구, 갑옷 등 전쟁 도구 등은 거부했다. 평화적인 물건이라도 악용될 염려가 있는 것은 만들지 않았다. 재산을 소유하지 않고 극히 청빈하고 간소한 생활을 했다. 쾌락을 버리고 다만 미덕과 정의만을 갈망했다.

그들은 자기 종파에 속하지 않은 자들과도 성실한 우호 관계를 지키고, 타인을 미워하지 않고 차별치 않으며, 만인을 위해 기도했다. 그들은 자기네 교리에 따라 공명자(共鳴者)들의 자녀들이나 고아들을 교육했다.

1947년 사해 근처에서 발견된 사해사본을 계기로 알려진 신약 시대의 학파는 엣세네파에 가깝고, 같은 모양의 신비적 생활을 했다. 엣세네파에는 연소한 아이들이나 소년은 거의 없고 중년과 노인이 대부분이었다. 회원 가입에는 인종 차별이 없었다. 오로지 미덕에 대한 열정과 열렬한 인간애에서 뭉쳤다.

엣세네파는 쾌락을 악으로 알고 배격하고, 금욕과 정념(情念)에의 저항을 미덕으로 알았다. 결혼을 경멸했으나 타인의 자녀가 어릴 때는 양자로 받아 자기들의 품성을 넣어 주었다. 그들은 결혼을 금한 것만 아니라 노예도 두지 않았다. 그런 일은 부정당한 일이요 불화의 원인이 된다고 생각하여 자기네끼리만 생활하고 하녀의 일은 자기들끼리 번갈아 했다.

　엣세네파가 결혼을 반대한 것은 여자는 이기주의자요, 극도로 질투가 많고, 음탕하고, 남자의 성격에 올무를 걸고, 부단의 요술로 남자를 유혹하는 데 능하고, 아첨을 잘하고, 가면을 잘 쓰고, 사람의 눈과 귀의 감각을 기만하고, 지성을 미혹시키고, 더구나 어린애를 낳고 나면 오만해지고, 뻔뻔스럽고, 몰염치해지고, 더구나 공동 생활의 복지에 반대하는 갖가지의 행위를 범한다는 생각 때문이었다. 아내의 미약(媚藥)에 마취된 남편들은 이미 전날과 같은 인간이 아니고, 자유인이 아니라 저도 모르는 사이에 딴 사람이 되고 노예로 화하고 만다는 것이었다.

　그러나 엣세네파에도 딴 파가 있어 인간의 종족을 번식시켜야 하는 의무를 생각해서 쾌락을 위해서가 아니라 자손을 얻기 위해 아내를 얻는 파도 있었다.

　엣세네파에 입회하려면 재산 전부를 그 종단에 내놓는 것이 규칙으로 되어 있다. 그들에게는 사유 재산이 없었고 전 회원의 공동재산만 있었다. 그들은 도시를 피하여 촌에 살았다. 도시 생활은 신을 배반하는 것이 관습이 되어 있기 때문이었다.

　사해 서쪽에 살던 엣세네파는 해안의 공기가 해롭기 때문에 해안에서 거리가 먼 곳에 살았다. 그들이 상대한 것은 종려나무 뿐이었다. 쿰란에 있는 동굴 속에서 그들의 생활 유적지과 많은 사본들이 발견되었다. 그들의 회원수는 언제나 줄어들지 않았다. 세상에서 지친 사람들이 늘 찾아왔기 때문이다.

　새벽부터 해가 떠오를 때까지 그들은 세속적인 말을 한 마디도 하지 않고 조상으로부터 전해오는 기도문을 태양을 향하여 외웠다. 태양이 떠오르기까지 탄원하는 듯한 기도를 마치면, 감독자는 그들을 분산시켜 각각 맡은 일터로 가게 했다. 오전 11

시 경에 다시 같은 장소에 모여 아마(亞麻)로 만든 치마 모양의 것을 허리에 두르고 냉수에 들어가 결례를 행한 뒤 어떤 특별한 건물에 모인다. 이 때는 회원이 아니면 접근하지 못한다. 그들의 식당은 성역이다. 그들 자신도 정결한 상태가 아니면 그곳에 들어가지 않는다. 고요히 착석하면 당번이 각 사람에게 빵과 한 개의 그릇과 한 가지의 요리를 내어준다. 식사를 시작할 때에는 성직자가 기도하고 먹는다. 기도 전의 식사는 불허한다. 식사가 끝나면 성직자가 다시 기도한다. 그리고 식사 때에 입은 옷은 다시 벗어 둔다. 그것은 신성한 옷이기 때문이다. 그리고 나가서 다시 저녁 때까지 일에 힘쓴다.

저녁 때가 오면 다시 모여 같은 방법으로 식사를 한다. 질서 정연하게 서로 말을 주고 받으며, 고함이나 떠드는 소리로 이 집을 더럽혀서는 안된다. 외부의 사람이 볼 때는 이 정숙은 두려운 수수께끼처럼 느껴진다. 그들의 음식은 언제나 절제를 지켜 겨우 기아를 면할 정도로만 먹었다.

그들은 감독자의 명령이 아니면 아무 일도 않는다. 다만 두 가지만은 독자적으로 할 수 있다. 남을 구조하는 일과 시여(施與)이다. 회계의 허락 없이는 가족에게 보조도 보낼 수 없었다. 거리에는 손님을 시중드는 특명을 받아 의연금을 징수하는 계원이 있어서, 그들이 의복이나 필수품을 관리한다. 의복이나 신발은 다 낡아서 닳아 떨어지는 경우가 아니면 새것을 주지 않는다. 서로 매매도 못했고 필요로 하는 사람에게는 자기의 것을 준다.

여행할 때도 아무것도 가지고 가지 않는다. 다만 도둑을 막기 위해 무기는 휴대했다. 같은 종파의 사람이 손님으로 오면, 자기 집에 있는 것은 모조리 그에게 개방한다. 처음 온 집도 마치 친구 집처럼 자유스럽게 사용한다.

그들은 비상한 열심으로 고전을 연구하는데, 그것도 특히 영혼과 육체에 도움이 되기 위한 책이라야 했다. 병의 치료를 위한 책 속에서도 약이 되는 초근(草根)이나 돌의 성질을 연구했다.

그들은 만사는 신께 맡기라고 가르쳤다. 영혼이 불멸임과 마찬가지로 육체도 불멸이라며 부활을 굳게 믿었다. 성전에 다른 헌물은 보내나 성전에 희생은 드리지 않았다. 그들은 성전 경내에 들어가지 않고 동료들끼리 희생을 바쳤다. 엣세네파는 자기들의 교리는 절대로 비밀로 했다(피론의 주장에 의하면, 엣세네파는 동물 희생은 바치지 않았다고 한다. 자기들의 마음을 거룩하게 가지는 것이 희생물보다 낫다고 여겼다.)

큰 죄를 저지른 현행범은 추방되었다. 제명당한 자는 식사에도 참예하지 못해 때로 굶어 죽기도 했다. 고참자와 다수결에 따르는 것이 의무였다. 10명이 동석해서 자기 이외에 9명이 반대할 때는 누구나 발언할 수 없다. 판결은 공평하게 했다. 재판은 참가 인원 백 명이나 되는 앞에서 했다. 입법자를 모독한 자는 사형이었다. 고참 순서로 네 계급으로 나눈다. 젊은 자는 가장 지위가 낮고, 연상자가 젊은 자의 몸에 접촉했을 경우엔 몸을 씻었다.

그들은 혈기를 억제했고, 성실한 모범자들로서 평화를 만들었다. 그들의 입에서 나오는 말 한 마디는 서약보다 강했다. 그들은 맹세하지 않았다. 영혼 불멸과 부활을 믿기 때문에 괴로움 속에서도 미소를 띠었고, 핍박자들 앞에서도 의젓하게 죽었다.

엣세네파 신비주의의 특징은 묵상이다. 그들은 예언자적 정신을 갈망하고, 그것에 의해 성령에 이르려고 애썼다. 황홀감 속에서 그들은 명상에 몰입했다. 그들의 경건과 생활의 순수함은 성경에 대한 깊은 인식에서 온 것이어서, 이것이 그들을 신의 영광, 즉 미래 영광에 알맞는 자로서의 자기 자신을 의식하도록 했다.

2) 하시디즘

하시디즘(Hasidism)이란 종교적 원칙에 기초한 공동 생활 건설운동을 의미하는 것으로 세계 각지에 유랑하고 있는 유대인 사이에서 이룩된 것이다. 옛날에는 예언자 시대에서, 또는 최근에는 팔레스틴의 키브츠(Kibbtz)라 부르는 유대인 협동사회에서 볼 수 있다.

"하시딤"에 관한 최초의 언급은 외경 마카비 2:29 이하에 있다. 후대의 바리새파나 엣세네파는 "하시딤"에서 나온 것이라 생각한다. 최근에는 쿰란 교단과 밀접하게 관계하고 있는 점이 주목된다.

엣세네파의 신비주의는 근대 하시딤파(Hassidim: 경건한 사람들)에서 현저한 형태를 취하게 되었다. 이 하시딤파의 실천자들은 자주 목욕하는 점이나, 흰옷을 입는 점 등에 있어 엣세네파를 닮은 데가 많다. 이 종파의 창시자는 이스라엘 벤 엘리에젤(Israel Ben Elieser Von Mesbiz)이다. 그는 1700년 경에 우크라이나 지방 포드리아에서 탄생하였고, 1760년에 미에즈보르스에서 죽었다. 동료들 사이에서 "기적을 행하는 사람"이란 별명을 듣고 히브리어로 바알 쉠 톱(Baal Chem Tob, 약어로 Bescht) "명문의 주인"이라 불리웠다. 그의 신비주의는 특수했다.

그는 고함을 치고 전신을 아무렇게나 동작하면서 언제나 똑같은 기도문을 열광적으로 외웠다. 그에 의하면 이같은 전신의 흥분에 의하여 보다 쉽게 창조주에 도달할 수 있다는 것이다. 이 파에 속한 사람은 어떤 마력을 지닌 신명(神名)에 정통하여 그것을 이용하는 술법을 알고 있었다. 이 술법으로 그들에게 찾아오는 사람들을 치료하고 도왔다. 말하자면 종교에 흡수된 마술인 셈이다.

그들의 활동의 선천적 기초는, 모든 물건 사이의 관련을 시간과 공간적인 관련 밖에서 인정해 내는 데 있다. 보통 이것을 직관이라 부른다. 또는 사람 영혼의 중심에 대한 그들 고유의 강하게 격려해 주는 영향력이어서, 이것으로 동포의 영혼은 육체와 생명을 갱신하는 힘을 얻는 데 있다.

바알 쉠 톱의 생애는 신비 속에 싸여 있다. 그의 전 반생은 무명인이었던 것 같다. 1740년경 포드리아(Podolien)의 뮴지붓슈에 거처를 정하고 제자들을 모아 지도한 것이 그의 공생애의 시작이었다. 그는 드물게 인간적인 매력을 가진 마음이 착한 신비가로 백성들의 절대적 신뢰를 얻었다.

하시디즘 운동은 오늘날도 다소의 영향력이 있다. 이 운동의 중심지는 1939년의 전쟁까지는 폴랜드였다. 오늘날은 이스라엘로 옮겼다.

부버의 『하시디즘의 인간의 도』 (발췌 인용)

모든 시대에 신은 모든 인간들을 부르신다. '너는 어디 있느냐'고. 그대 자신이 아담이다. 그대 자신에게 신은 말씀을 건네고 계시다. 아담은 자기 인생에 대한 책임에서 도피하고자 몸을 숨긴다. 모든 개인은 아담이다. 아담의 상황 속에 있기 때문이다.

인생에 대한 책임에서 도피하기 위하여 현 존재는 하나의 은폐 장치로 꾸며졌다. 그리고 인간은 이와 같이 신의 얼굴을 피하여 자기 몸을 숨기고 쉬지 않고 도피함으로써 더욱 더 문제적인 새로운 상황이 만들어진다. 그러나 신으로부터 몸을 숨기려 노력하는 일 때문에 그는 자기 자신에게서 몸을 숨기는 것이다. 확실히 그의 안에도 찾고 있는 무엇이 있다. 그러나 그는 이 "무엇"에게 자기가 발견되게 하는 일을 더욱더 곤란하게 하고 있다. 이런 상황 속에서 신의 부르심이 임하는 것이다. 그 부름은 인간의 마음을 뒤흔들어 놓으려 하고 있다. 그 은폐 장치를 깨뜨리려 한다. 그래서 그가 어떤 상황에 빠져 있는가를 그에게 보여주려 한다. 그 속에서 빠져나오고 싶어하는 큰 의지를 자각하게 하려 한다. 모든 것은 인간이 부르시는 물음에 얼굴을 마주 대할 수 있느냐에 달려 있다. 그 부르심이 귀에 들린다면 심장이 떨릴 것이 틀림없다.

그 소리는 실제, 인간의 생존을 위협하는 뇌성 같은 소리로 오는 것이 아니라 "세미한 소리"(열왕기상 19:12)이다. 그리고 이 소리를 꺼버리기는 아주 쉽다. 이 소리가 꺼져버리면 인생은 도(道)가 되지 못한다.

누가 아무리 거대한 일을 성취했다고 해도 그가 이 소리에 얼굴을 마주 향해 서지 않는 한, 그의 인생은 여전히 도를 잃은 상태이다. 이 소리에 대면하고 서서 자기가 빠진 함정을 인식하고 "나는 몸을 숨겼습니다"(창세기 32:10)라고 고백할 때 동시에 그 인간의 도가 시작되는 것이다.

결정적인 자각은 인생에 있어서 도의 시작이다. 그러나 자각이 결정적인 것은 바로 그것이 도에까지 인도하는 경우뿐이다. 왜냐하면 자학, 절망, 그리고 더 한층 깊은 함정으로 인도하는 그같은 불모의 자각도 있기 때문이다.

3) 기타 신비주의

유대인의 신비주의 운동으로 그 밖의 단체들은 "테라푸트"파와 "카바라"파가 있다. 전자는 엣세네파와 동시대에 이집트에서 발생하여 퍼진 유대교의 일파로서 엣세네파와 유사점이 많다.

카바라파는 유대교 신비주의 운동이 고도의 철학 사상과 긴밀하게 결부되어 순리적(純理的) 형태를 취해 나타난 것인데, 오랜 옛날부터 스페인과 프로방스의 유대인 사회에 퍼졌었다. 카바라파의 정확한 기원은 알 수 없으나 유대 율법학자들로 말미암아 전해진 이 히브리 비전주의(秘傳主義)는 중세기에 들어 매우 발전했었다. 이들의 운동으로 나온 저작으로 여러 가지 신지론적 사상의 단편을 수록한 것이 8세기의 『천지 생성의 서(Sefer Yetzira)』가 있고, 13세기 말에는 『장려(壯麗)의 서(Sefer ha Zohar)』가 편집된 것이다. 기타 『천지창조의 역사(Ma, Asse Berechit)』와 『천거(天車)의 역사(Ma, Asse Merkaba)』 등이 있다.

카바라파의 기초 원리는 신을 무한한 것, 비실존자로 보고, 그것이 현현되는 경우에는 1에서 10까지의 수에 의해 표시되는 "세피로드" 즉 왕관(케텔), 예지(호구마), 지성(비나), 성총(헤세드), 힘(제브라), 미(티베레트), 승리(넷사), 영광(호드), 기초(에소드), 왕위(말쿠드)의 방법에 의하여 나타난다. 이것들은 각각 무한정한 것의 계시, 혹은 고지(告知)의 특별한 방법을 의미하고 있다고 한다. 『장려의 서』는 카바라파 교의의 기초가 되는 책으로 "세피로드"의 설을 전개했다. 세피로드는 수단, 혹은 본질로서 신성의 시원적(始源的)인 근원을 구성한다.

2. 회교의 신비주의

회교의 신비주의는 유대교나 기독교의 신비주의에 비해 조금도 뒤떨어짐이 없는 매력적인 것이다. 회교는 그 정신 속에 조금도 애매한 점이 없이 아주 분명한 방법으로 신의 절대적인 단일성을 긍정하고 있다. 또 창조주와 피조물 사이의 근본적인 구별을 명백히하며, 강력하게 심판 사상을 주장한다. 인간은 신에게 복종하는데 머물러야지 신을 사랑할 필요는 없으며, 인간은 영적 충만에서 스스로를 신의 편으로 높여야 하고, 제례의 방법에 의해 신을 숭경하지 않으면 안된다고 회교 경전에 기록되어 있다.

"그대가 어디로 얼굴을 향하든지 거기에는 반드시 신의 얼굴이 있다."

"모든 것은 신의 얼굴을 제한다면 소멸해 버리고 만다."

"신은 신자의 마음을 조명하신다. 그대는 진리를 알 때, 확고한 신앙을 가진다."

"신께 완전히 몸을 맡기지 아니하면 신앙은 아무 효과가 없다. 그대가 신을 절대 신뢰할 때, 아침엔 주려 날아간 새가 저녁에는 배불리 돌아오듯이 신은 그대를 길러 주시리라."

"가난은 나의 자랑거리이다."

"오! 신이여 나도 검소하게 살게 해 주소서. 검소하게 죽게 해 주소서. 또 죽은 자들 중에서 검소하게 사는 사람들 속에 다시 살게 해 주소서."

"나의 대지, 나의 하늘은 나를 받아들이지 않으나 나의 종의 마음은 나를 받아들인다."

"나는 숨겨져 있는 보화였다. 그러나 나는 알려지기를 바랐다. 그렇기 때문에 나는 알려지기 위해 창조를 했다."

회교의 신비 철학으로 8세기에 페르시아에서 발전한 소위 "페르시아의 신비의 애인"이라 부르는 "수피" 신비주의가 있다. 수피의 어원에 대해서는 여러 가지 설명이 있는데, 어떤 사람의 말에 의하면, 초기 이슬람교의 참회자들이 입는 의복이었던 "스흐(羊毛)"에서 나온 말이라고도 하고, 또 어떤 이는 "수피이(영리하다, 또는 경건하다)"의 뜻이라고도 하고, 어떤 이는 "사피" (순수)라고도 한다.

최초의 유명한 수피는 라비아였다. 이 여자는 모하멧 기원후 1세기 반 경에 죽었다. 그녀가 신에 대해 지녔던 황홀한 격정, 그 열애는 정신적인 것이었지만 마치 폭풍의 품에 안겨 떠가는 꽃처럼 그의 육체까지도 높이 들려갔다. 그녀의 말에 의하면, 그녀가 발견한 모든 것을 신 안에서 잃어버리는 일로서 그녀는 신에 도달했다고 한다. "신을 보고 싶다. 가까이 하고 싶다. 그 어떤 수단을 써서라도 가까이서 보고 싶다."고 부르짖는 동안 그녀는 자기 가슴 속에서 신의 대답 소리를 들었다: "오! 라비아야, 옛날 모세가 신을 보고 싶다고 소원할 때 신의 영광의 한 조각이 산 위에 떨어지자 그 산을 산산 조각으로 깨뜨렸다는 말을 못 들었는가? 그러니 너는 내 이름만으로 만족하라."

이같은 은밀한 지식에 어떻게 도달했느냐는 질문을 받았을 때, 그녀는 대답하기를 "다른 사람들의 지식을 얻는 데는 일정한 방법이 있습니다만, 내게는 길도 방법도 없습니다." 했다.

수피는 신의 불 속에 뛰어들어 타버린 한 마리의 부나비 같았다. 그들의 사랑은 격류였다. 신을 향하여 고함을 지르며 돌진하는 정열의 홍수였다. 연애하는 상징주의적 신비주의였다. 이같은 신비주의는 신비적인 특징을 가진 코란 경전 속의 귀절에서 고취받은 것이긴 하지만, 그보다 유대교, 기독교, 배화교, 불교 등의 여러 기원에서 더욱 고취받은 것 같다. 이같은 여러 경향이 뒤섞이면 범신론이 주요한 영향을 차지하고 만다.

이같은 혼탕의 결과로, 힌두교의 신비주의에서 가끔 발견되는 중요한 관념인 멸각의 관념이 수피 신비주의에서는 "파나(Fana)"라는 이름으로 크게 나타났다. 이 교리를 발전시킨 이는 바그다드의 알 유나이드였다. 그는 "신이 인간을 신 속에 살도록하기 위해선 그 자아를 소멸하게 한다"고 했다.

본래 회교는 매우 엄격하고 숭고한 철학적 특징의 종교였지만 이런 모든 원리는 그들의 사랑의 열광적인 흥분 앞에 굴복한 듯하다. 마치 가시 사이에 돋친 장미처럼 정열적인 신비주의가 회교의 뿌리에서 피어난 것이다. 수피 신비주의는 모든 경향을 융합시키고자 노력하고 그것들을 뒤섞어 하나의 독창적인 체계를 만들어 냈다. 그것은 대략 다음과 같다.

> 신은 완전히 영원한 것이고 만물은 신 속에 존재한다. 신에게는 그 전능한 힘을 분여한다든지, 혹은 서로 다툰다든지 할 상대나 동류가 없다. 유일한 실존이신 신은 누구에 대해서도 중계자의 입장에 서지 않는다. 회교는 기독교와는 반대로 성육신(成肉身)한 신도, 구세주도 인정하지 않는다. 일체가 유일의 주(Rabb)이신 알

라와 신의 피조물인 종(abd)인 인간 개인과의 사이에 행해진다. 모든 시대에 있어서 우주는 똑같이 영원한 것이지만, 최후까지 분석해 가며 하나의 환각 같은 것으로 나타난다. 신자는 이 환각에 관해 깊이 생각하고, 그리고 지적인 멸각에 의해 신과 결합하도록 노력하지 않으면 안된다. 신자는 죽음에 의하여 비로소 결정적으로 신 속에 몰입하게 된다.

수피교도들은 현세에서 이미 신적 사랑의 묵상 생활과 신과의 합일에서 오는 황홀감을 통하여 영화(靈化)의 모든 단계를 경과할 수 있는 것이다. 불교도가 열반에 이르듯이, 수피교도는 이 세상을 떠나는 일로 파나의 경지에 이르게 될 것이다. 그들에겐 죽음이 최고의 것이다. 죽음은 영원의 동화에 의해, 표현 못할 실재와의 결합을 가능하게 하기 때문이다.

수피 교리에 따르면, 인간의 심령에는 한없는 차이가 있다. 그러나 전적으로 신과 같은 종류의 것이다. 이것은 결국 그 자신이 흡수되어 버릴 무한 전체(신) 속의 한 원자이다. 신은 정신 속에, 또는 우주의 물질 속에 내재한다. 그리고 우주의 유일한 참 사랑은 우리를 그 완전과 관계를 짓게 하는 사랑이다. 그 밖의 사랑은 모조리 여명과 함께 사라져 버릴 사랑이다. 참으로 실재하는 것은 마음, 즉 정신뿐이다.

세상의 물질은 환상이다. 지나가는 그림자를 비추는 거짓된 거울이다. 그러므로 우리를 영혼이라는 신부에게 결합시키는 사랑 이외의 것은 하등 고려할 가치가 없다. 그리고 우리 애인(신)에게서 이처럼 갈라져 환상의 참혹한 세계에 사는 동안에도 천상미의 섬광, 신성한 사랑의 기억은 우리를 황홀한 상태로 인도하고 잊어버린 진리를 다시 생각나게 한다.

페르시아의 수피는 말했다. "나는 지상으로 나를 인도해 줄 빛을 찾아 방황하고 다녔다. 낮에도 밤에도 쉬지 않고 찾아 다녔다. 그러다가 기어이 내게 모든 진리를 알려주는 가르침을 들었다. 나 자신의 마음 속을 돌이켜 본 것이다. 내가 찾아다니던 빛은 바로 나 자신 속에 있었던 것이다."

수피의 교리인 연애 상징주의에 의하면, 잠은 깊은 명상을 의미한다. 향기는 신의 존재의 표이다. 키스나 포옹은 신성에의 신비한 결합이다. 술은 정신적 지식을 의미하고, 취(醉)함은 황홀 상태를 의미한다. 술 파는 사람은 정신적 지도자를 의미하고, 미는 신성의 완성이요, 풍성한 두발은 신의 영광이며, 애인의 입술은 신비로운 것, 애인의 뺨의 검은 점은 완전한 융합의 점이다. 그들은 취했다. 그 술은 한번 맛을 본 자는 한없이 마시려는 술이다. 즉 그들은 신에 취한 것이다.

수피주의의 원리는 신에게 이르는 일과, 신의 완전 무결에 열정을 가지고 합하는 데 있다. 아내와 남편이 한 집에서 한 마음이 되듯이 완전한 결혼적 통일을 이루려는 태도이다. 수피파의 최초의 사람은 페르시아인 비스탐의 아부우 야지드(875년 사망)이다. 그는 신비적 열광의 격정 속에서 자기 마음 속의 신을 발견했다.

파나(Fana, 滅却)교리를 발전시키고 총합시킨 이는 바그다드의 알 유나이드(910년 사망)이다. 그는 수피파 중에서도 가장 독창적이고 통찰력이 풍부한 인물이었다. 그에 의하면, 수피 신비주의는 "신이 인간을 신 안에 살도록 하기 위해서 그 자아를 소멸시키는 일"에 의해 성립한다. 이 자아의 소멸을 "파나"라고 부른 것이다. 자아를 멸각한다는 일은, 실존이라는 말의 참된 의미에 있어서 개인의 생존을 정지하는 일이 아니다. 왜냐 하면 신비가의 개성은 신께 받은 양도할 수 없는 사물(賜物)이며 신 속에서 완전한 것이 되고 영원화되기 때문이다. 알 유나이드는 인간을 신으로 떠받드는 것을 피했다. 그것은 인간을 최악한 것으로 만들 위험이 있기 때문이다.

알 하랏지(860년생)는 인간과 신 사이에 어떠한 경계도 인정하지 않았다. 그는 실재의 멸각(실재가 신의 현출, 즉 은총에 의해 동의된 법열의 상태 속에 압도되어 버리는 일)의 작용을 "도취된 화사한 사랑의 밤처럼 인간이 신이 되는 영의 혼인"이라고 생각했다. 그는 다음과 같이 주장했다.

> 인간은 의지력에 의해서만 신의 의지 속에 자기 의지를 결합시키고 융합시킬 수 있다. 인간은 쉴새 없이 신의 명령을 받고 그로 인해 신과 합일하고 신이 되어 말도 하고 행동도 하게 되는 것이다.
> 그때는 이미 "나"도 없고 "너"도 없다. 신과의 결합이 완성되면, 인간은 신의 여러 가지 말을 할 수 있는 신의 한 기관이 된다. 이 신비 작용을 나는 "나"라는 말로 표시되는 것으로서 거기는 속성이 없다. 나는 "나"라는 말로 표시되는 것이어서, 거기에는 품질은 없다.
> 나의 속성은 "나의 개성에게 분리되어" 순수한 인간성이 된 것이다. 이같은 나의 인간성은 모든 영적 품질의 멸각이다. 그리고 나의 품질은 이제 순수한 신성이 되는 것이다.

3. 힌두교의 신비주의

인도인의 가장 오래고, 가장 심오한, 그리고 가장 저명한 작품의 하나는 기원전 6세기에 기록되어진 것으로 보이는 『우파니샤드』이다.

우파니샤드라는 말의 뜻은 "존경, 혹은 숭배하는 스승을 곁에 모신다."는 것으로 집록(集錄)한 훈계, 혹은 묵상적 지식이란 뜻이다. 이 말 속에는 신성한 계시라는 뜻도 포함되어 있다.

『우파니샤드』의 제일 원리가 되는 것은, 최고의 실재로 인정하는 "브라만(梵)"이다. 모든 경전은 이 브라만을 "절대"라는 말의 다른 새 개념인 "아트만(Atman)"과 동일시하고 있다. 어떤 학자의 해석에 의하면, 아트만이란 말은 "호흡", "영혼", "영" 혹은 "마음의 가장 깊은 곳", 또는 "모든 사상의 가장 깊은 곳"이라는 가장 본질적 실체를 지시하는 말이다. 인간은 제일 원리와 동질의 것이라고 인정하며, 브라만과 아트만이라는 두 개의 개념은 상호 동화된다. 절대는 화체(化體)의 힘 속에서가 아니라 보편적인 정신 속에서도 발견된다.

브라만(아트만)은 우리의 본성, 그 중에도 특히 정신 속에 포함되어 있는 완전 가능성을 내포하고 있으나 정신 이상의 것이다. 그것에 상응한 유일의 명칭은 "네티 네티(이것도 저것도 아니고, 저것도 이것도 아니다)"라는 것이다.

그 어떠한 것과도 비교, 대조할 수 없는 탁월한 것인 브라만(아트만)은 불변의 영원성 속에 존재한다. 어떠한 특별한 현실과도 융합하지 않는 것인 이상, 어떤 의미에서 그것은 일체의 현실 속에 존재하며, 또한 이렇게 하여 모든 현실의 실존의 기초가 되는 것이다. 그것은 모든 존재 속에 있으면서 일체의 활기를 주는 것이다. 우리 속에 있는 생명, 사고, 그것이 브라만(아트만)이다.

"내 속에 있어서는 엄지 손가락만큼 작아지고 눈동자 속에 비치는 인간상만큼 작아지고 곡식알 만큼 작아진다. 그러나 그것은 또한 시간과 공간보다도 하늘보다도 커지고 전 세계를 싸 버린다."

힌두교 경전에는 정신의 성질을 불, 혹은 빛나는 것으로 표현했는데 우파니샤드에는 영적 원리를 모든 기능을 주장하는 생기로 표현한다. 모든 기능이란 푸라나(숨을 내쉬는 것), 아파나(숨을 들이쉬는 것), 비야나(호흡의 일시적 정지 어간에 생명을 보존하는 것), 사마나(消化), 우다나(영혼이 육체에서 이탈하는 것)이다. 원소인 불(테쟈스)과 호기(프라나, 呼氣)와는 어느 정도 밀접한 관계가 있다. 호기를 화기(火氣)로 설명할 수도 있다.

인도인들은 신들이 최고의 평화를 지향하여 인간과 비슷하게 진보해 간다고 여겼다. 동양에서는 인격신에 대한 관념이 매우 희박하다. 인도교도들은 무의식적인, 또는 신적인 일종의 심연만 본다.

"요가"라는 말은 라틴어 "jungo(결합시킨다)"와 같은 어근에서 파생한 것이라 한다. 이 결합은 모든 영혼 사이에서 행해지면서 비자아(非自我), 만유의 융합을 낳게 된다. 이것이 요가행자의 신비주의 특색이라 하겠다. 그 결과 사랑은 연민이란 형태로 모든 존재 속에 차별 없이 퍼져가게 된다. 서양적 정신 속에서 기초적인 역할을 하는 개성이란 것은 동양적 정신에 있어서는 아무런 의미를 갖지 못한다.

인도에서는 민중을 위하여 개성적, 인격적인 특징을 지닌 신으로서의 브라마(梵天)가 만들어졌다. 그러나 우파니샤드에서는 개별적 존재의 실존은 환각에 지나지 않는다고 본다. 브라마와 모든 영혼, 혹은 모든 자아(아트만)와의 사이에는 구별이 없다. "자아"가 곧 "브라마"이다. 인간은 개별적 실존에서 벗어나 브라마에게 흡수되고자 노력하지 않으면 안된다. 이 동화는 영혼에게서 분리되어 있는 실존의 환각이 사라지는 때, 개인아와 우주아의 합일이 완전히 감득되는 때에 완성된다. 쉬지 않는 윤회에서의 완전 해방은 선행에 의해 생기는 것이 아니라, 지성, 즉 영혼과 브라마와의 합일을 직접으로 지각하는 일 속에 있는 인식에 의해 이뤄진다.

힌두교의 신비설은 요가 형식 밑에서 나타난다. 그것은 인간의 자율적인 해탈을 의도하는 무신적(無神的) 종교의 신비적인 체계이다. 요가는 실재, 즉 현실도 아니고, 절대적 존재도 아니고, 상대적 존재도 아니다. 요가의 존재론은 무의미하다. 본질도 없고 실존도 아니다. 그것은 사상도 아니다. 요가는 이론을 말하는 것도 아니다. 그것은 자연적인 과정이 아니다.

요가는 실천이다. 약간의 방법에 의지하여 자기를 연단해 가는 일이다. 그 방법은 사다나(수행), 곧 자기 완성을 위해 노력하는 것이다. 연단을 위해 무서운 위험에 몸을 내맡기는 과감하고 잔혹한 고행이다. 제례식이라기보다는 체조이다. 완전한 요가행자는 타인에게 일체 기대하지 않는다.

요가 스트라의 주장은 윤회에서 해탈하는 데 목적이 있는데,

난점은 아식(我識)과 영적 실체와의 사이에 마련되어 있는 구별과 그것들의 기능이다. 아식(我識)이란 보는 능력이요, 영적 실체는 사람이 그 힘을 빌어서 보는 능력이다. 영적 실체를 상실하면 자아는 고립당하게 될 것이다. 즉 세계를 인식할 수 없게 된다. 왜냐 하면 아식이 대상을 지각하고, 인식을 획득하고, 그리고 현실 세계와 관계를 갖는 것은 영적 실체의 활동력의 덕택이기 때문이다. 영적 실체의 힘을 빌어 현실 세계와 접촉하는 데서 여러 가지의 욕구와 정열이 생기고, 그와 동시에 자기가 개성을 가진 인간이라는 감정이 생긴다. 따라서 해탈에 이르는 방법은 자아를 영적 실체에 매어 놓는 종속 관계를 단절하는 일이다.

요가 스트라는 주장하기를, "아식을 고립시켜라. 그 어떠한 대상도 의식하지 않을 수 있게 하라. 그렇게 하면 개성은 단멸(斷滅)할 수 있게 되리라." 했다.

정신은 휴식하지 않으면 안된다. 즉, 정지된 상태가 되어야 한다. 다시 말하면 요가행자는 정좌하여 움직이지 않고 사고의 연락도 버리지 않으면 안된다. 그렇게 하면 다음에 그 사람이 해탈에의 길에 들어간 것을 알리는 집중 상태가 오게 된다. 낮은 단계에서는 그것은 사고하는 대상에 관한 숙려(熟慮), 혹은 반성의 형식을 취한다. 정신은 아직도 대상을 의식하는 상태에 머물러 있다. 그러나 집중 상태의 높은 단계에 있어서는 이 의식은 소멸해 버린다. 대상을 지각하지 못하게 된다. 그리고 다만 잠재의식적 인상만 남는다. 최후에 요가행자는 어떠한 대상도 의식하지 않게 된다.

의식의 집중 상태를 만들기 위해 여덟 가지 방법을 쓴다. 보조적인 방법—금계(禁戒), 내제(內制), 좌법(坐法), 조식(調

息), 제감(制感)—과 직접적인 방법—집대, 정려(靜慮), 삼매(三昧)—을 사용한다. 이런 방법 중 어떤 것은 도덕적으로 완전하려는 배려를 한다. 불살생(不殺生), 성실(誠實), 도둑질 않음, 정결, 탐하지 않음 등의 오계(五戒)를 지킨다.

　육체적 기교인 좌법은 집중 상태를 낳는데 도움이 된다. 연화좌, 영웅좌, 여립좌, 신비한 도형, 좌상, 엎드린 낙타(駱駝) 등이다. 요가행자는 항상 스스로를 억제하고, 은서(隱棲)하고, 고독하지 않으면 안된다. 청정한 장소에 견고한 좌를 마련한다. 그것은 너무 높지도 않고 낮지도 않게 하고, 그 위를 헝겊이나 짐승가죽, 혹은 쿠샤라는 풀을 깐다. 그 위에 앉아 정신을 집중하고, 사고와 감각의 일체 활동을 제지하고, 스스로를 순화하기 위해 요가를 실천한다.

　마음을 동요치 않고 몸은 똑바로, 머리와 목을 바르게 하고 움직이지 않으며, 코끝을 계속 보면서 딴 눈짓을 안한다. 완전히 평정되고, 공포를 떠나 정결을 시키고, 사고를 제어하고, 정신을 아식으로 채우고, 자아에 집중한 채 있지 않으면 안된다. 지성을 제어하고 항상 이처럼 요가행을 실천하는 자는 자아 안에 좌를 점하는 지고의 휴식과 평안에 이른다.

　자기 사고 속에서 외부로부터의 정서를 제거하고, 양미간에 시력을 집중하고, 평형을 유지하며, 코를 통로로 삼는 흡기와 호기의 두 가지의 호흡을 조정하는 사람이 되어야 한다. 그리고 또 하나의 통로인 입 속에선 브라마를 의미하는 신비한 용어인 단음절 "옴"이란 소리를 반복하여 내도록 한다.

　좌법의 가장 최후에 필요한 것, 집중 상태에 이르기 위한 보조적 방법이 호흡의 조정이다. 푸라나 즉, 자기 생명력(우주 생명력을 닮음)을 스스로 제어함이 긴요하다. "옴"을 쉬지 않고 되풀이 하면서 흡기와 호기를 율동적으로 실행한다.

모든 감각 기관의 제한이 긴요하다. 지각의 외적 부분에 관해서는 생각하지 않는다. 내적으로만 생각을 집중한다. 이 상태에 있어서 이미 현실 세계에서 떼어진 지각을 한없이 없애는 일련의 단계를 거쳐, 정신은 결정적인 부동 상태에 도달한다. 이같은 부동 상태를 "아산푸라냐다 사마디(無想三昧)"라 부르는데 그것은 감각적인 내용도 지적인 범주도 끼지 않은 공허한 황홀 상태이다.

힌두교 신비주의의 최종 목적은 감각적 인식, 혹은 사고의 모든 대상에서 자아를 분리시키는 데 있다. 이렇게 모든 욕망, 모든 망상을 제거하고 최후에는 개성마저도 소각해 버리는 것이다.

"진리의 운반자"는 직관이다. 이 직관에 의해서 자기 이외의 장소 및, 육체 안에 있는 일체의 것을 밝혀내고 사상적 실상의 내부를 파악한다. 요가행자가 자기 속에 세 개의 탁월한 상태인 다라냐(執持), 드야나(靜慮), 사마디(三昧)를 결합한다면, 그는 강도(强度)의 명상에 골몰하므로 산야마(總制)를 행할 수 있다. 자기가 원하는 대로 제어해낸다. 호흡 억제도, 감각을 잠들게도, 맥박을 중단하는 것도, 숯불 위를 화상을 입지 않고 걸어갈 수도 있다. 위의 세 가지를 총칭해서 총제(總制)라 한다. 이를 획득하면 예지는 빛난다.

직관에 의하여 고통에서 해탈하는 것을 닐바나(涅槃)라 한다. 인간성을 초절한 실재 속에 몸을 잠그기 위해 지상적 의식을 초극하는 것이다. 열반(涅槃)의 세계에서는 부동의 평화와 광명이 죽음과 재생을 지배한다.

요가행자는 무한한 힘을 소유하고 비관적인 이성의 권위에서 해방된 공상력의 여러 가지 희열을 맛보는 것을 무상의 즐거움으로 삼는다. 반면에 기독교의 신비가들은 요가의 것과 비슷한 망아(忘我)의 상태에서 신과의 영적 합일이란 말로 형용할 수 없는 무상의 기쁨을 진정으로 추구한다. 요가행자가 목표로 삼는 것은 고통의 중단과 망각에서 얻은 영원한 지복이다. 반면에 기독교인의 기대는 신과의 합일에서 얻는 모든 영원한 생명의 즐거움을 갈망하는 일이다.

인도에는 위대한 요기(요가행자)들이 많다. 그 중 몇 사람을 소개하기로 하자.

1) 라마크리슈나 파라만사

수십 년 전에 별세한 인도의 성승 라마크리슈나 파라만사(1836-1886)는 소위 고등의식이라는 것을 얻었다. 그는 고향 마을 근처의 수수밭 가운데로 걸어가다가 갑자기 영광을 보았다. 그때 그는 감각 의식을 잃었으나, 후에 그는 그 체험을 말할 수 있었다.

> "이 살아 있는 빛은 타지 않았다. 그것은 진주빛 같았으나 부드럽고, 차고, 정온(靜穩)하게 빛나고 있었다. 그것은 평화와 축복을 가져다 주었다."

라마크리슈나는 벵가루의 바라문의 집에서 태어났다. 그는 이상한 신비적 영감과 종교적 실천 생활을 체험하고 신과 일체가 되었다고 한다.

그의 견해로는 모든 종교는 다 의미가 있고, 똑같은 근본 진리의 각각 다른 면을 보이고 있을 뿐이다. 자파(自派)의 교리에만 집착하는 일은 옳지 않은 일이요, 서로 사랑과 봉사의 정신으로 대하지 않으면 안된다고 했다.

그의 사상은 제자 비베 카아난다에 의해서 세계적으로 퍼져 인도에서는 어느 종교인이고 그의 가르침을 존경한다. 저서가 남은 것은 없으나 그의 어록집이 제자들에 의하여 편찬되었다.

"신을 구하십니까? 그렇다면 인간 가운데서 찾으십시요. 신은 어떤 물건보다도 인간 속에 더 잘 나타나 있습니다. 신은 모든 물건 속에 있습니다. 그러나 그런 물건에는 신의 힘이 나타나는데 차이가 있습니다. 인간 속에 화신(化身)한 신은 육체에 나타난 가장 현저한 신의 힘입니다. 인간은 신의 최대의 표현입니다."

"나는 토론을 좋아하지 않습니다. 신은 인간의 토론으로 도저히 미치지 못하는 장소에 있습니다. 존재하는 모든 것이 신임을 봅니다. 그렇다면 토론을 해서 무슨 소용이 있겠습니까? 신을 의식의 그물로서는 붙잡을 수는 없는 것입니다."

라마크리슈나가 어느 성당에서 예배하고 있었다. 그의 신앙심은 매우 강한 것이었으나 마음 어느 구석엔가 아직도 얼마의 의심이 남아 있었다. 그는 신상을 앞에 놓고 그것이 과연 생명을 가진 것인가 아닌가 시험해 보고 싶었다. 그래서 주머니에서 조그마한 솜조각을 꺼내서 그것으로 그 신상의 코 앞에 바싹 두고는 움직이지 않고 신상을 바라보고 있었다. 그랬더니 솜조각은 마치 신상이 숨쉬는 호흡에 닿기라도 하듯 앞뒤로 움직이기 시작했다. 그리하여 그는 다음과 같이 말했다.

"당신이 성당을 찾아갈 때는 언제나 신을 당신과 함께 성당에 모시고 가는 일을 잊어서는 안된다. 만일 그 일을 잊는다면 신을 성당 안에서 발견할 수는 없을 것이다."

그의 제자 비베 카아난다(1863-1902)는 스승의 가르침을 세계에 널리 전파했다. 대학을 졸업했으나 라마크리슈나를 만나고는 감화를 받아 제자가 되어 1893년 시카고에서 열린 세계 종교회의에 참석하여 모든 종교는 어느 것이나 절대의 진리를 밝히려고 하는 것이기 때문에 서로 협력해야 한다고 주장했다. 그러면서 기도하기를, "인도교의 브라만, 조로아스터교의 아후라마즈다, 불교의 붓다, 유대교의 여호와, 기독교의 하나님이신 유일의 신이시여! 바라건대 그들에게 영감을 주소서." 했다. 그가 한 말 중에 몇 가지를 인용해 보면 다음과 같다.

"기독교인은 인도교인이나 불교인이 되어서는 안된다. 또 인도교인이나 불교인이 기독교인이 되어서도 안된다. 그러면서도 각 개인은 자기의 개성을 지켜 가면서도 다른 이의 정신과 동화하고 각기 그들의 법칙에 따라서 생장하지 않으면 안된다. 신성과 청정과 자비는 세계 어느 종교의 독점물이 아니다. 또 어떠한 신앙이라도 극히 고귀한 인격의 남녀를 낳았다. 각 종교의 깃발 위에는 모든 장애거리를 물리치고 머지않아 '서로 도울지언정 싸우지 말라. 서로가 융합할지언정 파괴하지 말라. 조화와 평화를 도모하고 쓸데없이 다투지 말지어다.' 라고 기록될 것이다"

"나는 과거에 있었던 모든 종교를 인정하고 그들 전부와 함께 신을 숭배한다. 우리의 신은 가난한 자다. 우리의 신은 병든 자다. 우리의 신은 배움이 없는 자이다. 어떤 남자나 여자나 모두 신으로 보아라. 그대들은 다른 이를 도와주지는 못한다. 오직 봉사할 수 있을 뿐이다. 주의 아들들에게 봉사하라. 주, 그 사람에게 봉사하라."

2) 샹카라

샹카라(700-750)는 남 인도 케라라 지방 마라발의 바라문 집에서 태어났다. 어려서 베다학교에 다니며 베다(Veda)를 배워 우주 자아의 지식에 능통했다. 그는 순례 수행자로 여러 곳으로 돌아다니면서 기적을 많이 행하고, 승원을 짓고, 많은 저술을 남겼다. 인도 최대의 철학자로 알려졌다.

그의 저서로는 『아트만의 깨침』『교시천 송편』『브라마 수우트라』『우파니샤드』『바가밧드 기이타』등의 주석이 있다. 그는 우파니샤드 사상의 위대한 주석가요, 설명자이다. 그의 사상은 중세 이후의 인도 사상계에 있어서 압도적인 세력이었다. 그는 북부 인도에서 사망했다.

그의 전기는 신격화되었는데, 거기에 따르면, 그는 두 살 때 책을 읽을 수 있었고, 세 살 때에는 푸라나를 연구하여 그 많은 부분을 직각적으로 이해했다고 한다. 8세 때 교사를 떠나 집에 돌아와 열병을 앓는 모친을 위해, 요가의 통력으로 하수를 올려 모친의 열병을 치료했다. 그러니까 그의 통력은 수행에서 얻은 것이라기보다는 직각적으로 얻은 것이었다.

샹카라에 비길 천재는 인도에 없었으므로 그의 명성은 원근 각처로 퍼져 나갔다. 케라라 왕도 몸소 그를 찾아오기까지 했다.

어느 때 어느 대성자가 이 신동을 보더니 "이 아이는 32세에 죽겠다"고 예언했다. 이 때문인지는 몰라도 그는 집을 떠나 산냐진(流行僧)이 되어 금욕적 사색 생활에 나섰다. 그의 모친은 아들을 만류하며, 꼭 그런 생활에 나서고 싶거든 우선 결혼해서 자녀를 낳은 후에 결심 대로 하라고 호소했다. 이때 기적이 나타났다. 샹카라가 목욕을 하고 있는데 악어가 달려들어 그의 한쪽 발을 물고 늘어졌다. 이때 그는 모친을 향하여 "어머니가 아들을 내놓지 않는 한 악어도 그 발을 놓지 않을 것이다." 했더니 모친은 슬퍼하면서도 승락해 주었다.

샹카라는 모친을 친척에게 부탁하고 모친이 자기를 필요로 할 때는 언제든지 돌아오리라 약속하면서 수백 만 명의 인도 유행승(流行僧) 속에 사라지고 말았다.

그는 걸식하면서 여기저기 돌아다니다가 나르바다 성하(城河) 기슭의 어느 동굴에 이르렀다. 그곳에는 고빈다 야티라는 성자가 은거하고 있었다. 그는 그의 제자가 되어 브라만 투(梵)에 관한 교훈을 받았다. 그 교훈의 주제는 네 마디—"지식은 브라만이다. 영혼은 브라만이다. 그대가 그것이다. 내가 브라만이다." —였다.

어느 날 선생이 고등의식으로 황홀 속에 빠져 있는 동안, 그는 때마침 퍼붓는 뇌성과 소나비를 요가의 통력으로 진정시켰다. 지상 의식으로 되돌아온 선생은 매우 기뻐하면서 그에게 베나레스 성도(聖都)로 찾아가라고 일러주었다. 그래서 젊은 샹카라는 유흥승(流行僧)의 황색옷을 입고, 인도의 최고 순례의 목적지로 갔다. 거기서 그의 사랑하는 친구이며 제자인 파트마파다가 그의 교훈을 받게 되었다.

어느 날 샹카라는 갠지스강 이쪽에 서서 강 저편에 있는 제자를 보고 이리로 오라고 불렀다. 파드마파다는 서슴치 않고 두려움없이 반짝이는 수면을 걸어서 건너왔다. 그때 그가 발을 옮긴 자리마다 깊은 강바닥에서부터 연꽃이 돋아났다고 한다. 그래서 그의 이름이 파드마파다, 즉 "연꽃의 발"이라 불려지게 되었다고 한다.

　샹카라는 베나레스에서 그의 고등의식의 정신과 요가의 통력으로 그의 걸작이요 또한 세계적 걸작의 하나인 범경(梵經)의 주석을 썼다. 그 속에는 모든 지식, 모든 지혜가 결합되어 있었다고 한다.

　샹카라는 베나레스를 떠나 순례하는 도중 만다나 미슈라라는 학자의 집에 이르렀다. 그와 논쟁하는 중, 그의 처는 아주 현명한 여인이었는데, 여자다운 기지로 샹카라의 헛점을 엿보다가 지상 남녀의 연애문제로 논쟁을 걸었다. 다른 지혜는 다 알아도 이 문제만은 경험 이전의 문제여서 그는 대답할 수가 없었다. 샹카라는 한 달의 여유를 청했다. 생애에 처음 패배자로 곰곰히 생각했다. 사실 그의 성적 능력은 모두 고등한 불가사이한 힘으로 승화해 버렸는데, 속인의 경험, 하등 평면의식에 어떻게 더럽혀질 수가 있는가?

　샹카라는 생각에 잠겨 숲 속을 걷고 있었다. 한 곳에 이르니 큰 나무 밑에서 남녀가 통곡하고 있었다. 거기에는 아마가카라는 임금이 죽어 누워 있었다. 그것을 보는 순간 샹카라의 마음 속에는 전에 그 지혜 있는 여자의 질문에 대한 해결 방법이 생각났다.

　그는 그가 쌓은 고등한 수행의 힘에 의하여 자기 혼을 임금의 시체 속에 집어 넣었고, 자기의 혼이 빠진 빈 육체는 제자들에게 맡겼다. 임금의 시체는 영기와 빛을 받아 소생하여 사람들의 기쁨 속에 왕궁에 돌아가 옛 왕비의 품에 안겼다. 사랑과 기쁨 속에서, 이같이 지상의 최고의 평면에서, 샹카라는 지상적인 사랑의 과정을 배운 것이다. 물론 왕비가 보기에는 그는 분명한 남편이었지만 그의 정신과 지력의 변한 점이 눈에 띠었다. 의심을 느낀 왕비는 명령을 내려 거리에 있는 모든 시체는 즉시 불태워 재가 되게 하라고 명령했다. 그러나 이 사실을 남편인 임금에게만은 비밀로 했다.

이 때 스승이 변신하여 왕궁에 간 후 기다려도 기다려도 오지 않으니 제자들은 노래대로 변장하며 왕궁에 찾아가 임금 앞에서 연출하면서 옛 스승을 일깨워 주었다. 그날 밤, 아마라카 왕은 그대로 깊이 잠들어 다시 깨어나지 않았다. 그리고 그날 밤 샹카라는 제자들이 보관하고 있던 시체 속에 들어가 기쁨으로 다시 눈을 떴다. 전보다 더욱 지혜롭고 쾌활해지고, 인간 경험의 모든 페이지를 모조리 읽어낸 사람이 되어서 제자를 거느리고 그 지혜있는 여자를 찾아가 그 질문에 멋지게 대답해 주었다.

그 후 얼마 지나서 샹카라는 자기의 모친이 병들어 곧 임종하게 것을 요가의 통력에 의해 알았다. 그는 죽음과 경주하듯 해서 모친 곁에 뛰어갔다. 그녀는 아들의 너무도 높은 경험과 지식을 알 리가 없었다. 그래도 아들은 모친의 무지에도 불구하고 참을성 있게 그녀에게 죽음의 지배를 초월한 브라만의 지식을 넣어주려고 애썼다.

그녀는 아들의 손을 잡고 평화 속에 들어갔다. 모친의 장례 때 어려운 문제가 생겼다. 요가의 수행승은 깨끗함을 지키기 위해 시체에 닿아서는 안되는 것이다. 그는 자신이 신적인 사람이라는 것을 자각했다. 그는 오른손을 쳐들었다. 그랬더니 그 손에서 화염이 치솟아 모친의 시체를 그대로 태웠다. 자기 자신은 부정을 타는 자가 아니요, 부정을 태우는 불이라는 것을 나타냈다.

그 후 그는 여기저기로 편력하면서, 혹은 논쟁하고 혹은 통력을 나타내기도 하며 계속 논문을 써서 우파니샤드의 계시를 설명했다.

어느 날 그는 카쉬밀 거리에 이르러서 어떤 사원으로 들어갔다. 이 사원은 입구가 네 곳인데 남쪽 입구는 한번도 열려진 일이 없는 문이었다. 그 사원의 승려들은 이 젊은 엄격한 학자의 생활을 시험하지 않고는 입장을 허락할 수 없었다. 그가 사원에 들어가 고요히 눈을 내리뜨고 걷고 있는데 사라스와디 여신의 큰 소리가 들렸다.

"당신은 모든 것을 알고 있다. 당신이 모르는 지식이란 없다. 그러나 이 거룩한 장소에서는 더욱 얻어지는 것이 있으리라. 이 성당에 들어오는 사나이는 한번도 여인의 팔에 안겨본 일이 없는 사람이 아니면 안된다. 그래, 당신의 경우는 어떤가?"

샹카라는 눈을 내려뜬 채 대답했다.

"이 육체는 청정합니다. 아직도 여인의 팔에 안겨본 일이 없습니다. 머리끝부터 발바닥까지 결백합니다."

그는 성당으로 들어갔다. 이 때는 이미 그의 나이 32세로 생애의 끝이었다. 이 해가 그에게 허락된 육체적 기한의 마지막이었다.

그의 최후에 대하여 아난다기리는 다음과 같이 썼다.

"절대화의 땅, 칸치 거리에서 그는 앉은 대로 그 큰 육체를 미묘자 속에 흡수시켜 존재가 되었다. 그리고는 이 미묘자를 파괴하여 그는 순수한 이지(理智)가 되었다. 그리고는 이시바라(인격신)의 세계에 이르고 완전한 원과 같은 충만한 행복을 가지고 우주에 투철하는 예지 속에 들어갔다. 그리고 이 속에 그는 지금도 존재한다."

이 땅의 바라문들과 그의 제자들은 우파니샤드, 성범가(聖梵歌), 범경(梵經)을 읽고 극히 깨끗한 장소에 구덩이를 파고 적당한 공물을 그 육체에 드리고 그곳에 무덤을 만들었다. 그들은 그를 땅에 파묻고 불태우지 않았다. 그 이유는 그만큼 청정한 요기의 육체를 불살라 정결하게 할 필요가 없기 때문이다.

샹카라가 한 말들을 인용해 보면 다음과 같다.

"어스름 속에서 새끼줄을 보면 그것이 뱀으로 보인다. 마찬가지로 개인 영혼의 불행한 사정은 그 영혼 위에 실현 오득(實現悟得)이 부족하기 때문이다. 뱀의 환상이 친구의 훈계에 의하여 사라지게 될 때 비로소 본래대로의 새끼줄이 남는다. 그와 마찬가지로 나 스스로 주의 훈계에 의하여, 나는 이미 개인적인 영혼은 아니고 지각자(知覺者)로서 불변의 대아(大我)이다. 나는 최고의 행복이다. 이같은 사람은 행복 속에 산다. 그 이유는, 그의 마음은 이미 행복과 불행, 득과 실 등의 모든 상비(相比) 세계를 해탈하여 영원히 순수하여 '내 것'이라든가, '내가'라든가 하는 주아심(主我心)이 없고 언제나 만족이요, 사상에 착실하고 침착하여 모든 환상을 깨끗이 버렸기 때문이다."

"아트만은 바로 자기 자신이기 때문에 그것을 부인하려고 하는 생각은 성립할 수 없다. 실로 아트만은 누구에게 대해서도 외래적인 것이 아니다. 그러므로 이와 같은 것을 부인한다는 것은 있을 수 없는 일이다. 왜냐 하면 외래적인 것을 부인할 수는 있지만, 부인하는 사람인 자신만은 부인할 수는 없기 때문이다. 즉, 그것은 부인하는 사람, 그 사람 자체이기 때문이다. 지각하는 주체의 변화는 있지 않다. 왜냐하면, 지각하는 주체는 영원의 현재로서 항상 '현존'을 그 본질로 하고 있기 때문이다. 마찬가지로 신체가 재로 돌아갔을 때에도 아트만은 단절하지 않는다. 왜냐하면 아트만의 본질은 현존하기 때문이다."

3) 스리 유크데스

  스리 유크데스는 20세기의 가장 위대한 요기였던 파라만사 요가난다의 스승이다. 1936년 요가난다는 봄베이의 한 호텔방의 침대 위에 앉아 있다가 환상을 보았다. 열어 놓은 창문 밖을 무심하게 바라보는데 맞은편 건물 위에 세상을 떠난 스승의 환상이 나타났다. 스승은 거룩한 미소를 띠우며 요가난다를 향해 고개를 끄떡이면서 손을 흔들고 있었다. "주(主) 크리시나!" 안개같이 흔들리는 빛 속에 거룩한 스승의 모습은 기도하듯이 손을 올리고는 사라져버렸다.

  오후 3시, 요가난다가 황홀한 명상에서 깨어나보니, 방안은 놀랍게도 눈부신 빛으로 가득차 이상한 세계로 변해 있었다. 방안에는 세상을 떠난 스승인 스리 유크데스가 영체(靈體)의 모습을 나타내고 있었다. 스승은 마치 천사 같은 황홀한 미소를 띠우며 부드럽게, "내 아들이여!" 하고 불렀다. 요가난다는 굶주린 사람처럼 달려들어 스승을 얼싸 안았다. "저의 선생님, 진심으로 사랑하는 선생님, 어떻게 저를 두고 가셨습니까?"

  분류(奔流)와 같은 지복이 내리는 것 같았다. 요가난다는 너무 기뻐서 마구 지껄였다. "정말 선생님이신가요? 선생님의 이 육체는 제가 프리의 정원에 매장한 그 육체와 같은 것인가요?"

  그러자 영체가 대답했다. "그렇다. 내 아들아! 같은 것이다. 이것은 피가 통하는 육체란다. 내 눈에는 에테르체로 보이지만 네 눈에는 물질로 보일 것이다. 나는 우주 원자로부터 완전히 새로운 육체를 만든 것이다. 네가 꿈의 나라에서, 프리의 꿈의 모래땅에 매장한 꿈의 육체와 완전히 똑같은 육체로 나는 실제로 부활한 것이란다. 이 세상이 아닌 유계(幽界)에서 말이다. 유계의 주민들은 이 세상 사람들보다 훨씬 쉽게, 나의 높은 수준에 순응할 수가 있단다. 너도, 네가 사랑하는 제자들도 언젠가는 유계에 있는 나를 찾아올 것이다."

스리 유크데스의 영체는 유쾌하게 웃으며 "요가난다, 제발 좀 부드럽게 안아 주지 않겠느냐." 했다.

"예, 조금 늦추어 드리죠."

"예언자가 인류의 육체적인 카르마(업보)의 성취를 돕기 위해 이 세상에 보내지듯, 나도 구주로서 유계에서 봉사할 것을 하나님으로부터 명령받은 것이란다."

여기서부터 스리 유크데스의 영체는 사랑하는 제자에게 영계의 소식을 자세히 설명해 주었다. 두 사람 사이에는 말보다 오히려 정신 감응에 의해 의사 소통이 행해졌다.

영계는 삼 층으로 되어 있다. 히라니야로카는 상부 유계이다. 그곳의 거주자들은 영적으로 높이 진화된 존재들이다. 그곳 주민들은 사자(死者)가 처음 찾아가는 보통 유계를 통과해온 사람들이다. 그들은 이 유계에서 지난날의 행위에 대한 씨앗을 거둬들이고 있다. 유계에서 이와 같이 속죄의 일을 효과적으로 성취할 수 있는 것은 영적으로 진화된 사람에 한해서이다.

그것이 끝나면 자기의 유체(幽體)에 깃들어 있는 카르마의 고치에서 영혼을 보다 완전하게 해탈시키기 위해 이들은 우주 법칙에 의하여 새로운 유체를 갖고 부활한 히라니야로카에서 다시 유계의 태양, 내지는 천체로 재생하는 것이다.

신은 인간의 영혼을 세 개의 몸, 즉 상념체, 유체, 육체로 연속적으로 쌌다. 이 세상에서는 인간은 육체적인 감각을 지니고 있다. 그러나 유계의 주민들은 의식과 감정과 생명소(프라나)로 이루어진 몸을 지니고 살고 있다. 상념체를 가진 인간은 지극히 복된 상념(想念)의 세계 속에서 살고 있다. 유계의 주민들이 사는 곳은 유질적(幽質的) 천체이다. 이곳에서 준비된 사람은 정묘한 상념계(想念界)로 들어가게 된다.

여러 천체가 선령(善靈)과 악령(惡靈)의 거처로 제공되고 있다. 선령은 자유스럽게 여행할 수 있으나 악령은 한정된 지역에 갇혀 있다. 유계의 주민들도 저마다 그들에게 어울리는 영역이 할당되어 있다.

타계에서 추방당한 악마들 가운데는 프라나의 폭탄이나 주문이라는 정신 광선에 의한 싸움과 알력이 있다. 이들 악마들도 그들의 사악한 카르마를 보상하면서 음울한 하층 유계에 생존하고 있다. 그러나 이 어두운 유계의 감옥 위에는 아름답게 빛나는 광대한 영역이 있다.

유계(幽界)는 현계(現界)보다 좀 더 자연스럽게 하나님의 뜻과 섭리에 따르고 있다. 유계의 주민은 본래는 신의 뜻이 구체화된 것이며 현실화된 존재이다. 하나님은 유계에 살고 있는 당신의 자녀들에게 유계를 자유스럽게 변화시키고 개량할 수 있는 특권을 주고 계신다.

지상계는 바다도 육지도 하늘도, 전쟁과 살인으로 암흑에 갇혀 있으나 유계는 거주자의 뜻에 따라서 (지상에서처럼 화학적 과정을 거치지 않고) 유계의 액체, 기체, 에너지로 변화시킬 수 있다. 유체는 전세(前世)의 육체적인 형태와 똑같은 형태를 취하고 있다. 주민은 땅 위에 살았을 때 젊은 시절에 간직하고 있었던 것과 똑같은 외모를 갖추고 산다. 혹은 노령 후의 얼굴을 지니고 있는 이도 있다.

삼차원의 물질계는 오관에 의해 인식되지만 유계는 육관, 즉 직관에 의해 지각할 수 있는 세계이다. 유계인은 순수한 직관적 감각에 의해 보고 듣고 냄새 맡고 맛보고 만진다. 그들에게는 눈이 세 개가 있다. 그 중 둘은 반쯤 뜨고, 세번째 눈은 중요한 것인데 이마에 수직으로 크게 뜨고 있다.

유계에서는 미(美)라는 것이 외적 모양이 아니라 영적 성질에 있다. 히라니야로카와 같은 상층 유계의 주민이 영적으로 진화되면 유계에서 해탈하여 상념계로 들어가게 되는데, 그때는 축제가 열린다. 축제에는 신이나 성자들이 저마다 여러 가지 모습으로 참가한다.

유계의 온갖 영역의 주민들은 아직 정신적인 고뇌의 쇠사슬 아래 놓여 있다. 히라니야로카와 같은 상층부에 살고 있는 민감한 주민들은, 만일 그들이 진리를 깨닫고 있는 상태나 행위에 무슨 잘못된 점이 있으면 몹시 고통을 받게 된다. 그러므로 이들 진화된 주민들은 그들의 온갖 행위와 사상을 완전한 영적 법칙에 일치시키려고 애쓴다. 주민들 상호간의 의사 소통은 모두 유계적인 정신 감응과 투시에 의해 행해진다.

지상인은 그 생존을 고체, 액체, 기체와 그 밖의 에너지에 의존하고 있지만 유계 주민들은 주로 우주 광선에 의하여 생명을 유지한다. 히라니야로카와 같은 천체의 주민들은 먹을 필요에서 거의 해방되어 있으나(유계에서도 먹을 수는 있다) 보다 상층인 관념계에서는 지복의 "마나" 외에는 아무것도 먹지 않고 거의 완전히 해탈된 영혼이 존재하고 있다. 온갖 원자는 창조될 때 말살해 버리기 어려운 개성을 부여받는다.

유계 주민들의 수명은 지상인보다 훨씬 길다. 보통 지상 시간을 표준으로 5백년에서 천년간 이곳에서 머물다가 특정한 기간 안에 또다시 지상 세계로 되돌아가게 된다.

유계의 영혼이 빛으로 된 몸을 버리게 될 때에는 죽음의 고통이 없다. 그 중에서도 많은 영혼들은 보다 정묘한 상념계로 가기 위하여 유계의 옷을 벗지 않으면 안될 것을 생각하고 다소 초조해지기도 한다. 유계에는 병도, 늙음도, 죽음도 없다. 이 세 가지 공포는 지상에만 있는 저주이다. 육체와 유체와의 주기적인 순환은 온갖 생물의 피할 수 없는 운명이다. 지상에로의 재생과 유계와 상념계로의 재생은 다르다.

인간의 영혼이 하나 혹은 둘, 또는 세 개의 그릇 속에 담겨져서 무지와 아욕(我慾)의 매개로 밀봉되어 있는 한, 그는 우주영(宇宙靈)의 대해(大海)와 하나가 될 수 없다. 육체라는 그릇이 죽음의 망치에 의해 깨어진 후에도 거기에는 아직 유체와 상념체라는 다른 두 개의 덮개가 남아 있기 때문에 영혼은 편재하는 생명에 가입할 수 없다. 그러나 슬기에 의하여 절대 무욕(無慾)의 경지에 도달하게 되면, 그 힘이 남아 있는 두 개의 그릇마저 부숴 없애기 때문에 인간의 영혼은 마침내 완전히 해탈하기에 이른다. 그때 영혼은 헤아리기 어려운 광대한 것과 하나가 된다.

상념계의 영혼들은, 물질적인 우주는 본질적으로는 전자(電子)로 이루어져 있는 것이 아니라는 것, 또 유질적(幽質的)인 우주도 근본적으로는 프라나(우주 생명소)로 조직되어 있는 것이 아니라 양자는 모두 신의 사상의 세미한 분자로 이루어져 있으며, 그것이 피조물과 조물주를 분리시키기 위하여 개재하는 상대성의 법칙, 즉 "마야"에 의하여 절단, 분리된 것임을 인식하고 있다. 상념계의 영혼은 자기는 기쁨에 넘쳐 있는 우주영의 개성화된 점철(占綴)임을 인식하고 있다. 그들이 생각하는 것이 바로 그들을 둘러싸고 있는 유일한 사물인 것이다.

상념계에게서는 죽음도 재생도 모두 관념 속에 있다. 상념계의 영혼은 영원히 새로운 지식이라는 하나님이 주시는 식량만을 먹고 살고 있다. 그들은 평화라는 샘에서 마시고, 궤도도 없는 지각(知覺)의 흙 위를 걷고, 끝없는 지복의 바다를 헤엄치고 있다.
　상념계의 영혼은 대체로 상념 우주에 수천 년 동안이나 머문다. 그리고나면 해탈된 영혼은 보다 깊은 황홀경의 작은 상념체에서 벗어나서 상념 우주의 광대한 옷을 몸에 걸치는 것이다.
　온갖 너덜너덜한 관념의 소용돌이와 힘, 사랑, 의지, 기쁨, 평화, 직관, 냉정, 극기, 정신 집중 따위의 파동이 영원한 기쁨인 지복의 바다로 녹아 들어간다. 그때 영혼은 다시 자기의 기쁨이 개성화된 의식의 파동으로서 경험할 필요는 없어진다. 그것은 영원한 웃음이며, 전률이며, 고동인 온갖 파동을 지닌 하나의 큰 우주 대양에 삼켜지고 마는 것이다.
　영혼이 삼체(三體)의 고치에서 빠져 나가면 영원히 상대성의 법칙에서 해방되고 말의 세계를 초월한 영겁(永劫)으로 되고 마는 것이다. 우주영 속으로 해방된 영혼은 우주를 창조한 신의 꿈 속에서 황홀한 기쁨에 취하면서, 빛이 없는 빛의 나라, 사상이 없는 사상의 나라에만 머물게 되는 것이다.
　영혼이 마침내 삼 단계의 방황하는 그릇에서 벗어나게 되면 그것은 개성을 지닌 채 무한자와 하나가 되는 것이다.
　영적으로 진화하지 않은 인간은 이 세 가지 육체에서 벗어나기 위하여 현계(現界), 유계(幽界), 상념계(想念界)에서의 재생을 한없이 되풀이하지 않으면 안된다. 하지만 이 마지막 해탈을 끝낸 성인은, 예언자로서 다른 인류를 신의 곁으로 이끌어 주기 위하여 이 세상에 다시 돌아올 수도, 또는 유계에 그냥 머물러 있을 수도 있는 자유인이다. 또한 해탈된 영혼은 상념계로 들어가서 그곳 주민들에게 그들이 상념체로 사는 생존 기간을 하루라도 빨리 끝내게 하고 절대 자유를 얻을 수 있도록 그들에게 힘을 빌려주는 일에 종사할 수도 있다.

사람이 영원히 유계에 머물 수 있게 하기 위해서는 자기의 육체적인 카르마나 욕망은 완전히 속죄하지 않으면 안된다.

유계에는 두 종류의 주민이 살고 있다. 아직 처리할 수 없는 지상의 카르마를 지니고 그 카르마의 부채를 갚기 위하여 다시 육체의 형태를 취하지 않으면 안되는 영혼, 이들은 일시적인 방문자로 유계의 영주자와는 구별된다. 아직 속죄하지 않으면 안 되는 따위의 카르마를 지닌 영혼은 유체의 옷을 벗은 뒤에도 보다 높은 상념계로 올라가는 것이 허용되지 않으며 16가지의 조잡한 원소로 이루어진 육체와 19가지의 보다 미묘한 원소로 된 유체에, 번갈아 영혼이 감싸이며 현계와 유계 사이를 왕복하지 않으면 안된다.

과거의 욕심의 씨앗을 속죄하는 일을 끝냈을 때 영혼은 무지의 세 개의 코르크의 마지막 것을 밀어젖히고 상념체라는 마지막 그릇에서 벗어나 영겁과 하나가 되는 것이다.

너무나 오랫동안 인간은 자기 자신이 지니고 있는 불멸의 영혼을 모르고 있었고, 인생은 그저 먼지라는 음침한 염세관에 빠져 왔다.

4. 코트와 부인
(Courtois)

　코트와 부인은 로스앤젤레스에 있는 선당(禪堂)의 유명한 멤버이다. 그녀는 본래 가톨릭 교회에서 자라나 미사에 열심히 참가하던 분이었다. 처녀 시절 그녀는 교구 신부의 서재에 찾아가 삼위일체, 동정녀 탄생설, 구원, 속죄 등의 교의에 대해 이야기를 들었지만 아무래도 만족스럽지 않아 깊은 절망감에 사로잡혔다. 교회에서 만족을 얻지 못한 그녀는 유명한 철학자들의 저서를 읽었다. 그 대부분은 매력적이긴 했으나 모두가 부분적이어서 만족을 주지는 못했다.
　어느 날, 학교에서 심리학 시간에 강사가 "우리들이 현재 보고 있는 이대로의 세계는 뇌의 시각 중추의 신경 활동의 산물에 지나지 않는다."고 했다. 이 말을 듣자마자 그녀는 마치 전기에 감전된 사람처럼 교실에서 뛰쳐 나가면서 반복적으로 혼잣말을 하며 거리를 돌아다녔다. "내가 알고 있는 것 모두, 전 세계, 그리고 전 우주까지도 모두 나 자신이다. 문제의 해답은 나 자신 속에 있는 것 같다." 이같이 깨닫자 이상한 기쁨이 가득차 왔다.
　그 후 어느 날, 자기 집 창문에 기대서서 밖의 경치를 물끄러미 바라보고 있었다. 몇 그루의 단풍나무 밑으로 꼬불꼬불한 오솔길이 보였다. 갑자기 지금까지 경험해 보지 못한 신선한 광경을 본 것이다. 그와 동시에 처음으로 갖는 느낌처럼 "나는 대지(大地) 위에 살 뿐만 아니라 대지의 밀접한 부분이요, 대지에서 태어났다."는 사실을 철저히 깨달았다.

"티베트나 북 아프리카가 지도상으로는 매우 멀리 떨어져 있지만, 사실은 내가 서 있는 이곳의 연장에 지나지 않는다. 모든 것은 서로 관련되어 있다."

이렇게 깨달으니 자기는 마치 오랫동안 수영에 관한 책만 읽다가 갑자기 실제로 물 속에 뛰어든 것처럼 여겨졌다. 이 두 가지 사건이 있은 후부터 그녀는 감각의 본질 자체에 주의를 갖게 되었다. 시각이나 청각, 촉각, 취각, 감정 등을 그 자체로서 더욱 더 강하게 의식하게 되었.

"감각보다 더욱 직접적인 것은 무엇일까?"
"실재는 반드시 직접적인 감각에 침투해 있을 것임에 틀림없다. 그러나 감각은 모두 한정되어 있고, 부분적이고, 불완전하다. 어떻게 하면 우리는 실재를 그대로 한꺼번에 감득할 수 있을까? 그것이 가능할까?"

"만일 모든 것에게 공통하는 기본적인 실재라는 것이 있다면, 그것은 또한 나의 경험 속에도 존재하지 않으면 안된다. 모든 것 속에, 그리고 모든 사람의 경험 속에 존재하고 있는 것과 똑같은 방법으로 나는 반드시 그것을 몸소 파악할 수 있을 것이다. 그 밖의 방법은 모두가 간접적인 것이요 결코 그것 자체는 아닐 것이다. 나는 그것 자체를 어떻게 하면 친히 알 수 있을까? 어떻게 거기에 도달할 수 있을까? 무엇이라 보는가가 아니라 어떻게 보는가가 문제다."

"인간이 정돈된 하나의 존재라면 자신을 전부, 단번에 느껴낼 수 있는 방법이 있지 않으면 안된다. 즉 머리로 생각하는 것과 같은 모양으로 발로도 생각하는 방법이 있었으면 좋겠다."

그녀는 자기가 지금 선택하지 않으면 안되는 것은, 집단이라는 완전한 울타리 속에 머물러 버리느냐, 그렇지 않으면 대부분의 사람들을 뒤에 남겨두고 전진을 계속하느냐 하는 것이었다. 전진을 계속하면 이제부터 그녀는 혼자서만 걸어가지 않으면 안 되는 것이다.

어느 날, 그녀가 무심코 몸을 돌이켜 뒤를 보았더니, 거기에는 열어놓은 큰 창문 하나가 있고 놀랍게도 그 너머에 숨막힐 만큼 아름다운 경치가 전개되어 있었다. 이 경치는 분명히 지금까지도 언제나 그처럼 거기에 펼쳐 있었던 것이다. 놀라운 마음으로 밖에 나와 걸으니 모든 만물과 함께 그녀 자신도 황홀하여 춤추고 있는 것 같았다. 밖에 서서 지금 자기가 나온 건물을 되돌아 보니 그 안에 있는 사람들이 불쌍해졌다. 가련하게도 저 사람들은 숨막히는 작은 방에 갇혀서 주위의 이 눈부신 우주에 대해서 깨닫지 못하고 있었던 것이다. 잠깐이라도 뒤를 돌아다 보기만 한다면 아주 쉽게 그 장관에 접할 수 있는 데도 말이다.

인류는 과잉 문명의 재화를 받아 타락하여 그가 환영(幻影)에서 보듯이 어딘가 진화의 과정 중에 길을 잘못 들어 향상에의 싸움에서 퇴각하고 자기 자신의 껍데기 속에 되돌아가고 말았다. 자기를 벽 속에 가두어 놓고 좁고 답답한 환경을 만지작거릴 뿐, 끝내는 그들 이외의 다른 자연과는 단절된 유약한 두뇌만의 생물이 되고 말았다. 어떤 때 그녀는, 공간은 모조리 자기를 통하여 존재하는 것처럼 생각되었다.

사월 부활절 때, 그녀는 방에 혼자 앉아 조그마한 책상을 바라보며 무념 무상에 빠져 있었다. 그때, 일 순간 우주는 그 중축을 중심으로 홀연 변화하여 그녀의 탐구는 끝난 것이다. 융통무애(融通無碍)한 황홀감이었다. 그녀가 그렇게 무념 무상의 상태에서 응시하고 있던 녹색의 작은 책상은 근본적으로 변화했다. 지금 그것은 명확성과 삼차원의 깊이를 갖고 나타났는데 그 신선미는 상상도 못할 정도였다. 동시에 무엇이라 표현 못할 정도로 그녀의 모든 의문이나 질의 등은 바람에 날려가는 것과 같이 아주 쉽게 해결된 것이다. 그녀는 일체의 것을 단숨에 깨닫게 되었다.

시각의 초점이 변해버린듯 했다. 그것은 점차 응축되어 무한히 작은 점이 되고, 이전에 낯익은 것과는 전혀 다른 샘 줄기로, 새로운 원천에서 흘러나오듯 자유로이 쉬지 않고 움직여가고 있었다. 모든 긴장감에서 해방되고, 황홀하여 몸도 가벼워지고 기쁨이 넘쳐, 발끝에서 머리끝까지 전신이 크게 웃기 시작했다.

그 후, 몇 달이 지나는 동안 이 체험은 더욱 숙성되고 심화되었다. 매 순간마다 경탄과 감사의 마음으로 가득찼다. 빛이 찬란한 융통무애의 천지가 만들어진 것이다. 거기서는 안과 밖의 고정된 구별은 모두 없어졌다. 그리고 다만 "엄연한 존재"만이 우주를 삼켜버리고, 자기는 절대적 신뢰로서 그것에 몸을 맡길 뿐이었다.

세계는 표면과 이면이 뒤집혀진 듯했다. 모든 행위는 조금도 노력하지 않고도 물 흐르듯 자연스럽게 행해지고, 더욱 놀라운 것은 그것이 모두 사고(思考)를 하지 않고도 행해지는 것이었다. 먼저 배우고 다음엔 생각하고, 거기서 계획을 세우고 최후엔 실행한다는 이전 방식에 따르지 않았다. 맨먼저 행동이 있고 자기가 배운 것은 놀라운 행동의 부산물이요 부수물이었다. 그러면서도 어떤 일도 한계를 넘는다고는 생각되지 않았고, 또 자제(自制)와 방임의 교체라는 것도 없고, 완전한 정당성과 자발성이 모든 행동에 동반했다.

 이 새로운 인식 방법은 매우 순수하고 단도직입적이요, 또 매우 미묘했기 때문에 그녀의 과거 경험에서 얻은 말로는 전혀 그것을 표현할 수가 없었다. 감각도, 감정도, 상상도 그것을 포함할 수 없고, 도리어 모두가 그것에 포함되어 버렸다. 이와 같이 설명하기 어려운 방법으로 우주의 변화 속에 영원 불변의 통일과 조화가 있고, 또는 표면적으로는 대립된 듯이 보이는 것들도 사실은 서로 깊은 관련을 가지고 있다는 사실에 대한 확신을 가지고 알 수 있었다.

 심신에도 기적 같은 변화가 일어났다. "나"라는 것, 자기가 모든 것의 중심이 되어 있다고 느껴지는 동시에, 우주의 모든 점(點)이나 모든 순간이 역시 제각기 우주의 중심이 되어 있는 것을 알게 되었다.

 진공(眞空)의 한복판에 뛰어들어 재래의 목적 의식은 말끔히 잊어버렸으므로, 과거에 경험해본 적이 없는 일 점에 집중적이 되고, 명백하고 결정적인 심경이 되었다. 사물들이 모두 따로따로 떨어져 있다는 관념은 없어지고, 우주와 자기는 일체라고 느껴지므로 자기까지 포함해서 모든 것은 독자적인 존재이면서 동시에 평등한 것이라 생각되었다.

 신이라는 말이 만일 (당시 자기가 그 속에 흡수되어 있는) 엄숙한 존재를 의미한다면, 만물은 신성이 아니면 무(無)이다. 따라서 차이를 둘 수가 없다. 만물은 모두 의미를 가지고 있고 완전한 것이다. 새, 나뭇잎, 유충, 두더지, 원자, 결정체 등등 모두가 절대적인 가치를 가지고 있는 것이다.

마치 교향악의 여러 악기의 음들이 지나치게 고음이 되는 것도 없고 지나치게 저음이 되는 것도 없이 전체 주악에 대해 각기 동등한 중요성을 갖고 있는 것과 같다.

그녀가 학교나 교회나 가정에서 과거에 받은 교육은 다만 자기의 한정된 지혜의 빛만을 의지하라는 듯이 여겨졌다. 이전에 그녀는 "나는 이 지상에 있는 자이고, 신은 천상에 계신 분이다. 미래에 가서 살 천국만 사모할 일이다."라고 생각했다. 그러나 이제 그녀에겐 영원은 언제나 여기에 있다는 것, 보다 높은 것도, 보다 깊은 것도 없고 공간이나 시간에 관해서도 서로 단절된 과거나 미래는 없다는 것을 알게 되었다.

이제 그녀에게 있어서 모든 탐구는 영구히 무용의 것이 되어 버리고, 모든 철학적, 종교적 교리 따위는 상관없는 것이 되었다. 죽음에 대한 공포나 미래에 대한 불안도 없어지고, 다만 이 체험적 깨달음 외에는 어떠한 권위도 불필요하게 되었다고 느꼈다.

만일 이 열려진 눈의 상태를 계속 유지할 수만 있다면, 그녀에게 어떤 일이 일어난다고 해도 만사는 모두 정당하리라는 확신이 섰다. 그녀는 신체적 감각에서나 또는 가장 평범한 일상 생활의 경우에도 사는 방법이 아주 변해 버렸다.

자신을 그처럼 완전히 일체적으로, 또는 그같은 강도로 육체적인 감각을 즐겨 누린 일도 없었다. 호흡까지도 변화하여 한층 깊고, 한층 더 리드미칼하게 되었고, 두 손, 두 눈, 음성도, 모두 한층 고요해지고 편해졌다. 거의 무한이라 여겨지는 에너르기에 의해, 모든 일은 자유 자재로 되어갔다. 식욕이 증진해 오고 체중이 10파운드나 늘고, 필적마저 변했다. 매일 웃음과 즐거움이 가득차고, 어딘가 이전보다 인간미가 있어지고, 한층 여성다워지고, 어느 누구와도 고분고분하게 사귀어지고, 누가 보아도 행복스러웠다.

대체 자기가 이같은 기적적 변화를 일으킬 만큼 가치 있는 일을 했는지 자신도 몰랐으며, 형용할 수 없는 감사의 마음만 느꼈다. 그러나 일상생활에서 필요를 채우는 일에 대해서는 더욱 관심이 갔다.

그런데 이같은 모든 변화의 열쇠라고도 생각되는 것은 시각의 변화였다. 그것은 어떤 내부적인 눈의 내면적인 시각이 영원 그 자체에다 초점을 맞추고 있는 듯이 여겨지고, 길을 걸으면 길이 자기 발밑으로 흘러가는 듯하고,. 하늘이 머리 위에서 움직여 가는 것을 의식했다. 자기가 마치 하나의 유동하는 전체 속에 잠겨져 있는 느낌이었다.

눈으로 바라보는 세계는 색채에 있어서나 형태에 있어서나 새로운 깊이와 명료성을 더하고 순수한 신선미가 더해졌다. 그와 동시에 주의(注意)의 초점에는 하나의 예리한 첨단이 느껴져 그것으로 주의의 대상을 한층 깊이 단도직입적으로 볼 수 있게 되었다. 이런 체험은 매우 설명하기 어려우나, 자기는 역설적으로 맹목(盲目)이 된 듯도 했다.

자기의 주의는 어딘가 보다 깊은 중심에 뿌리를 두고 있어, 그 때문에 자기의 일상의 시각, 즉 "두 눈은 멀리까지 도달하고 외부 세계를 보려 하는" 이전과 같은 긴장에서 해방되어 마치 공백과 같은 상태가 되고, 전혀 제거되고만 것처럼 자유로웠다.

이 열려진 눈은 일상 생활의 무진한 기쁨, 윤기 있는 나뭇잎의 훈훈한 향기, 사과의 맛, 이른 아침의 새소리 등을 감상하여 맛보는 힘을 새롭게 해줄 뿐 아니라, 또한 세상 사람들의 고뇌에 대해서도 일층 민감하게 해주었다. 이와 같은 체험에 관해서는 그녀는 기성 종교에서는 아무런 도움도 얻지 못한 것으로 생각했다.

어느 날 그녀는 우연히 윌리암 제임스의 저서 『종교적 경험의 제상(諸相)』을 읽고, "바로 이것이다."라는 강한 감격을 느끼고 그것이 자기가 경험한 것과 같은 것임을 알았다.

그 후 그녀는 동양 문헌을 읽기 시작했다. 노자의 도덕경을 읽고, 이어서 최초로 불교의 경전을 읽었다. 그녀는 기쁨의 눈물을 흘렸다. 그 경전은 자기의 내면적 마음의 거문고줄을 깊이 울려 주었기 때문이다. "만다라"는 그녀를 도취시켰다.

또 서구의 신비주의자들의 책들을 읽었다. 마이스터 엑하르트, 십자가의 요한, 윌리암 브렉 등의 저서를 읽고, 『무지의 구름』도 읽었다. 이 사람들은 그 시대마다의 실재 자체를 명확히 파악했음을 보여주고 있다고 깨달았다.

그녀의 경험으로는 지식으로나 학문적으로 성공하면 할수록 거기에 비례하여 심각한 의미에서 그는 어리석어지고, 불명(不明)해지고, 자유를 잃고, 비정한 존재가 되어 버렸다. 과학적이 아니면 안된다는 고집은 모든 개인의 시계를 좁히고, 답답하게 만들고, 결국은 사람을 계산과 측량의 망념의 포로로 만들어 버린다. 어떤 고승은 그녀의 체험이 바로 "견성(見性)의 체험"이라고 평했다.

5. R. M. 벋지

앞에서 소개한 코트와 부인과 똑같은 체험을 가진 분을 한 분 더 소개한다.

캐나다의 정신병리학 의사인 벋지 박사는 귀중한 체험을 했다. 어느 날 밤 그는 두 사람의 친구와 함께 시도 읽고, 철학에 관하여 토론하다가 밤이 깊어서야 헤어져 멀리 떨어져 있는 자기의 하숙집까지 마차를 타고 돌아왔다. 집에 돌아와서도 그날 독서와 담화에서 생긴 관념이나 심상이나 감정에 깊이 영향을 받고 있던 그의 마음은 평정하고 안온했다. 아주 수동적인 상태에 빠져 있어 적극적으로 생각하는 일도 없었고, 관념이나 감정이 자기 마음 속을 통과하는 대로 내버려 두었다.

그때 돌연히 그는 화염 같은 색채를 가진 구름에 감싸이고 말았다. 처음에는 화재가 일어난 것이라 느꼈다. 그러나 다음 순간, 그것이 화재가 아니란 것을 알았다. 뒤이어 그는 광희(狂喜)를 느꼈다. 무한한 환희가 그에게 밀려오고, 형용할 수 없는 지적 광명이 비쳐왔다.

이 체험 속에서 그가 특별히 깨달은 것은, 우주는 죽은 물질로 되어진 것이 아니라 살아 있는 생명체라는 것이었다. 그는 자기 속의 영원한 생명을 의식했다. 그것은 그가 언젠가는 영원한 생명을 소유하게 되리라는 확신이 아니라 그가 이미 영원한 생명을 소유하고 있다는 의식이었다. 그는 모든 인간은 불멸하다는 것을 알았다. 우주적 질서는 만물이 각 사람의 행복을 위해 협력하도록 되어 있다는 것, 그리고 세계의 근본적 원리는 사랑이요, 각 사람의 행복은 절대로 확실한 것이라는 것을 알았다.

이 체험은 몇초 동안 계속되다가 곧 사라졌다. 그러나 그 체험이 가르쳐 준 현실적 느낌과 기억은 그 후 25년 동안 사라지지 않았다.

그는 그 환영이 보여준 바가 진리임을 알았다. 그는 어느 관점에 도달해 있어서 이 관점에서 그것이 진리가 아니면 안된다는 것을 안 것이다. 이같은 견해, 확신, 의식을 그 이후 결코 잊은 적이 없었다.

6. 심층 심리학자 인궁무부
   (仁宮武夫)

인궁무부(仁宮武夫)씨는 『초심령 세계의 신비』란 책을 쓴 분이다. 미국 윌리엄스대학에서 심리학과 정치학을 배웠고, 구미 각국의 외교관을 지냈으며, 신비주의 사상을 과학적으로 연구했다. 요가 실습도 했다.

체험기
첫째 밤 7시 경 잠들었다가 10시 경에 깼다. 그는 자리에서 일어나 요가의 실습법에 따라 몸의 각 부분을 고요히 움직이며 활기를 하복부에서 척추를 통해 점차로 머리 쪽으로 이동시켰다. 1, 2분 사이에 호흡은 깊고 길어졌다. 그것은 자연스럽게 되어졌다. 보통 때 전혀 쓰지 않던 근육이 기분좋게 움직였다. 그리고는 뇌세포의 소제(掃除)가 시작되었다.

그는 이때 자기에게 지금 "영의(靈醫, healing spirit)"이 작용하고 있다는 것을 느꼈다. 아무런 불안도 느끼지 않은 채, 영이 자기의 뇌세포에서부터 몸 전체에 걸친 대소제(영적 수술)를 하는 대로 맡겼다. 뇌세포를 솜털보다 더 부드러운 영수(靈手)가 어루만지는 것이 느껴지고, 생 에테르로 기분좋게 소제하고 있는 느낌이었다. 그는 매우 상쾌했다. 그는 무슨 병이 있었던 것은 아니나 끊임없이 신의 영감 속에 살 수 있도록 자기 육체를 이상적인 것으로 개조해달라고 보이지 않는 존재에게 부탁하고 있었던 것이다. 그의 염원은 인류의 미래를 확실하게 알고 싶은 일이었다.

둘째 밤, 그는 피곤했기 때문에 전날 밤에 했던 요가행법을 5분 정도로 간단히 했다. 그러자 돌연, 어둠 속에서 그의 입이 굳어져서 무슨 의미인지 몰랐지만, 다만 "그리스도"라는 이름을 두번 되풀이했다. 그러나 그는 기독교 신자가 아니었고, 현대의 기독교에 대해서는 매우 비판적이요 반기독교적인 생각마저 품고 있었다. 더구나 그리스도와 인연이 먼 요가 실습을 하고 있던 때였기 때문에 "묘한 말이 튀어 나왔구나."하는 정도로 여겨 버렸다.

요가수행을 하면서 에드워즈씨의 영의(靈醫)의 이름이 알고 싶었다. 그래서 책을 찾아내어 잠자리에서 펴보았다. 그것은 피터라는 이름이었다.

그는 머리맡의 스탠드를 끄고 잠자리에서 무릎을 꿇고 어젯밤처럼 몸의 소제를 받으려고 했다. 그때였다. 캄캄한 어둠 속에서 그에게 매우 호의를 갖고 있는 영적 존재가 거기에 있다는 사실이 느껴졌다. 모습은 보이지 않았지만 그 영적 존재는 아름답고 착하고, 그에게 미소하고 있었다. 그것은 의심 품을 여지 없이 확실히 느껴졌다. 어둠 속에서 두 개의 영이 대면했다는 느낌이었다. 그도 미소로 응대해 주었다.

그때 무럭무럭 일어나는 흰 구름처럼, 자기 눈 앞의 존재에 대한 그리움이 치밀어 올라왔다. 그 그리움은 인간 동료끼리의 것과는 달랐다. 굳이 비슷한 예를 찾는다면, 국민학교 1학년 때 아름답고 착하던 여선생님에게 품었던 애정 같았다. 그러나 이 체험은 더욱 생생하고 순수한 애정이었다. 그의 애정은 불타올랐다. 그는 상대를 어루만지고 싶다고 할 정도였다.

그의 마음 속에는 지금 여기 임재한 존재는 의료자(醫療者)이니 인류를 위하여 중요한 일을 하고 싶다는 요청이 생겼다. 그리하여 그는 마음으로 다음과 같이 부탁했다. "내 몸 안에 둥지를 틀고 있는 이기심이 싹 없어지고 모든 불순한 동기가 일어나지 않도록 나를 개조해 주십시요."라고 부탁했다. 그는 영국에서 백여 만 명을 치료한 이 영의(靈醫)의 그룹에게 마음으로 신뢰를 바치고 있었기 때문이다.

바로 그때였다. 감고 있는 그의 눈에 둥근 달 같은 원형의 빛이 비쳤다. 그것은 그의 정면에서 약간 우측으로 약 2미터 높이에서였다. 벽과 양복장 중간 지점이어서 그 방향에서 어떤 빛이 올 리가 없었다. 축구공보다 좀 더 큰 빛은 점점 강해졌다. 그제서야 비로소 그는 그것이 영의 빛임을 확신했다. 그 빛은 많은 마그네슘을 한꺼번에 터뜨리는 것처럼 눈부셨다. 그 빛은 선(線)을 이루고 있었다. 그는 그대로 눈을 감은 채였으나 매우 눈부셨다. 그리고는 찬란한 백광(白光)이 하늘에 방사되고 있는 것이 잘 알려졌다. 그 빛은 체내에도, 같은 모양으로 밝게 조명해 주었다. 그때 그의 몸은 투명한 수정이 강한 광선에 조명되고 있는 듯했다. 이 빛이 그의 마음 속의 이기심을 모조리 녹여 버리고 만 듯한 느낌이었다. 그때 그의 몸도 방안도 이같은 영광으로 꽉 차 있었다.

그 다음부터 원형의 빛은 점차 약하여지다가 꺼지고 말았다. 그 기간이 아마 15초 정도였을 것이다. 이 때의 경험은 "경이(驚異)"라는 말이 적당한 표현이다. 그리운 감정 같은 것은 사라져 버렸다. 그런데 그 빛이 꺼져버림과 동시에 다시 그리운 감정이 천천히 체내에서 타오르기 시작했다.

지금 그의 바로 앞에는 위대한 영이 있다. 그 영의 강렬한 감응력 때문에 지금 그의 내적인 것이 맹렬하게 타올랐다. 나이 50이 되도록 이처럼 열심히 누구를 그리워해 본 일이 없었고 이제는 그런 감정은 자기에게서 메말라 버린 것으로 알았는데, 이처럼 훈훈한 감정이 타오르고 있었던 것이다. 아직도 자기에게 이런 뜨거움이 남아 있었던가 싶었다.

그는 불꽃 속에 잠기면서 자기 앞에 있는, 보이지 않는 존재의 위대한 힘에 경탄하고 있었다. 그때 영은 바로 그의 앞 한 자쯤 거리에 있었다. 그 영의 큰 사랑의 감응력으로 그의 속에 위축되어 있던 사랑의 빛을 타오르게 한 것이다. 영적 존재와 그와의 사이에는 눈에 보이지 않는 두꺼운 다리가 놓여 있다는 것이 느껴졌다. 그리고 그것이 점차 강력해졌다. 그러다가 기어이 그 영의 존재와 그는 하나의 큰 자기(磁氣) 속에 싸이고 감겨져 녹아버리고 말았다.

그 다음에는 돌연 그의 마음에 "그리스도"라는 자각이 일어났다. "그렇다. 그리스도!" 그 분의 마음이 지금 그에게 감응하고 있는 것이다. 이것은 직감적인 확신이었다. 따뜻하고 뜨겁고 거대한 애정의 불길에 그의 전신이 타고 있었다.

세상의 거친 파도 속에 시달리면서 "이기심"에 위축된 사랑의 불씨가 지금 찾아온 존재에 의하여 다시 타올랐다. 기독교의 교리는 죽었어도 인간 속에 잠든 애정의 불씨가 전존재를 불꽃으로 삼고 타오른 것이다. 그리스도의 가르침은 "사랑의 직접적 감응(感應)"이었던 것이다. 교훈만으로 멎는 것이 아니었다.

"지금 내 앞에 그리스도가 계시다! 나는 그리스도에의 그리움으로 가슴이 꽉 차버렸다." 그는 그리스도에게 손을 내밀어 만져 볼 생각은 일어나지 않았지만, 그 분의 성명(聖名)을 되풀이하여 부르면서 여러 가지 일을 말했다. 사방으로 손짓을 하면서 손을 쳐들어도 보고 내밀어도 보면서.

그러는 동안이 30분이 흘렀는지 한 시간이 흘렀는지 알 수 없었다. 그때 그의 마음에서 이기심이 깨끗이 사라져 버리고 말았다. 그는 이렇게 짧은 시간 사이에 기독교 신자가 되었다. 아마 그 어떤 신자에게도 뒤지지 않을 신자가 된 것이다.

그는 이 경험을 겪고 나서 "내가 크리스천인가?" 하고 생각해 보니 멋적은 것 같이 느껴졌다. 그날 밤, 맨처음 입에서 튀어나온 "그리스도"라는 말이 바로 그 전조였던 것을 깨달았다. 그 후에 알고 보니 그 밤은 그리스도의 탄생일이었다.

아침 식사 때 막내 아들이 그 말을 듣더니 "그러면 아버지는 기독교 신자가 된거야?" 하고 물었다. "기독교 신자가 아니라 그리스도 신자란 말이야." 라고 그는 대답했다.

이 체험에 의해 그에게서는 지상 생활의 불안은 일체 사라져 버렸다고 한다.